新教育文库 通识书系

新教育文库·通识书系

教育行者的坚持

许新海 著

山西出版传媒集团 山西教育出版社

图书在版编目（CIP）数据

教育行者的坚持/许新海著. —太原：山西教育出版社，2017.7
（新教育文库. 通识书系）
ISBN 978-7-5440-9320-0

Ⅰ. ①教… Ⅱ. ①许… Ⅲ. ①中学教育-教育研究 Ⅳ. ①G632.0

中国版本图书馆 CIP 数据核字（2017）第 153873 号

教育行者的坚持
JIAOYU XINGZHE DE JIANCHI

文库统筹 童喜喜
特邀策划 文龙玉
出版统筹 潘 峰
责任编辑 李龙飞
复　　审 康 健
终　　审 潘 峰
装帧设计 王春声 陈 晓
印装监制 蔡 洁

出版发行 山西出版传媒集团・山西教育出版社
（太原市水西门街馒头巷 7 号 电话：0351-4035711 邮编：030002）
印　　装 山西人民印刷有限责任公司
开　　本 720×1020 1/16
印　　张 20
字　　数 325 千字
版　　次 2017 年 7 月第 1 版 2017 年 7 月山西第 1 次印刷
书　　号 ISBN 978-7-5440-9320-0
定　　价 45.00 元

新教育文库
总序

教育实验是一项细致而长久的工程，需要通过一代人去影响另一代人，不能急于求成，不能故步自封，一定要学会等待，一定要耐得住寂寞。

新教育实验更不例外。

中国教育有许多弊端，但仅仅是怒目金刚式的斥责和鞭挞，虽然痛快却无济于事。对于中国教育而言，最需要的是行动与建设，只有行动与建设，才是真正深刻而富有颠覆性的批判与重构。

新教育实验就是寓行动于重构之中，寓批判于建设之中。

新教育要做的，就是给教师和学生一种幸福完整的教育生活、一个开阔无垠的精神视野，让他们更深切体验人的内心的复杂性，不但要了解生命的伟大和宇宙的博大，而且要感受生活的丰富与人性的丰厚。

从2000年《我的教育理想》的出版，新教育思想悄然萌芽，到2014年“新教育文库”的第三版修订，此时此刻的中国大地上，2000多所学校的200多万新教育师生，正走在新教育的路上。

以追寻理想的执着精神、深入现场的田野精神、共同生活的合作精神、悲天悯人的公益精神，埋首耕耘，成就我们的人生、我们的教育、我们的民族。这就是新教育精神的本质内涵。

新教育追求高度，但永远不会高高在上；新教育培养卓越的教师，更关注普通的教师；新教育不是一个精英俱乐部，而是一个宽容开放的团队。新教育始终敞开胸怀，永远等待、拥抱理想主义者。真实的新教育，永远在田野中，在千千万万默默无闻的普通老师的教室里。

新教育人，就是这样一群有着共同梦想，遵守共同标准的志同道合者。彼此为对方的生命祝福，彼此珍惜生命中偶然的相遇，彼此作出郑重承诺，共同创造一间又一间完美的教室，共同书写一篇又一篇生命的传奇。

新教育不求无懈可击的理论体系，而是强调行动起来，在实践中思考，在实践中提升，在实践中成长。帮孩子成为自己，让我们成为自己，一个完整的幸福的自己。我们不是人类文明的创始者，但人类文明可以通过教育的伟大理想穿越时空，通过我们今天的行动变为现实。

当然，我们也知道，只有对新教育的认识从“概念”向“信念”推进，由“理想”转向“思想”引领，激发出人们深沉的情感、执着的意志，从精神世界的积淀表现为主题的自觉行动时，新教育实验才可能真正成为人生力量和教育智慧的策源地。

“新教育文库”，正是总结、梳理、传播新教育人的所行所思所得的一种努力。无论是经验还是教训，这一路跋涉的足迹，将成为指向明天的路标。在这套文库中，不同书系有着不同定位：我们希望用“通识书系”积淀下新教育的根本书籍，用“蒲公英书系”及时总结一线教育经验，用“萤火虫书系”全力搭建家校沟通的平台……我们并不准备用一部部书籍堆砌功名的城堡，但我们盼望这一部部心血凝成、行动书写的图书，能够成为一块块砖石，铺就一条通往彼岸的桥梁。

那么，新教育的彼岸是什么模样？

我想，彼岸是一群又一群长大的孩子，从他们身上能清晰地看到：政治是有理想的，财富是有汗水的，科学是有人性的，享乐是有道德的。

亲爱的新教育同仁，我们正在这条通往彼岸的船上。让我们同心同行，过一种幸福完整的教育生活。行动，就有收获。

坚持，才有奇迹。

朱永新

于北京滴石斋

教育高原上的奇峰突起

数百年间，在历史长河的涤荡中，江浙地区从宋代开始兴盛，几经周折，终于在晚清时期，完成了从经济中心向文化中心的转型。

数十年间，在新中国的版图上，江浙地区再一次迎来经济文化的全面超越。以中科院与工程院的院士为例，据相关调查，从1955年至2009年间，两院院士以出生地计算，江苏、上海、浙江三地相加占院士总数的41.19%。

这一切，根本原因在于教育。

我们可以看见，在清末，生于江苏省海门市长乐镇的状元张謇，一生不仅以实业救国，更痴迷教育，创办370多所学校；20世纪初，江浙一带新式学校、技术学校兴起，领先于内地；今天，"中国教育看江苏"更是成为新的民谚。江浙地区的高速崛起，与其说这是一个顺其自然的发展历程，不如说这是一个从无意到有心打造的教育奇迹。

海门，作为张謇的故乡，一个江苏省南通市代管的县级市，就在这片江浙的教育高原上，崛起为一座新的小小高峰：海门教育的各项指标，均在全省的各类检查评比中名列前茅，许多门类甚至常常独占鳌头。

听说这些成绩的人们，无不为之惊叹。但是，惊叹只是谜面，是外行看热闹。缘由才是谜底，是内行找门道。这本《教育行者的坚持》，正是海门教育的揭秘之作。我们可以从中提炼出两个教育的关键词：体系和行动。

体系是教育的筋骨。

或许因为教育实践的细节如同血肉，一直包裹着教育体系的筋骨，因此，在教育中，尤其是在教育的一线践行中，人们对体系看不见摸不着，常常容易忽视体系的作用。所谓体系，就是从顶层设计上，有决定方向的教育哲学，从中层结构上，有确立根本的若干理念原则，从一线执行上，有针对不同群体的具体方法举措。只有具有稳定体系的教育，才能把一种好的教育理想真正落实。否则，只有方向，再正确的方向，也是空中楼阁，人类无法攀登天梯；只有理念，再美好的理念也只是象牙塔里的蓝图，难以成为现实里的大厦；只有方法，再有效的方法也是头痛医头脚痛医脚，无法把握根本，还可能在执行中相互掣肘，抵消付出的努力。

在对教育体系的把握上，作者许新海博士有着得天独厚的优势。他师从新教育发起人朱永新教授，他的博士求学过程，正是深入了解新教育发起人朱永新教授所建构的新教育体系的过程。得益于这一潜在的坚实框架，保持了教育所需的稳定大格局。在稳定框架下，得以充分发挥个性，进行诸多教育细节的创造。以成熟的教育体系，既保持稳定，让日常教育有条不紊，又激发活力，让教育改革不断深入，使得海门教育能够在许新海的率领下，十余年中一直保持百尺竿头，更进一步的发展态势。

行动，则是教育的要诀。

行动在教育之中是如此重要，因为从某种意义上说，教育就是一个知行合一的过程：把所知的通过教育的行动传授出去。尤其到了今天，各种教育理论百花齐放，最缺少的还是行动。

教育是一种牵一发而动全身的事业，因此，教育中人们只要行动，就会遭遇各种困难。尤其在现实生活中，任何推进教育改革的行动，完成一件小事都很不容易。是否有勇气去行动，有勇气打破现有的秩序，有勇气去挑战未知？这决定了我们是否能够把所知用行动校验，再一次归纳和总结。只有行动，才能矫正自我认知，甚至修订既有理论，从而在下一次行动中取得良好效果，最终形成教育的良性循环。

这本书，正是以行动铸就。从 2005 年开始把阅读推广到农村小学、从 2006 年开始每年一度家庭教育节……是这样坚持行动，才创造了今天的辉煌。

我与许新海博士结识，是因为他的行动。在 2009 年 7 月海门举办新教育年会，我应朱永新教授之邀参会，偶然接触到新教育实验，第一次被海门教育震撼。我了解海门教育，也因为许新海博士的行动。3 个月后他邀我赴海门举办作家进校园活动，我得以深入走进十几所海门学校。迄今还记得当时在临江小学见到一位老师，她笑盈盈的地讲述与学生们共读我的书的故事。她刚转身，其他老师就悄悄告诉我这位老师在生活中遇到的各种艰难，我险些当场落泪。是怎样的境遇，让一位普通的教师能如此以精神力量超越生活困厄？是怎样的环境，让理想的教育落实为一线教师这样自发自觉的行动？这些疑惑，也成为我深入教育的起点。

所以，我亲眼见证了海门教育和其他地区的差距。比如，2009 年我走进海门校园之前，海门各类阅读活动早已蔚然成风，作家、书店工作人员、出版社、阅读公益机构等等，都成为助力教育的帮手。2016 年我应邀到河北某市最好的小学去做阅读讲座，校长告诉我：在这个人口近千万的城市里，我是第一位走进校园的作家。

同在新中国的蓝天下，教育生活竟是如此截然不同。当我们急于表达对现实的不满时，是否自省过：对外在环境的批评，是否已经成为自身缺乏智慧、缺乏勇气的遮羞布？

因为体系，因为行动，海门教育在许新海局长的带领下，创造出今天的辉煌。因为希望中国出现更多海门这样的成长沃土，因为希望新教育实验能够造福更多普通人家，我在 2014 年为新教育义务担任出版统筹时，就准备协助他从已出版的多部著作中，精选一部教育代表作。诸事繁杂，拖到 2017 年才完成。

期待许新海局长率领海门教育人，能够让海门教育百尺竿头，更进一步，也能在新一轮探索中，为新教育实验的区域式推进，做出新的贡献。期待这部散发着泥土芬芳的著作，能够为一线教育工作者提供有益的借鉴，增添一些体系的智慧、行动的力量。

儿童文学作家
新教育研究院副院长
北京公众教育科学研究院副理事长
喜阅会联合创始人

目 录

破译教师成长的密码

教师是办好学校之本

面对21世纪教育的挑战，我们唯有拥有最好的教师，才能办出最好的学校。最好的教师从最困难的学生身上也能发现最美好的希望。我们学校有这么一位同学，小时候因药物中毒导致听觉失灵。班主任老师从他妈妈那里学来与孩子交流的“手艺”，对他悉心教导，最终使他以优异的成绩考入重点中学。还有一位老师在体检中被查出得了绝症，但他仍然照常上班，并全身心地投入到数学奥林匹克竞赛的辅导中。多好的老师啊！我们学校正是因为拥有了这批对事业有着执着追求的好老师，才能取得今天如此丰硕的教学成果和超常规的发展速度。

教师要始终以“发展的眼光”“全面的眼光”“客观的眼光”来看待和教育学生。教师要为每一个学生找到适合他们发展的途径和努力的目标。在我们学校，教师没有“差生”的概念，大家都能认识到学生个体之间的“差异”是一种普遍存在，我们不但承认这种“差异”，而且把它作为特殊的“教育资源”进行开发，努力创造条件，使每一个孩子在其天赋所及的一切领域里展示和发展自己的个性。我们曾举办过一次教师“塑形”工程的现场会，教师以小品、快板、说唱、演讲、讨论等丰富多样的形式，诉说了一个个真实而动人的发生在教师和学生身上的故事。有的教师甚至为了学生，在拿到自己孩子的病危通知书时才匆匆赶到医院。“爱人的最高境界是爱别人”，教师敬业、爱生的情感和行为，像润物细无声的春雨，点点滴滴，汇成涓涓细流，流进了孩子的心田。作为校长，应努力通过多种途径来培养自己学校的教师具备以下的素质和能力：具有扎实的专业基础，了解当代最新学科和最新知识；富有进取精神和创造精神，从内心深处热爱教育事业，掌握教育规律和学生身心发展规律，了解社会对未来人才的规格和素质要求；善于口头表达和书面表达，能够有效地组织学生活动，能够及时地捕捉和处理学生发出的信息，勇于自我批评和能够反躬自问；具有高尚的思想品德，能做到以理性影响理性，以道德影响道德，以性格影响性格，以意志影响意志，培养出21世纪所需要的新型人才。

教师是学校教育活动中的主要角色，是校长办好学校的关键。在学校管理的所有要素中，教师管理是第一要素。“以人为本”的教育观首先应该体现在对教师的管理上。要确立以“师”为本的管理思想，充分尊重、关心、理解、信任每一位教师。教师是学校的第一资本，是学校最丰富、最有潜力、最有生命力的资源。作为“一校之魂”的校长，要具有慧眼识才的本领，准确把握整个教师群体的优势和不足，特别要正确认识每一位教师的长处和缺点，扬其长、避其短。依靠教师，充分发挥教师的主导作用，是中小学教育改革与发展的关键。我们的教师是一支可以领导和信赖的力量，教育改革要调动各方面的积极性，最重要的是教师的积极性，必须紧紧依靠教师，认真听取他们的意见，充分发挥他们的主导作用，尤其是有关学校自身的重大改革与发展问题，都必须经过教师的充分讨论。

教师在学校教育改革与发展中的主导作用具体表现在：第一，教育思想的转变，落脚点在教师。教师只有明确了教育改革的思想，才能将教育思想付之于教育改革的实践。第二，学校教育教学水平的高低实际是教师水平高低的反映，只有教师不断地自我完善，才有教育教学水平的不断提高，才有教育教学的改革与发展。第三，教育改革的深化，在很大程度上取决于教师主人翁的思想和主导作用的充分发挥。只有教师的积极参与和全身心投入，教育改革才能不断深入。第四，教育改革的成败取决于教育决策科学化的水平。只有充分发挥教师的主导作用，才能在教育决策民主化的基础上实现教育决策的科学化。

教育改革是一项实践性很强的事业，它所要解决的问题，并非是冥思苦想想出来的，也不是凭空推理得出来的，必须在具体的教育实践中发现、归纳、总结。广大教师的教育教学活动既是教育改革的具体实践，又是教育发展研究的基础。同时，在广大教师中蕴藏着丰富的教育教学活动的实践经验。只要我们注重在教育改革中以一个可以传递的理论框架加以总结，就会有所发现。教师在教育改革与发展中的生力军作用还表现在：许多教育与发展的课题、设想、方案就是从广大教师教育教学中提取出来的，尤其是随着社会的进步、教育的发展，教师不断地对那些不符合时代要求和教育实际的教育思想、教育内容、教育方式和方法进行改革，建立起符合时代要求、符合教育实际的教育思想，创新教育内容、方式和方法。在教育改革实践中要逐步判断出哪些是需要继续下去的，哪些是需要进一步改进的，从而使教育改革与发展取得成功。

教师在教育改革与发展中的促进作用，还体现在他们在教育改革实践中是用现代教育改革理论做指导的，否则，教育教学活动只能在低水平上重复，难以取得突破性进展。现代教育改革理论汲取了人类教育的精华，总结了亿万教师的实践经验，在一定程度上揭示了教育的本质与内在联系，但是还必须在广大教师富有创造性的教育改革实践中得到检验、丰富和发展。教师总是按照自己的教育思想和方法进行选择、转换和综合，并形成自己富有创造性的实践风格和成果。一旦离开了广大教师的教育改革实践，任何教育改革方案都是假设性的一纸空文。同时，实行基础教育必须走整体改革之路。教育的整体改革就是在整体优化思想的指导下，合理组织教育内部各种教育因素，以发挥教育的整体功能，培养合格人才。因此，教育整体改革的不断深化与综合发展，有赖于全体教师的积极参与。

在承认教师是教育改革与发展的主体的基础上，我们不仅应看到教师是教育改革的实施者和参与者，还应看到他们是教育改革的主力。马克思主义告诉我们，人的认识（包括能力）来自于实践。但不同“质”的实践对人的认识的发展有着不同的作用。教师的教育观念和教学水平与其教育教学实践之间的关系也遵循同样的规律。教育改革是一项比一般教育教学更有意识、更加科学的活动，它对教师的教育理论素养的提高、教育观念的更新，对教育任务和内容的理解，对教育教学过程的设计，都提出了更高的要求。这样，必然改善了教育教学过程的“质”，又促进了教师素质的提高。因此，在深化教育改革的今天，肩负着未来建设重任的广大教师，面临着一系列新的挑战。为主动迎接挑战，我们应该抓住机遇，实施“教师继续教育工程”，使教师真正成为全面推进素质教育改革的主力军。

书写教师的生命传奇

2009年7月10日—13日，全国新教育实验第九届年会在江苏省海门市举行，主题是："教师的职业认同与专业发展"。来自全国23个新教育实验区，700多所实验学校的1300多名代表齐聚江海门户，共话教师发展。民进中央副主席、中国教育学会副会长、新教育实验发起人朱永新先生到会并作主题报告，年会吸引了国内多家媒体的目光，《人民日报》《光明日报》《新华日报》《中国青年报》《中国教育报》等10多家省级以上媒体派出20多名记者参与报道大会盛况。

此次年会内容十分丰富，有全国新教育实验展厅与媒体见面会；"教育在线"版主论坛与实验区工作会议；海门实验区主题汇报与主题展演；海门实验区9所实验学校现场展示活动；新教育研究中心专题引领活动；朱永新教授作主题报告；表彰先进集体和个人与公益支教、授旗活动等。整个年会准备充分，策划精细。海门市委、市政府高度重视，教育、公安、交通、城管、卫生、新闻等政府职能部门科学协调、密切配合、服务到位，使这次超千人的大会成功举办，赢得各地代表的一片赞誉。特别是在"教育在线"上进行了文字、图片、视频等同步直播，确保了没有到会的全国各地新教育实验学校的教师们能通过网络同时分享到会议的全部精彩内容。本次年会精彩纷呈，亮点频出，综述如下：

第一，新教育实验展厅，演绎成全国新教育博览会。为使这届年会能让全国各地的新教育实验区和实验学校充分展示过去一学年里各自的实验进展情况和收获，组委会特意在会议报到地点——海门市少年宫设置了14个新教育实验展厅，各实验区、实验学校精心准备了各类展板、文本资料、电脑投影、视频播放等，各个展区争奇斗艳，美不胜收，立体化的展示方式和全方位的展示角度让本届研讨会成为一次新教育"博览会"。海门市作为本届年会的主办方，其展厅除设立

50 块展板外，还按照“阶梯阅读”“每月一事”“新教育共同体”“学程导航”“达标创特”五大品牌，陈列了各所小学的资料包，吸引了很多外地新教育代表的目光。代表们一报到就很快被各实验区各具特色的新教育展厅所吸引，他们顾不上旅途辛苦，争先目睹兄弟实验区的展示成果。

在展厅现场，与会的多家媒体与新教育实验区和实验学校的校长、老师见面，共同探讨新教育话题。在媒体见面会上，新教育实验发起人朱永新与媒体记者畅谈新教育理念以及新教育与海门的缘分。朱永新说，对新教育实验首次完整性的讲演在海门，新教育实验的管理中心在海门，新教育实验是海门实施素质教育的抓手，新教育实验在海门取得了历史性的突破，这都是本届新教育研讨会在海门举行的原因。朱永新希望媒体记者进一步了解新教育在海门、在各实验区的发展情况，真实记录新教育前进的步伐。许多媒体记者都不是第一次报道新教育的活动，但当他们来到海门实验区的展厅时还是大吃了一惊。一些记者表示，虽然新教育在全国的辐射范围较广，也取得了不少成绩，但从没有哪个地区的新教育推行得像海门这样彻底，并且在小学、初中、高中都取得了骄人的成绩。许多记者认为，新教育在海门的成功，证明了新教育实验可以大幅度提升一个地方的教育品质、提升学校的竞争力，进而可以提升一个地区的整体教育质量，培养符合现代社会发展需求的高素质人才。

第二，主题汇报与主题展演，呈现海门新教育蓬勃开展的盛况。大会开幕式后，海门市教育局向与会代表作了“新教育，在海门大地上穿行”的主题汇报，集中展示了海门新教育实验的五大品牌。1. 阶梯阅读，让海门的每一个孩子都拥有相似的阅读背景。阶梯阅读，为海门的每一个儿童寻找到了此时此刻最适合的阅读书籍，为海门的每一位教师探求到了此时此刻最适合的指导方式，为海门的每一所学校营造了此时此刻最适宜的阅读情境。2. 每月一事，让海门的每一个孩子养成一生有用的好习惯。主题诵读、主题实践、主题展示、主题反思，将公民教育与生命教育贯穿其中，形成了“每月一事”操作手册——《一生有用的十二个好习惯》。3. 新教育共同体，让海门的每一位教师都拥有共同的精神家园。校长俱乐部、区域共同体、项目共同体、海门新教育网站改变了海门教师的行走方式，形成并丰富了海门教师专业发展的基本路径。4. 学程导航，让海门的孩子赢得了自主的空间，在学程中生长；让海门的教师明确了教学导向，在导航中成长。构建了以“学”为中心的理想课堂基本范式，让每位教师深度卷入课程研发，改变教师课堂教学的行走方式。5. 达标创特，让每一所学校都拥有不同的特色品牌。特色打造，让每所学校有特色，有品位；社团活动，让每个学生都拥有丰富的校园生活；文化建设，让核心价值观成为引领学校发展的原动力。

海门新教育人为代表们献上了一场震撼人心的文化盛宴，独特的构思、别具匠心的创意，生动地展示了海门书香校园建设取得的丰硕成果。主题展演以童声合唱拉开序幕，然后分晨诵、午读、暮省三个篇章渐次展开。晨诵篇突出“经典伴我行”主旨，孩子们或吟诵或载歌载舞，《百家古韵》《梅兰竹菊》《满江红》等一首首经典诗文如行云流水，流向每个人的心田。午读篇强调“让我飞翔的是本书”，孩子们以书本剧形式，将《连环画里的小老鼠》《鼹鼠的月亮河》《谁动了我的奶酪》中的场景真实还原，惟妙惟肖的表演时不时赢得观众会心的微笑和热烈的掌声。暮省篇彰显“书写我的生命传奇”主题，小品《超级女教师》展示了新教育人蓬勃向上的精神面貌，在新教育这个磨砺成长的大熔炉里，教师拥有了一个幸福完整的教育人生，找到了适合自身的职业修炼，构筑了丰富、合理的知识结构，经历了化蛹成蝶的成长路径；诗朗诵《书写我们的生命传奇》道出了新教育人高度的职业认同和用青春、生命书写职业传奇的心灵呼唤，引起了现场代表们的强烈共鸣。展演在一群“海精灵”的优美舞姿中结束。曼妙的舞姿，撩起新教育人的无限遐思；飘逸的精灵，托出新教育的一片晴空。整场演出余味无穷，让人浮想联翩，感慨万端。

第三，9 所展示学校，彰显海门新教育实验之精彩。7 月 11 日下午，海门市东洲中学、实验小学、海师附小、东洲小学、育才小学、通源小学、海南小学、实验学校小学部、东洲幼儿园 9 所实验学校同时向与会代表展示各自在新教育实验中的探索成果，他们既有诵读开启、理想课堂展示、教师发展研讨等共同的板块，又有各自最富个性的主题内容。

东洲中学以校长滕玉英为首的 6 位市级以上学科带头人立体式演绎了“走在理想教育的幸福之路上”，激情智慧课堂、诗意欣赏课堂、审美人生课堂、探究合作课堂、幽默风趣课堂、心灵成长课堂，都给与会代表留下了深刻的印象。学校“学科、环境、活动、心理”四大课程并举的素质教育模式，心理教育进课堂、国际教育交流校本特色，为东洲中学注入了不竭的力量源泉。

实验小学“用品质点亮诗意人生”将主题诵读、主题报告、课堂展示、课程背景及互动沙龙五个板块有机地衔接起来，20 多名教师根据自己对“品质”“诗意”“教育人生”这三个关键词的理解，畅谈了怎样求“品”论“质”，怎样通过教育品质不断提升来点亮自己诗意教育人生的心路历程。

海师附小通过童话窗、童话壁、童话剧等不断创设浓郁的童话氛围，为孩子的学习与课余生活注入了童话色彩，丰富了孩子的精神营养，同时也成就了学校最鲜亮的特色。童话墙上，学生自编、自创、自绘的童话故事吸引了很多代表的目光，而学生的童话作品集也成为他们争相翻阅的材料。童话数学、童话美术、整书阅读、绘本阅读和童话故事创编五堂课，将童话贯穿整个教学始终，学校处处都“绽放着童话的美丽”。

东洲小学的专题片《新教育·新生活·新生命》形象地向代表们讲述了东洲小学十七载不寻常的发展历程，在新教育的引领下，东小人谱写了一曲中国教育的神话：短短四年一次性通过省实验小学的验收，八年成为省内一流、科研特色鲜明的现代化实验小学。2004 年，点燃了“新生活教育”行动之火，“让每一个师生热爱生命，让每一个师生热爱阅读，让每一个师生热爱运动，让每一个师生热爱艺术，让每一个师生热爱实践”。如今，通过新教育，“走向新生活，创造新生命”成了东小永恒不变的主题。

育才小学，书香阅读与“每月一事”；通源小学，彰显生命教育活力；海南小学，一路登攀，绽放风采；实验学校小学部，“阳光教育”的绚烂和精彩；东洲幼儿园，携手经典，释放童心。他们选择个性化的主题，用不同的表达方式，诠释着新教育的核心理念，把学校特色文化与新教育文化自然融合，对新教育教师专业发展模型与学校教师发展实际进行创造性地编织。让海门的新教育实验在呈现自己的地域特色的同时又高度融入全国新教育实验，成为全国新教育实验的一个响亮音符，又是一个不可或缺的和声。

专家与代表们的互动点评让大家受益匪浅，这对代表们也是一次难得的理念引领。江苏省教育科学规划办公室副研究员张晓东博士认为，实验小学在新教育理念的引领下，树立了求“品”论“质”的学习精神，全面开展品质教育，在一系列探索活动的细节上，让大家看到了素质教育的踪迹。南通市教育科学研究中心副主任、江苏情境教育研究所副所长冯卫东强调，通源小学对新教育新生命这一校本课程进行了本真的、有特色的、精深的研究，他们确立的“价值取向，生命第一”“支点选择，教师第一”“行为指向，儿童第一”“追求指向，幸福第一”理念，一定能够引领师生过一种幸福完整的教育生活。全国著名教育专家、全国十杰教师、成都武侯中学校长李镇西博士认为，在教师的专业成长道路上，教师要多读书、多积累、多反思，不要做一个杯子，要做一片湖泊。最好的培养是自己培养自己，因为自己最了解自己。这为教师专业发展廓清了认识，指明了努力的方向。苏州大学教育学院副教授、博士后王海燕，儿童课程项目主持人马玲，苏州职业大学副教授孟丽华等专家都对观摩的展示学校从不同视角作了精彩点评，并结合自身实际畅谈了对新教育实验的认识和理解。

第四，研究中心专业引领，推出新教育“十佳教室”。围绕年会主题，新教育研究中心教师专业发展项目主持人从“教师专业阅读”“教师专业写作”“教师专业共同体”等方面阐释了书写教师职业生命的内涵，并针对两位教师的阅读史，结合教师专业发展的阅读地图，解读了阅读的“浪漫—精确—综合”三个相互衔接与渗透的时期。

新教育研究中心还特别推出了新教育实验“十佳教室”。这些教室里的孩子，情感丰富而真挚，思想由活泼而渐至成熟，乃至深邃；这些教室里的教师，从不失去教育的梦想与激情，同时他们也知道，激情与梦想，需要在漫长的岁月里守护，最终长成一棵树，开出一树花。这十个教室的故事告诉大家，在儿童教育上，新教育实验有着一个清晰的完美蓝图，不管在儿童生命的哪一个季节，在哪个教室里，都可以有一树鲜花，芬芳四溢。

常丽华、紫藤物语、桃花仙子、快乐小荷等一个个活跃在新教育论坛上的名人出现在新教育研讨会的讲台上。常丽华和她的30多个孩子，5年共读了500本左右的图书，许多书是与父母亲共读的。2007年，她又领着孩子们用唐诗宋词、用音乐图画穿越24个节气，在小小的教室里，她们一起走过了春夏秋冬，感受着诗词的温暖气息，触摸着一颗颗伟大的灵魂，在农历的天空下，她们唤醒了唐诗宋词，唤醒了中国文化，也唤醒了自己，成为我们民族元语言的守护者和传播者。史桂华带领她的一（12）班的54个远离父母的孩子沉浸在讲故事、做游戏、演绘本的快乐里，尽情释放生命的灵性和勃发的创造力。倪颖娟带领她的二

(1) 班的50个孩子通过读写绘播撒幸福的种子，两年时间里，阅读了100多本绘本，开发与整合了多个儿童课程，如“母爱主题课程”“春游课程”“端午课程”“立夏课程”“清明课程”“种植豆苗课程”等，并结合孩子们当下的生活开发了丰富多彩的日记写绘课程、绘制了各种主题的手制小书。邵燕飞、敖双英、侯长缨、杜红芳、蔡晶、祁华忠、马继芬、杨红芬、于秋萍、崔晓梅，这些新教育人用生动、鲜活的案例传递出这样一个强烈的信息：他们是新教育实验的实践者，也是新教育理念的受益者，新教育不仅仅让更多的孩子在书籍中找到了心灵鸡汤，插上了飞翔的翅膀，还成就了孩子的引路人——教师，他们在新教育实验的田野上播撒汗水，开掘智慧，不知不觉间自己也从平凡走向了卓越。

新教育研究中心主任以“完美教室与完美教师”为题，以“汇聚”“唤醒”“编织”“穿越”为主干，深度揭示了关注儿童精神世界的教育方法，提出了“完美教师”在职业认同上“求道”、在专业发展中“为学”的观点，要求新教育人应有“判天地之美、析万物之理”的气度和胸襟。整个讲演深刻精妙，博得阵阵掌声。

第五，主题报告，激励新教育人书写生命传奇。7月12日下午，新教育实验发起人朱永新教授作了“书写教师的生命传奇”的主题报告，报告分为六个部分：教师的职业天命，生命叙事与元语言，生命叙事的体裁与风格，重建信任，危机与遭遇，像孔子一样做教师。朱永新从子贡倦于学“愿有所息”与仲尼“生无所息”的对话中，教导新教育人应该秉承儒家修身齐家，进而改良社会的传统，担负起教师职业之天命；从洪堡特“每一种语言都包含着一种独特的世界观”的论述中，希望教师能成为民族元语言的转译与承载者，成为中华文化自觉的传承者；从雷锋、张海迪、孔繁森、袁隆平等杰出人物的身上，告诉人们教师的生命应该是一首诗，不能失去崇高感，要永远超越与追求；希望教师能让学生，也让自己，在跨越重重困难以及怀疑之后，仍然能够建立起对于世界，对于人类，对于自我，对于存在的根本信任乃至信念。朱永新教授希望所有的教师都能像孔子那样做教师，在危机前，选择挑战，选择坚持，自觉地将自己的生命与学生的生命编织在一起，把自己的生命汇入由孔子开创的伟大的传统之中，汇入正在形成的新教育传统之中，真正地摆脱种种虚无与倦息，书写自己的职业传奇、生命传奇，过上一种幸福完整的教育生活。

第六，《海门宣言》，号召教师追随理想。闭幕式上，发表了新教育实验的第一个宣言——《新教育实验海门宣言》，号召新教育人秉承孔子、孟子“得天下英才而教育之”的理想，成为一个“知行合一”的理想追求者。以孔子为职业榜样、为人生典范，重新体认以儒家精神为主体的依然有生命力及超越意义的思想传统，把它们作为自己生命叙事的元语言；把自己的生命看成一首由自己书写的诗歌，一部精神的小说（传奇）；选择一种优美与崇高兼具的生命文风；无论如何，对世界抱以一种开放的信任，对生命抱以一种坚定的信念，对职业抱以一种深沉的敬畏；既让自己的生命恒久地处于诗与思的状态，又不断地修炼自己的职业技能，以努力达到在教育教学之事上左右逢源的自由之境，并最终把这一职业生涯锻铸成一部精致而隽永的历史……《海门宣言》让新教育人怦然心动，让新教育人更加意识到作为一个教师的责任之重大，深感只有将生命与教育事业相交融才能真正担起育人之重任。

闭幕式上，新教育研究院院长卢志文先生作了题为“向着明亮那方”的研究院年度工作报告，从“源自理想，构建实验研究有效平台”“基于实践，诠释课程研究核心价值”“注重行动，秉持田野培训草根情怀”“拥抱大地，展现公益行动人文胸襟”四个方面总结了过去一年的工作。网络专家进行了“教育在线”改版演示，表彰了优秀实验区、学校和先进个人，进行了新实验区、学校的签约，年会会旗的交接……每个活动、每个细节，都展示了新教育的勃勃生机，预示着这一颗来自民间的种子将在中国的教育大地上扎下深根，开出鲜花，结出硕果。

三天的时间，争奇斗艳的新教育实验区展览、震撼人心的海门实验区主题汇报和展演、精彩纷呈的海门9所学校主题展示与专家互动点评、充满智慧与挑战的新教育研究中心主题引领活动、富有诗意与理性的年会主报告等无不让每个与会的新教育人感动不已。更多的新教育人则通过电视网络直播了解了整个会议的进展和取得的成果，虽然远在千里之外，却因为共同的信仰有了相同的脉搏。

全国新教育第九届研讨会虽然结束了，但它在新教育和谐、可持续发展的历史上，必将书写浓墨重彩的绚烂一页。拉上厚厚的大幕，新教育人将各自回到工作岗位，带着承诺与梦想，继续书写教师的生命传奇，也书写新教育的传奇。

带着这种承诺与梦想，愿所有新教育人联合起来，书写自己的职业传奇、生命传奇，也书写新教育的传奇，书写中国教育的传奇。

打造名师团队的成长平台

百年大计，教育为本；教育大计，教师为本。有好的教师，才能有好的教育。教师的专业发展正是新教育实验的起点。近几年来，海门教育正是紧紧抓住教师队伍建设这一关键，大力推进“四大工程”建设，即铸魂工程、领雁工程、名师工程、夯基工程，取得了令人瞩目的成绩。站在新的起点，海门教育人开始了教师队伍建设的新征程。

一花独放不是春。如何把名师的效益最大化？如何让名师在自己成名的新起点上继续腾飞？考虑到名师队伍不断壮大、名品教育项目不断成熟的优势，我们着手组建了名师工作室和名品教育项目工作室，利用名师、名品项目的优质资源，把具有发展潜质的中青年骨干教师集中起来培养，变单一的、自然的名师成长为团体的、合作的共同体成长模式，实现名师、名品的社会效益最大化，促进整个教师群体的成长。

海门市自 2009 年 11 月起组建了十个名师工作室，自 2010 年 11 月起组建了五个名品教育项目工作室。两年来的运行，名师（名品教育项目）工作室作为一种专业研修共同体，成了海门市促进骨干教师群体发展的新模式。

我们的定位与目标是——

“名师工作室”是由名师联合一批有共同教育理想和追求的优秀教师组织起来开展创新型教育教学研究的学术活动组织，是集教学、研究、培训于一体的研修共同体。组建名师工作室，旨在创设一种相互支持和相互协作的学习环境，打造一流专业团队，创建学科教育的特色和品牌，形成合作互动培养人才的新机制。

“名品教育项目工作室”是以“特色引领发展，品牌成就事业”为理念，以教育项目为品牌，由项目负责人联合一批有共同志向与专长的优秀教师组成，集教研、科研、培训于一体的旨在培养教学骨干、特长学生的教学研训组织。组建名品教育项目工作室，旨在培育名品教育的领军人物，推动相关学校的教育名品建设，在市内外发挥示范、带头和辐射作用，形成名品教育群体效应，从而彰显海门名品教育的魅力，提升海门教育的影响力和美誉度。

我们的行动策略是——

专家引领——聘请知名专家、特级教师等为工作室顾问，定期为工作室作讲座，进行教学诊断，为工作室成员架设从理论到实践的桥梁。通过专家引领，不仅开拓了工作室成员的视野，而且促进了工作室成员深入思考、更新观念，解决教学中遇到的各种问题，从而更好地促进教师专业化发展。如童化作文工作室聘请中国写作学会副会长、福建师大潘新和教授，浙江省小语会副会长、著名特级教师周一贯先生等担任工作室顾问，通过定期邀请讲学、主动登门请教、研讨活动点评、指导撰写书稿等形式，使儿童写作课程研究在理论上有“高地”，在实践上有“阵地”，在学术上有“领地”。

专业阅读——教师专业阅读是促进教师专业发展的内在动力。有了理论的支撑，教师才能站得高、看得远、走得稳。各工作室把读书放在首要位置，以改善成员的心智模式，提升专业素养。围绕共同愿景、研修项目，选择相应书目，进行共同阅读，除此之外，工作室为每位成员订阅一到两本专业杂志，要求成员进行自主阅读，还要求每位成员每学期自读两本教育教学专著，工作室每月组织一次读书心得交流会，共同分享阅读心得。通过专业阅读，不断推动教师开展自主研修。如文化语文工作室提出了“让工作室成为一个学习共同体”的口号。首先是阅读“文化语文”已有的一些论著。《祝禧讲语文》《意象构建——读出文学的真美》等成为每个成员的必读书目。其次是共读共赏。针对学科特点和发展需求，共读一本书。每月一次的成员集中，第一件事情就是交流阅读情况。再次是个性化阅读。除共读共赏外，还要求每一个成员都有自己的兴趣爱好，有自己的阅读倾向。

观摩学习——组织成员观摩名师、观摩同伴、观摩同行的课堂，学会用批判和审视的目光看待课堂教学行为中体现的思想、观念，并做出理性的判断和选择，形成勤于学习、善于思考、勇于实践的思想意识。如审美人生教育工作室给予每一个成员外出学习的机会，例如委派贺敏敏、丁惠参加“全国美术评现场优课”活动，实景观摩的收获对她们的成长一定会起到不可估量的作用，而她们回来后将学习心得、购置的光盘和资料，又进一步辐射到了每一个成员。工作室成员还集体去美丽的西塘参加艺术实践活动，采风写生大大提高了成员的创作激情。2010 年 7 月集体参观上海博物馆，领略稀有艺术品的独特魅力。

研讨展示——课堂教学能力是教师专业水平最直观的体现。各工作室定期开展课堂教学示范课、研究课、观摩课、展示课等活动，让每个成员置身课堂教学研究，在不断实践、不断发现、不断改进中前进。同时还组织研讨，在民主、平等的交流对话中，提高反思能力，找出改进教学问题的解决方法，不断提升自己的教学技能和专业素养。2011 年，海门市的每个工作室均开展了市级以上教育教学展示活动：导学式教学工作室举办了全国首届“学程导航 · 活力课堂”小学数学教学专题展示活动；文化语文工作室举办了凤凰语文校园行活动、江苏省第八届名校名师小学语文主题观摩研讨活动；童诗工作室举办了第四次童诗教学范式构建专题研讨会；学程导航工作室举办了全国学程导航教学范式研讨活动；本真音乐工作室举办了南通市小学歌唱教学基本范式构建研讨活动；童化作文工作室举办了儿童视野下的想象作文专题研讨会；智慧管理工作室举办了第二届全国初中名校创新发展研讨会等。每一次活动，全体成员从备课开始全身心投入，在解读教材中碰撞出思维的火花，在备课中达成共识，在互动研讨中得到提升。每一次活动让工作室成员在教育教学研讨实践中不断超越，逐渐形成各自的教学风格和特色。

课题研究——每个工作室以课题为抓手，深入推进工作室的研究项目。各工作室围绕自己的教育主张，加大研究力度，形成课题群，采取项目攻坚的方式，高质量完成晨诵课程、午读课程、暮省课程、每月一事课程、科学阅读课程、完美教室课程的研发，并带头开展学程导航研究，形成各个学段各门学科的学程导航基本教学框架。如导学式数学教学工作室主持承担的江苏省教学研究（第八期）重点课题“区域实施‘学程导航’教学范式的实践研究”于 2011 年 3 月成功开题，该工作室成员还承担了南通市教学研究（第八期）重点课题“小学数学‘个性化教学’的实践研究”、南通市教育教学重点课题“小学阶段学生数学思维的阶梯训练”、省级课题“运用信息技术，引领儿童学会数学地思维”等课题研究。

团队建设——工作室作为一个专业共同体，具有共同的价值取向，有着浓厚的学习、研究氛围，形成一种立足实践、开放合作、积极向上的教研文化。这种积极进取的学习型组织也塑造着每一位教师，他们相互影响，相互促进，不断学习，不断反思，不断超越自己，充分发挥各自的创造力。他们高度重视工作室的组织文化建设，形成共同价值观，提升凝聚力，加强与研修中心研修员的密切合作与沟通，加强工作室内部考核管理，优胜劣汰，奖优罚懒，加强工作室平台建设与档案管理，确保简报、论坛、博客、微博等有专人负责，或者分工协作，汇聚更多“尺码”相同的教师，携手前行。

我们的管理机制是——

设置机构——成立海门市中小学名师（名品教育项目）工作室领导小组，下设办公室，“名师（名品教育项目）工作室”办公室负责名师（名品教育项目）工作室的成立、运行、评估、考核、保障等管理工作；各有关学校可据此成立相应的领导小组，在海门市中小学教师研修中心的指导下，协管名师（名品教育项目）工作室的相关工作。

考核评价——名师（名品教育项目）工作室原则上以三年为一个工作周期。在每个工作周期中按有关评估标准，通过查阅资料、调查访谈、成果检验等考核方式，对名师（名品教育项目）工作室进行工作周期内每年一次的过程性评价和一个工作周期末的终结性评价，并实行过程性评价淘汰制，对考核不合格的工作室予以摘牌，停止运行。优秀名师（名品教育项目）工作室领衔人员优先晋升高一级职称和专业荣誉称号，优先推荐为省、市教育系统高层次培养人才，优秀名师（名品教育项目）工作室成员优先晋升高一层次骨干教师。每个工作周期结束后，考核合格的名师（名品教育项目）工作室须进行新一轮的申报工作。名师（名品教育项目）工作室成员的考核主要由其领衔人负责，主要从思想品德、理论提高、管理能力、教育教学能力、研究能力等方面考察是否达到培养目标，考核不合格者则调整出名师（名品教育项目）工作室。同时按有关程序吸收符合条件、有发展潜力的新成员进入工作室。

制度保障——要使工作室的能动性得到最大程度的激发，促进学习、研修、培训、提高一体化，真正成为一个充满生机与活力的研修共同体，还要靠一整套行之有效的制度作为保障。名师（名品教育项目）工作室领衔人所在学校须为其创造良好条件，提供活动场所，配备相应办公用品。名师（名品教育项目）工作室成员所在学校要加强对本校成员的支持和管理，帮助他们成长。名师（名品教育项目）工作室领衔人所在学校如有教师申报担任该领衔人工作室成员，在同等条件下可优先受聘。名师（名品教育项目）工作室建设工作纳入对学校教师队伍建设考核内容。工作经费上，海门市计划每年每个名师工作室补贴 8 万元，其中，市财政补贴 5 万元，所在单位筹措 3 万元，主要用于工作室的各项业务活动。经评估考核，市教育局对工作实绩显著的名师工作室及其成员，给予表彰奖励。

名师工作室与名品教育项目工作室平台的搭建，汇聚了一大批优秀教师，放大了名师团队效应，加速了优秀教师群体的成长，有力地提升了海门教育的发展品质。

让“智慧”催生“智慧”

现代教育从时间上有了足够的长度（从学前教育到老年大学）；从空间上有了足够的广度（从普通教育到远程教育、网络大学），但就是失了“深度”。有人分析，我们的学校有制度、有纪律、有知识、有作业、有考试、有足够多的教师和学生，唯独就缺少了智慧。

为什么说我们的教育缺少智慧呢？

我们让教育成为记忆之学、机械之学，我们的教育被看作是知识的传授，并以此作为教育的主要目的。作为教师，我们巴不得把所有学科的所有知识都灌输到学生的脑子里；作为学生，他们巴不得把所有学科的所有知识一滴不漏地储存在脑海中。难怪爱因斯坦感叹：“现代的教育方法，竟然还没有把学生研究问题的好奇心完全扼杀掉，真可以说是个奇迹。”仿佛现代教育的唯一基本功就是背书，就是把圣人说过的每一句话牢牢记住。难怪有人说，在中国，教育赖以存在的东西有三样：一是权威，二是记忆，三是考试。我们的教育脱离了人的内心感受而成为标准化的模具，通过规范有序的流水线“生产”出能够完整地承继前人所创造的既有的文明成果，以作立身于现存世界之基础性手段和工具的受教育者，但是他们与前人并无本质上的差异，很难被确认为是具有崭新意义的“新人”。可以说传统教育只是在发挥着一种“复制”前人的功能，并无深刻、内涵独特的创新意义可言。同时，我们的教育又习惯于使学生消极、被动地接受知识，如仓库一般储存和积累信息，并以既定的答案为最终和唯一的结论。

另外，传统文化中的一些消极因素——比如“官本位”的观念、“师道尊严”的观念对人的影响至今尚未彻底消除，影射到教育管理上，表现为我们不少的学校管理者，仍然固守着“服从和忠诚”的思想，甚至骨子里潜藏着“轻民”

的思想，工作讲人制、讲管制。对待教师，习惯于强制的钢性管理，备课固定格式，教法强求一律，作息分秒不差。而教师对待学生，也习惯于高高在上，将学生管得死死的。极少数教师还“威风八面”，只要他那张面孔一出现，学生即刻便敛声屏气。这样，结出来的只能是这样的苦果：消极服从、亦步亦趋的教师不在少数；唯命是从、无“棱”无“角”的学生随处可见。教师只把学生当作教育的对象，强调社会制约的一面、受动的一面、外因决定的一面，抹杀相对独立的一面、能动的一面、内因决定的一面，从而压抑了学生的主动性、独立性、参与性和创造性。最终导致本应离智慧最近的教育却远离了智慧。

其实，知识的传授仅仅是教育的最基本目标，除知识外，还有更崇高的目标值得追求，譬如说如何去获取未知，如何去开启心智，如何去创造新思想等。教育不应只是往铅桶里注水的过程，而应是不断向外流淌创造之泉的过程。时代呼唤有智慧的教育，我们应反对学生做教师的传声筒，做书本和分数的奴隶，要求学生主动地、有所舍弃地获取知识，有意识地提炼和加工众多的信息，探索多种设计方案和多种可能性答案。尤其是在学习观上，让学生早日走出维持性学习的困境，使学生通过已获得的知识和经验来解决当前出现的问题，能创造性地运用所学到的知识去适应新的情况。时代呼唤通过兼具科学性和艺术性的智慧流程“创造”出能够不单纯受役于规范，而且在本质上真正超越前人的一代“新人”。他们不但能从容、自如地适应现存世界，而且能以强大的创新才能主动、积极地丰富、发展和超越，从而使人类文明的长河鲜活地向前奔流不息。

一、“智慧”的界定和理论假设

何为“智慧”？少有公认的精确的定义。洛克曾对“智慧”作过论述：“我对于智慧的解释和一般流行的解释是一样的，它使得一个人能干并有远见，能很好地处理他的事务，并对事务专心致志。”这是当时英国约定俗成的“智慧”的含义，同别的国家对“智慧”的理解也大致相同。也有人把“智慧”理解为是一种“善良的天性、心灵努力和经验结合而成的产物”。怀特海曾说过：“在古代学校里，哲学家渴望传授的是智慧。”到了近代，洛克把绅士教育理解为“四件事情”，就是“德行、智慧、礼仪和学问”，并且认定在这“四件事情”中，“学问”最不重要，而“智慧”最为重要。有些专家认为，“智”是人类个体的认识过程或认知结构，即对外部信息的感知、整理、联想、储存和搜索、提取、操作，或通过此过程形成的认知水平。“慧”是人类个体对所认知事理的评判过程和评判标准，包括事理的曲直、善恶、是非、高尚与低俗等标准，并按照这个标准进行认知取舍、认知放大和压缩、认知补充。这也就是人们通常所说的情感过程和情感图式。本课题中的智慧是“知识”“能力”“经验”的一个相对概念，是“道”与“技”“器”的关系。智慧是“道”，“道”是比“技”更高级的东西，它是一种综合能力，是一种悟性、一种境界，是一种解决问题的艺术，具有高度的灵活性、创造性，它把人生经验提升到更高层次，把真、善、美有机地融为一体，有着丰富而深刻的意蕴。孔子曰：“智者乐水。”流动的、生生不息充满生命活力的才是智慧。从个体生存能力的结构看，“智慧”可分为语言智慧、音乐智慧、空间智慧、逻辑数学智慧、身体动作智慧、人际智慧等。从个性生存能力的空间看，“智慧”可分为课堂智慧和第二智慧（应用智慧和创新智慧）。人的智慧发展是在人的自然机能的基础上，在社会化的推动下发展的，因而其发展规律与人的机能的发展是同步进行的，其发展曲线与机能的曲线形状相似。

智慧型教师，其内涵是从实际出发，能主动驾驭教育的规律，将自身智慧与国内外先进的教育理论融为一体，它表现为对问题有深层思考，有价值追求，有人文关怀，有较高的悟性，有敏锐的洞察力，有丰富的创造力。教师的智慧是一种实践智慧，它需要教师在实践中建立自己个人的活的教育哲学，用自己的睿智在细微之处启迪学生的智慧。

智慧型学生，其内涵在外显形式上表现为积极、愉悦、自主的发展态势，具有强烈的好奇心，喜欢不停地追问，而在实质上则是指精神上的专注、投入与奉献，是一种身心舒展的美的境界。“智慧”不仅不与学习中的艰苦探索相抵触，而且恰恰正是通过对其的艰苦追寻而达到更高的境界。“智慧”也表达了发展中主观与客观不断的和谐统一。

智慧型管理，管理由“以事为本”走向“以人为本”，从“行政约束”走向“自我约束”，从“错位”走向“同步”，以人的管理为核心，尊重师生的人格、情感、需要和尊严，立足开发师生的能动性和创造性，也即对教师与学生智慧的管理。它不拘泥于技术、技能、技巧，而是透过这些关注更深层次的价值追求，那是一种形而上的追求，其追求的是对教师人生境界的管理。

本课题（以下称“智慧教育”）从研究人的精神发展教育链（人心—人格—

人道—人生—人的价值）入手，致力建设智慧型的教育链（智慧型管理—智慧型教师—智慧型家长—智慧型学生），使得人的精神发展在教育的具体实践中焕发出真正的生命活力。在整个智慧教育链中，“智慧型教师”与“智慧型学生”是互为条件、相互作用和相互促进的。只有“智慧型教师”才能培育出“智慧型学生”，只有培育出“智慧型学生”，才能称得上是“智慧型教师”。“智慧型教师”是关键，“智慧型学生”是归宿，同时“智慧型管理”是保证。本课题研究有其必要性和可行性。

从哲学的观点看，只有不断地习得、运用智慧，人的发展才能成为现实。毛泽东同志指出：“外因是变化的条件，内因是变化的根据，外因通过内因而起作用。”谁要是想回避智慧（如不注重学生的自主性、能动性、参与性、创造性等），光凭教师的三寸不烂之舌就能把学生调教成才，那只是一种乌托邦。如借之以智慧，就能引燃学生内驱力的火种。再就矛盾的普遍性与特殊性而言，每个学生都有与他人不同的个性特点，每个学生的灵魂深处都有一根独特的琴弦，而智慧正是一只万能之手，能在不同的琴弦上弹奏出不同的旋律。

从文化人类学的观点看，人的智慧是人类在长期劳动、认识世界与改造世界以及认识自我、改造自我的过程中发展起来的最能体现人类本质力量的特性。它是人区别、超越其他动物的本质之所在，是人为万物之灵之所在。人有了自我意识，就能了解自己在自然和社会环境中所处的地位，并对自身进行改造，而智慧则是人类自身发展的重要条件。儿童的发展带有原生态的、非修饰的性质，儿童的心智正是保留了“原始”智慧的特性，他们对自然、对宇宙的好奇一点儿也不亚于哲学家，可以说，儿童天生就是哲学家，而我们的教育却大大低估了儿童，甚至扭曲了儿童的本性，冷落了儿童的智慧，只是试图不断地用智力来代替智慧，从而丢失了人类最完美的东西。

从社会学的观点看，现代社会应该而且必须培养人处理实际问题的能力。马克思曾将人的发展分为三个相应的阶段：人的依赖关系阶段；物的依赖关系（异化阶段：物支配人）阶段；人的全面发展和自由个性发展阶段。现代化社会要求摆脱封建社会人格特征中依赖、盲从的特点，需要有独立见解的、有创造和开拓精神的人来适应现代经济、现代社会发展的需要。人只有不断地融入社会，才能增长智慧，才能以智慧去推动社会的进步与发展。智慧如何增长和获得，只有通过卓有成效的“智慧教育”。

从心理学的观点看，人类个体的智慧发展呈螺旋上升之势，具有周期性规律。小学阶段处于青少年心理发展的转变期，其独立性与自觉性都大大提高，抽象逻辑思维开始占有相对优势，自我意识急剧发展，要求别人尊重他们的意见和人格，且逐步形成了正确评价人和自我评价的能力，在一定程度上能够自觉控制和调节自己的行为。这一系列心理发展的特点，为智慧的授受提供了坚实的基础，而智慧的授受，反过来又必然加速学生健康成长的进程。

学校是儿童生活的一个小社会，这一小社会的形态将直接影响儿童心理功能的发展、心理结构的完善、身心素质的全面提高和个性的充分发挥。构建“智慧教育”体系，必将大大丰富这一社会环境的内涵，充分发挥其整体教育功能，为新一代学生素质的全面提高奠定坚实的基础。建立“智慧教育”体系，也是师乐教与生乐学的必然前提和必备条件。从教师方面看，如果教师把教育工作看成是自身智慧、才能、力量的表现，是一种崇高、富有激情的活动，他们就会对自己的职业产生浓厚的兴趣，就会努力发扬创造精神，提高自己的教育才能和教育艺术水平，就会深深地陶醉在自己的职业享受之中，进入高层次的审美和自我实现的境界。从学生方面看，也可促使其将“知识融入生命的河流”，趋向于真、善、美，进而提升其生命的质量和意义。

基于上述分析，本课题的实验中，我们需要在价值观层面，关注学生“未来性”“生命性”和“社会性”；在学生观层面，关注学生的“主动性”“潜在性”和“差异性”；在活动观层面，关注教育活动的“双边共时性”“灵活结构性”“动态生成性”和“综合渗透性”，在学校进行一场深刻的教育思想革命。把智慧作为教育的目标和归宿，有步骤地规划智慧传承过程，用智慧来培育智慧，把发展的空间和时间交给教师，着力弘扬教师的主体精神、激活其创造潜力、唤醒其主体意识，就能培养既有人格魅力，又有社会竞争能力，既能实现可持续发展，又能不断创新的跨世纪新人，真正为素质教育的推进作出切实有效的探索。我们要做学生智慧的导师，而不要去做学生智能的技师。

二、智慧教育的目标

（一）总实验目标

以现代教育理论为指导，以校内外智慧资源为两个主阵地，以造就智慧型教师、智慧型家长和培育智慧型学生为主攻方向，把创造还给教师，让教育充满智慧的挑战；把课堂还给学生，让课堂充满生命的活力，探索和构建具有现代特色的“智慧教育”体系。

（二）具体实验目标

1．智慧型教师队伍的形成规律研究；

2．开发建设具有学校、地方、时代特色的校本智慧课程；

3．积累智慧管理的个案，探索智慧管理的有效模式；

4．智慧资源（校内、校外；硬件、软件）的挖掘、整合和利用；

5．研究卓有成效的智慧教育的模式和方法。

三、研究的主要内容

本课题主要包括以下几个方面的研究内容：

“智慧教育”的观念：传统与现代的智慧、共性与个性的智慧、科学与人文的智慧、人与自然的智慧、个体与群体的智慧、理论与实践的智慧、基础与发展的智慧。

“智慧教育”的过程：师生关系的智慧，教与学的智慧，各科教学之间的智慧，课内与课外的智慧，教育目标、内容与方法的智慧，教育与教学的智慧（其中含有对受教育者个性全面和谐发展的要求），学校、家庭与社会的智慧等。

“智慧教育”的活动：研究“智慧教育”形成的三个境界，即教师带着书本走向学生—学生带着问题走向书本—学生带着书本走向生活。对三个境界的智慧传承机制进行分析、比较和提炼。

“智慧教育”的环境：对建设三个“乐园”的研究，即能与生态环境共荣，建立美好的“自然乐园”；能与他人和谐合作，建立完善的“人文乐园”；能以全面发展为本，建立真、善、美、特的“精神乐园”。

四、研究的方法

以自然实验为主，辅之调查法、观察法、比较法、个案研究法以及文献研究法等研究方法。坚持定性和定量相结合，通过跟踪、观察、问卷等测试手段，综合分析对象的发展状态，以积累较为科学的研究资料。

五、研究的步骤

（略）

好教师是这样“炼”成的

我们认为，在基础教育课程改革的实施过程中，需要智慧型的教师。所谓智慧型教师，就是从实际出发，能主动驾驭教育的规律，将自身智慧与国内外先进的教育理论融为一体，它表现为对问题有深层思考，有价值追求，有人文关怀，有较高的悟性，有敏锐的洞察力。教师的智慧是一种实践智慧，它需要教师在实践中建立自己个人的活的教育哲学，用自己的睿智在细微处启迪学生的智慧。面对新课程，我校积极组织全校教师开展各类课改专题研究与培训，逐步形成了具有东小特色并且富有实效的校本研究与培训机制，为智慧型教师的培养创造了条件。

一、倡导自我设计，促进自主发展

校本研究与培训仅仅侧重于计划中的安排是远远不够的，“自压”“自省”“自悟”才是教师成熟、成长的决定性因素。我们的“青年教师发展中心”活动特别注重加强学校计划外的教师自我设计，学期初每位教师自己就一个学期的发展目标、方向、努力过程进行详细地设计，学校要求每位教师在设计的过程中充分根据自己的原有基础和发展需要，确定好各自的研究专题与方向，确定好研究成果的形式，确定好阅读名著的书目，同时记好阅读笔记，写好成长故事，记载情况作为考核的重要依据。学校在系统研究教师的自我发展设计方案基础上为他们提供尽量多的帮助。通过这一创新机制促进教师的自我更新、综合发展与研究能力的提高，引导他们做有信念、有理论，自觉追求、不断创新的智慧型教师。

二、试行学分制度，提高活动实效

我们的校本研究与培训建立了学分制的考评新机制，学分制的建立，有利于对教师参与“青年教师发展中心”活动的情况进行考核与评价，同时，也给予教师一定的自由度、选择权。星期天下午的活动，一般都要参与。一学期累计学分不少于 10 个学分，达 10 分合格。对一学期总学分超过 10 分的教师，将给予一定的奖励，这还与教师的晋级、职称评定等挂钩。每次活动由各团队负责人具体组织，活动前必须做好充分准备，确保活动的实效。每次活动内容及参加人员等情况由各组负责人作详细记录，需要考核的还要进行现场考评。年末，要把全年成长的过程性和成果性原始资料，收集在自己的成长档案中，进行公开展评，让教师们互相交流、学习，在此基础上评定一定的学分。通过这一机制，把教师的自我设计、成长过程与成果取得进行一体化管理，有效地促进了教师的专业成长，让每一位教师都能够深入地融入新课程的研发过程中，不断开掘教师的创新智慧。

三、开展团队研究，促进专业成长

我们的“青年教师发展中心”活动基本以团队研究、案例研究为主导，以集中报告与培训为辅助，提供给教师根据自己情况选择学习内容的机会与空间。比如，我们形成了学科课改研究团队、网络教学研究团队、个性化课程研究团队、综合实践活动研究团队、品德与心理教育研究团队、综合生活课程研究团队、课程资源开发研究团队。这些丰富多彩的研究型团队，展开了案例研究式、团队开发式、专题研修式的培训，大大促进了教师的行动研究能力，提高了校本培训的针对性和实效性，实现了智慧管理的新突破。我们还形成了以“叙述故事法”为主要方式的反思制度，大大促进了教师的专业成长，使教师更快地适应新课程的需要。

让基层课题研究事半功倍

课题研究是总结教育教学规律、提升专业素养的有效途径。但是，如何正确开展课题研究，本身也是一个问题。

2011 年 5 月的一天，我参加了四个省市的课题结题鉴定会，这几个课题都在回答课题研究对教师发展的意义，如教师专业素养的提升、课堂教学水平的提高、课程研发能力的增强等；对学生发展的意义，如丰富学生的成长方式、改变学生的生存状态、体验教育生活的幸福与完整等；对学校发展的意义，如学校品牌的形成、特色的建设、文化的发展等。但在研究中，总会遇到一些困难。

这让我想起几次我对课题研究的建议。

比如 2011 年，正余初中“新课程背景下农村初中课堂管理机制研究”课题结题。这个课题很有价值，我建议对农村初中课堂管理机制的现状做一个深入的调查，从中分析影响新课程背景下的课堂管理机制的因素有哪些，然后从课堂时间管理、课堂行为管理、课堂情意管理、课堂资源管理、课堂环境管理等方面提出一些针对性的策略，并进行专题研究，特别要开展基于学科的课堂管理评价研究，以此来改变教师的行为方式、课堂的组织方式、教与学的关系等。从而能够建构起“以生为本”的民主开放型的课堂管理新机制，促进课堂教学的深度变革，充分彰显学生的主体地位，让每一个学生成为热爱学习的主人。

再比如，参加机关幼儿园省级课题“幼儿的朴素理论和教育指导研究”结题活动时，我对课题研究提出了一些建议。

一是明确课题研究的基本逻辑主要在于发现儿童是如何理解这个世界的，并阐释儿童对世界的理解，研究儿童这样理解的原因，指导儿童更好地理解这个世界。

二是明确课题研究的基本目标在于唤醒、建构、发展并丰富儿童的朴素理论。

三是明确课题研究的基本策略在于创设情境、开展活动、组织游戏、进行对话等，让儿童在体验中、在经历中丰富对这个世界的理解。

四是明确课题研究的价值在于理解儿童、尊重儿童、相信儿童、关爱儿童、发展儿童，最终回到教育的原点。

所以，我所期待的课题研究成果是在形成一些基本经验、策略的基础上，能够对课题研究指向前后的变化、发展状态，有比较实在的数据检测与分析，从而形成更有科学研究价值的成果。但是，我们的教育科研课题在这一方面普遍存在问题，许多学校的课题研究还停留在经验总结的层面上，缺少必要的数据统计与分析、比较研究、调查研究等，所以，研究的可信度与可推广性自然会受到影响。这也反映了基层学校教育科研整体水平需要提高的迫切性。

从教学管理走向课程管理

新一轮基础教育课程改革对课程的目标作了重大调整，从原来过于注重学生基础知识的掌握和基本技能的培养到全面关注知识与技能、过程与方法、情感态度与价值观的培养，同时赋予了学校、教师在课程设置、课程内容、课程实施、课程资源的开发与利用、课程评价等方面以较大的自主权力，这对学校教育教学及其管理提出了全新的挑战。我们在课改实验一开始就对教学“六认真”的要求进行了反思，从新课程的视角，用促进学生全面、和谐发展的理念对其进行了修订。

长期以来，我们实行的是以教学“六认真”为主导的管理模式。从总体上看，教学“六认真”是以教师的教为中心而设计的，它是直接为保证学校教学工作规范、有序运作服务的。现在，我们需要改革原来的“六认真”（认真备课、认真上课、认真布置与批改作业、认真辅导、认真听课和评课、认真考核与评定）要求，构建以学生的发展为中心的学校课程管理体系。通过学习、研讨，我们出台了《海门市东洲小学学校课程管理指南》，主要包括：指导思想、课程计划管理、课程开发管理、课程实施管理、课程资源管理、课程管理保障等，使之与新课程的实施相配套，从管理的层面更好地促进新课程得到全面地落实。

在传统的管理模式下，由于有太多的具体化的规范，导致教师只是依据国家制订的课程计划与教材来教学、组织考试、评价学生优劣，“以纲为纲、以本为本”是教师教育教学的“金科玉律”，也是学校评价教师的“金科玉律”，“超纲”“未达到大纲要求”都是不允许的。而现在由“大纲”变成“课程标准”，由“如何教教材”变成“如何用教材教”，这样，原来大量的备课、上课等教务式的规范就需要改变。备课要从备“双基”到“知识与技能、过程与方法、情感态度与价值观”来全面考虑。除备教材、备学生、备教法、备学法外，还要增加备课程资源、备过程与方法、备学生活动、备教师指导等，备课笔记需要增加课堂调整与思考等过程性空间。课堂上那么多机械的规范应被教师的自主管理替代，教学“六认真”的规范更多地要转化为教师的一种崭新的理念、一种自觉的行动。理想的学校管理需要更高层次的规范来实现教师的自主、自我的管理。

新课程倡导教师在课堂教学过程中根据教学的进程、学生的发展需要随时进行调整，强调课堂中的生成，而不是课前什么都预设好不能改变。学生的学习活动是一种自主的意义建构过程。我们要学会研究学生的学习活动，要通过学生主动的参与、积极的意义建构，在活动中生成动态的课程资源。课程资源的开发和利用具有过程性、生成性的特点，特别是对教材的二度开发，更应该重视它的创生过程。比如，我们展开了语文、数学的综合性学习研究，通过与生活、与相关课程内容、与社会发展等的联系与结合，创生出更适合学生发展的崭新的课程形态。这些都是在新课程理念指引下的教师更为大胆的实验创新，这样，就会不断地激发出教师潜在的创造力。

综合实践活动以及地方与校本课程的开设是这次课程改革的重大举措，而且留给了学校和教师很大的创生空间。如果我们还固守着原来的观念，等待上面给自己发教材，那新课程就很难实施了。所以，我们需要迅速组建由专家、教师、行政人员、家长、学生代表等组成的课程研发小组，开发和利用校内、校外的资源，作广泛的调研，这样才能制订出符合新课程理念与要求的课程计划。通过发扬团队精神，开发出适合自己学校学生的校本课程。综合实践活动以及校本课程如果没有社会、社区与家长的广泛参与和大力支持，很难想象这门课程能开好。校长、教师在课程开发中会不断地强化自己以前从未拥有过的课程权力，当然，这种权力后面的责任和义务更大，要为学生的终身发展打好基础。我们在开发过程中明显感受到自己知识储备的不足、创造力的缺乏，所以更要不断地学习，不断地充实和提高自己。

课程倡导兼具科学性、人文性和艺术性的智慧教育，智慧教育需要智慧管理来保证。我们的智慧管理倡导“以人为本”，把教师作为学校发展的第一资本，尊重、关心、理解、信任每一位教师，激活内需，自主发展，帮助每一位教师挖掘自己的创新潜能，给予其充分的自由，发展每一位教师的创造个性。这是对制度管理、目标管理、情感管理的一种超越和升华，但又必须与之融合的管理模式。智慧管理要激活教师的思维，引导教师确立科学的人生价值观和教育价值观。

随着新课程的实施，许多旧的制度框框须被打破，我们需要创新。如以前班主任职责中要求每学年家访率达100%，现在家长与教师沟通的方式是多种多样的，如电话、E-mail、到校听课等，还有班务日志、班队活动台账、家校联系册、教师观察记录等，这些完全可以与学生的成长档案结合在一起。我们学校许多班级每周都有一份家校联系单，内容包括学生的各科学习状况，上课、作业、读书、写字、背诵、守纪、卫生等各个方面，全面反映了学生一周在校的成长情况，还设置了“家长的话”“老师的话”等项目，以便于交流。再如，课程资源开发和利用是这次课程改革的重要组成部分，而这个过程恰好又是考验智慧与培育智慧的最佳时机。多媒体课程资源的开发，网络资源的利用，综合实践活动课程组织在时间管理上国家还明确要采取弹性管理制，这就需要学校组织教育共同体，帮助学生学习共同体。智慧管理是容纳校长、教师、家长、专家、行政人员共同智慧的一种校本文化的管理模式。这是一种极为开放的管理方式，但有一个核心指导理念就是怎样培养有智慧的人。

实施新课程需要规范、需要制度、需要“执行”、需要相对统一的评价方式，更需要规范制度以外的创新实践，我们要在新的教育理念指导下走向一种新的境界，创造出有利于学生充分发展的科学而灵活的课程管理新机制。

从教学设计走向课程设计

新课程改革给了学校开发课程的权力，这对于习惯“教教材”的教师来说，还真不知道如何使用这手中的权力。况且，这是要对学生未来负责的权力，直接关系到学生的发展和未来人生。所以，我越来越强烈地感受到我们的教师需要补上“课程设计”这一门课。我建议师范学校、师范大学，凡是要培养教师的学校，“课程设计”应该是一门必修课程。我们以前在师范学校学到的是教材教法，它侧重指导我们如何设计更好的教学方法，获得良好的教学效果。随着新课程的实施，我们对教材的概念有了全新的认识，我们需要拓宽对课程认识的视野，使原来的教学设计进一步走向课程设计的领域。

在澳大利亚，各州的教育部只颁发课程标准，小学没有课本，中学只有主要的课程有课本。具体课程内容和资源的组织等完全由教师自己来完成。所以，澳洲教师有着比中国教师更大的课程权力。我曾经专访过一位一线教师，请她谈谈课程设计中的一些做法和体会。

这位教师说，澳洲学生虽然没有课本，但是教师身边都拥有很丰富的课程资源，他们有各种不同类型和层次的教学参考资料，教师完全可以组织不同的内容来满足学生不同的需要。至于用什么样的内容和形式，全部由教师自己来决定，没有统一的规定。各个学校教师的参考教材、教学内容各不相同，他们只是按照课程标准来组织。可见，这里的教师也是非常辛苦的，每一门课程都要有课程计划和教学内容的安排，对教师课程开发的能力要求特别高。不过，这样也充分挖掘出教师的创新智慧。教师每天在学生放学以后一般要花两个小时来做第二天的上课准备。每个学年初，教师要制订好每一门课程的计划。学校每个学年第一学期的第三周一般要召开班级家长会，在家长会前的三四天教师要把各门课程的计划制作成一个小册子发给家长。开家长会时，教师要向家长陈述课程计划的主要内容，然后进行讨论。家长有可能认为本学年的教学目标对他的孩子来说太简单，会提出要加大难度，但也有相反的要求。通过讨论，教师可以调整计划，给认为简单的学生一些拓展性的学习内容，给认为困难的学生一些简单的学习内容。每个学期学校还会组织同一年级的教师进行课程计划的专题研讨活动，用半天时间交流各自一学期的课程计划与教学内容。如果哪一位教师有一个好的主题和设计，就可以互相分享、拷贝。同一个年级一般有75%的内容是一样的，剩下的内容就由教师根据自己班级学生的特点和需要，进行针对性地设计。同一年级的教师相互取长补短是非常有价值的。另外，学校每周都要组织一次放学后的学习研究活动，间周一次是全校教师的集中活动，另一次是小组研究活动。在全校教师的会议上可以让不同年级的教师在一起集中讨论同一个专题，相互启发。可见，澳洲教师在享有课程权力的同时，还认真地履行着义务、承担着责任。

一、弄清楚我们“为什么而设计”

我们的课程设计的指导思想是什么？基本依据是什么？一个共同的价值取向就是为了每一个孩子的发展。问题是发展什么？它的基本定位是偏向知识，还是偏向能力？当然还包括情感态度与价值观、过程与方法等。中国的传统文化是一种“知识文化”，而西方发达国家的传统文化是一种“能力文化”，这两种不同的文化价值取向导致了教育思想有诸多的差异。随着社会的发展、科技的进步、不同文化之间学习交流的加深，彼此都感受到了各自文化的优势和不足。当我们呼吁加强能力教育的时候，如果完全扔掉我们的传统是不现实的。我们的基础教育课程改革具体目标中的第一条要求是：“改变课程过于注重知识传授的倾向，强调形成积极主动的学习态度，使获得基础知识与基本技能的过程同时成为学会学习和形成正确价值观的过程。”很显然，我们的课程设计的基本价值取向是强调学习态度、基础知识和基本技能同时并重的定位。与西方发达国家以能力教育为重，知识学习是为能力培养服务的定位有着本质的区别。这不仅是由中国的传统文化所决定，更重要的还是因为传统的考试指挥着我们的教育教学实践，决定着课程改革的最终走向。

有了明确的定位，我们对课程设计应该是对完人的设计、发展的设计、未来的设计的理解就能分解为具体的内容。课程设计之所以不同于教学设计，主要是因为我们对课程的概念有了全新的认识。教材不再是我们教学的唯一资源，更何况现在同样的教学内容有很多套教材，有许多不同的教学设计。我们最需要依据的是《课程标准》，当然也应该参照一些教材，但必须根据实际资源的可能和需要，形成自己的生本化课程实施方案。我们要从原来相对比较单一的教材教学设计走向宽广的学生学习发展活动的系统设计，从简单的文本设计走向资源全面开发、利用和整合的网络设计。

二、解决怎样设计的问题

（一）要有“实践”的“思想”。

我们在帮助学生准备高考的时候，还要对未来社会的人才需要有充分的预见性。我们要让学生能有更多的机会参加实践性的活动，设计能够产生问题的自主活动。因为只有实践性、自主性的活动，才能让学生在掌握知识的同时，有效地提高各种能力。

（二）要有“思想”的“实践”。

因为我们对知识掌握有很高的要求，所以，实践性、自主性的活动设计，必须是精心打造的，使“三维”目标和谐发展。我们不能等米下锅，不要迷信教材，我们应该学会找米下锅，来改造教材，使我们的课程设计更适合每一个学生的发展。我们只有找到适合中国自身特点的教育改革的道路，才是最有前途的。越是本土的，就越是世界的，越有生命力。但这是在吸纳了世界先进文化成果的基础上形成了最适合自己发展的文化。我相信，我们一定能探索出具有中国特色的课程改革之路。

（三）要有对“思想”和“实践”的反思，并付诸新的实践。

前几年，我们学校对主题单元的综合实践活动，语文和数学综合实践活动，大德育课程以及音乐、体育、美术等个性化课程作了大胆的探索，碰到了很多困难。可以说，我们正在从教学设计走向课程设计的进程中。我一直对教师们说，改革就是看你在有了新的思想和设计、碰到困难以后的态度，往前跨一步和往后退一步，其结果是完全不一样的。当你往前跨一步时，很艰难，可一旦跨出后，眼前会一亮，又是一片新天地。不过，需要特别注意的是要学会及时反思，要在改革实践的过程中进行一些深层次的思考，开展一些专题研讨，甚至邀请理论专家来会诊，要整理出更系统、更科学的课程设计和实施过程的材料来，并在反思的基础上调整以前的课程设计，进行新的实践过程。通过反复实践，多次反思，我们就能形成比较完整的课程新系统。只有这样，我们的课改行动才能取得丰硕的成果。

校本研修与教师专业发展

背景资料：2008年3月11日下午，做客海门实验学校小学部“思想者俱乐部”，为教师们作“校本研修与教师专业发展”专题讲座。

许新海：实验学校自创建以来近六年了，实验学校的教师团队是一支非常优秀的团队，实验学校教师的发展也非常有特色。我要问问大家：“你理想中的教师专业发展路径是什么？”

钱慧珍：如果是一名语文教师，我想首先要进行磨课，在磨课中成长。另外就是有选择地阅读一些书，思考它，研究它，自己可能就会成为某方面的专家。

徐海鹰：最关键的是毅力，其实每个人都想要成才，但是，最关键的是有时候我们没有毅力坚持下去。

施伟东：把他们两个人的观点综合起来就是，要有自信，要有恒心，平时要多看，多听，多学习。

许新海：说得非常好。今天的讲座我想从几个方面来展开，以我多年来做校长，后来做副局长的经历，谈谈我们教师专业发展的一些基本路径。站在学校的层面上，往往有两种路径：一种是群体的路径，一种是个体的路径。凭我对实验学校小学部的了解，整体来讲，实验学校教师个体素质在海门所有学校中是非常高的。卞校长常跟我说教师群体建设问题，我在想：我们实验学校有多少教师，目前到底达到了一个什么样的层次。我们办学五年多，现在该以怎样的形态，怎样的一种前行状态，呈现于社会，呈现于家庭，呈现于教育系统。我认为我们这所学校非常特殊，小学部的教师，有很多是从百年老校——实验小学来的，我们有着百年老校深厚的文化积淀。同时，我们又在开创着一片新的领地。我们是用创业的思想在办一所新学校。我们这个群体到底该怎样？需要我们共同去思考。

说实话，周益民是评上特级教师才到我们实验学校来的。我要问，我们自己能培养出多少？我们自己能成为什么？我要问，陆星毅能成为什么？施伟东能成为什么？我们还有一批一批新跨进我们实验学校大门的教师，你们能成为什么？这个问题的答案必须尽快找到，否则，实验学校会因此平庸，这是大家都不希望看到的。今天我要说的更多的是个体的目标问题，阐释我们这所学校的教师专业成长到底该走怎样的路径。

第一条路径，是专业学习。在“教育在线”网站上，曾经有个关于教师专业成长的讨论，总体是围绕“专业阅读、专业写作、专业发展共同体”这“三专”模型展开的。多年来，我带领教师走向专业成长的一个基本路径不是“三专”，应该说是“四专”，就是“专业阅读、专业实践、专业写作、专业发展共同体”。在“专业阅读、专业实践、专业写作、专业发展共同体”中，始终有一根轴线贯穿着，那就是专业反思。我一直觉得教师要成为研究型教师，最基本的前提，是要成为一名反思型教师。你不是一个反思型教师，就不可能继续向前发展。反思的路径是怎样的呢？反思的背景又是什么？是知识背景，还是专业实践？专业写作是专业阅读、专业实践相互融合的过程，是在阅读和实践基础上的反思。那么，专业发展共同体又是什么呢？我认为：教师仅靠个人的专业阅读，仅靠个人的专业实践，仅靠个人的专业写作和反思，他的反思得不到智慧的碰撞，这样的反思是缺乏深度的。这就需要一个平台，实验学校小学部的“思想者俱乐部”就是一个专业平台，一个专业发展共同体。

我想问问在座的老师，一个星期写一篇反思性随笔，能够做到的请举手。能做到的不多！坚持一周写一篇，一年就能写50多篇，如果能做到一个月写一篇，一年至少能写10篇以上。我们为什么不能改变？说到底，就像刚才徐海鹰老师说的，关键是坚持的问题。今天，我翻开自己的日记给大家看看，大家可以想想我为什么这样做。大家看，1月份，你翻开任何一天的日记，至少会有一千字以上的内容。我写的内容有时要有两三千字，我每天利用这样的一种方式在反思着自己所做的工作。这是2月份的，28篇。这是3月份的，比如说今天上午一直到讲座开始之前，我去乡镇看教师的备课，先去了三厂，后来又去了悦来。路上，汽车行驶着，我把看到的以及和别人聊到的内容记录下来。我在反思，我们的集体备课，和去年相比，改革了哪些，成功了哪些？今天又有什么好的效果？还有什么问题需要作进一步的调整，下一次我准备怎么做？我就是这样记录着我每天思考的问题。一天也不会落下，一年365天，就写365篇。有人说，“我们忙”，是的，实验学校的教师最忙。我办过这样的学校，我知道，全托班的教师是最辛苦的，早晨，到校最早，晚上，孩子们都睡觉了，教师们才放心地离开。每天的工作时间，大概在十四个小时。

建议学校要给教师们安排专门的时间进行写作。如每周半天不排课，教师利用这半天集中读、写、思、研。我称之为研修一体，每个人都做到把研修的内容认认真真写下来，最好是一千字以上，一周一篇，保证能够高质量地完成。将这样的过程坚持一段时间以后，我们会发现，教师们慢慢地会形成一种自觉，一种收集信息的自觉。比如在办公室里都有杂志、电脑，只要看到有价值的内容马上把搜集到的信息放到自己的文件夹中，教研活动的时候，可以与大家一起分享。这是第一种自觉，搜集信息的自觉，阅读的自觉。第二种自觉，就是一种反思的自觉。教师们要善于用阅读来反思自己的实践。我们的校本研修水平不高，乡镇学校情况更糟，所以我告诫乡镇教师，如果没有经过阅读、实践、思考就不要搞教研活动。如果听了一节课就评课，大多数人说的是好话，偶尔有人提提建议，一年四季教研活动就这样重复着，并在低水平线上重复着，这是很可怕的，一旦形成一种习惯，而且这种习惯是一种坏习惯，就非常麻烦。有人做过研究，低水平的操作重复了20次以上，人的思维就会形成惰性，这种习惯养成以后，就会大大影响教师专业发展的状态。我觉得，我们备一节课，要围绕这堂课，到网上，到杂志里，到教育专著中，去查阅与它相关的信息，研讨时，结合各自的阅读背景，再讲解这堂课。这样的专业反思过程是在专业阅读、专业实践背景下进行的反思……为什么最近几年我们的校本教研先是改为校本研究，之后搞理论研究的说校本研究不规矩，再后来就叫校本研修。从校本教研到校本研究再到校本研修是有道理的。你研了，你修了，研就是研究，但修的感受就不一样。什么是修呢？专业阅读就是修，把专业阅读与专业实践结合在一起是一种很好的研修。这不仅仅在个体的层面上，还在共同体的层面上，在一个团队的层面上，在互动的层面上，在我们“思想者俱乐部”的层面上，这样的过程才是研修。比如我们“思想者俱乐部”，围绕一个主题举办沙龙，如果我们没有阅读的背景，仅仅依靠自己的直观感受和实践经验，长此以往，形成习惯，我们的文章写来写去还在原地踏步或者说在不停地重复。

关于阅读，我们可以在学科团队内一起来商量读什么。为什么要共读？因为一旦我们共读了，就有共同的话语，我们就有可能展开对话，在同一个话语的场景下对话。我们需要进行系统的学习，建立终身学习的理念。对于我的观点，你认同了，做不做是一回事，做到什么程度又是另一回事。我不喜欢强迫大家做，我喜欢引领大家做。我们不需要强迫什么，我们需要自觉，需要自己为自己多做点事。我一直鼓励校长们每年跟教师一起商量他一年中个人的专业成长的目标，这个专业成长目标应该包括：今年到底要读多少书，写几篇专业反思的随笔，自己的教育教学水平有多大长进，培养的学生有多大进步等。在目标引领下，不断开发教师的潜能。

第二条路径，主要围绕课堂进行磨炼。围绕一堂课做到十个一。第一个一，独立进行备课，个人的备课。要求可以高一点，教材和参考书都不看，就凭你的自我经验进行备课。第二个一，组织一次集体备课。刚才是个人备课，而集体备课一定是在拥有丰富的资料基础上进行的，每个人都是参与者。第三个一，进行一次试教，这个试教是一个靶子，围绕这个靶子进行一次完整的课堂教学研究，这次研究把别人的和自己的相互结合起来，把专业阅读和专业实践通过现场结合起来进行反思。在这一基础上，形成一个修正的教案，这是第四个一。形成修正的教案以后，上一次完整的公开课，这是第五个一。每一堂公开课，一定是一堂录像课。每次公开课都现场录像，这是第六个一。录像以后把它整理成一个完整的课堂实录，这是第七个一。一次我参加华师大组织的国际研讨会，美国的一个教育专家介绍的方法跟我做的一样。他们也呈现录像，然后是专家评点。当我们自己看自己上课的录像时，会发现自己有时候很美，有时候也很丑。有时候发现自己提的问题恰到好处，有时候发现自己废话连篇。经常这样磨炼，进步就会很快。课堂实录以后就进行一次专题的反思，这一次专题的反思要详细写下来，并对这堂课的一些重要环节进行专业的解读，这是第八个一。然后组织一次团队反思，听取同伴或专家的意见，这是第九个一。在此基础上，写一篇完整的反思性报告，这是第十个一，最后形成一整套完整的资料，这个资料作为个人专业成长的原始资料。这是我曾经用整整五年时间取得成功的经验。如果我们围绕一堂课，能够形成这样十个一，那么教师的专业素养就能在课堂中慢慢培养起来。一名普通的教师，要成长为一名骨干教师，就一定要经历反复的磨课过程，同时，要成为一名学科带头人、一名特级教师，就不止这“十个一”啦。大家熟悉的祝禧老师，她在我身边这么多年，一般来说，她上一堂成功的课，教案最起码要修改10次以上，试教也要有五六次。她的备课、上课，是一个不断反思、前行的过程。许多一线教师都希望原生态的课，但是，教师的个体专业素养想达到一个更高的境界，日常的课堂教学要达到这样的境界，必须经历典型的课例反复磨炼的过程。否则，在日常教学中，形成一个很高的境界是很难的。一名教师一个学期至少磨炼一次，一年就磨炼两次，两三年下来，你的水平就自然提高了。不过，围绕个体成长，围绕一堂课，团队支撑很重要，这就是一种学科共同体。科恩认为，共同体就是在一个共同的理念、共同的价值追求、共同的心灵感应、共同的话语下形成的共同体，否则不能叫共同体。我们的团队研究可以围绕一堂课形成常态的教研方式，并且不断丰富它、打造它，我们的团队就会不断地成长。我已经感觉到，实验学校小学部这几年的变化，我也相信，未来几年里会发展得更快。就像卞校长跟我说的：到我们该走出去的时候了。我们要让更多的教师有走出去的机会，我也会努力地为大家创造机会，创造更多的平台。

第三条路径，教师深度卷入课程研发。多年来，让教师深度卷入课程研发是教师专业成长的一个很重要的路径。这是我最喜欢的，也是我最成功的法宝。课程研发有两类：一类是校本课程研发，一类是国家课程校本化研发。课程研发一定需要一个团队的力量来完成。实验学校有个非常好的课题，是关于阅读文化生态的。我想，它需要一个非常重要的课程载体。阅读课程它有很多种类型，如诗词诵读、绘本阅读、主题性文化阅读等。主题性文化阅读我们有基础，比如，节日、季节、农历、月亮、山水文化等，让教师们一起卷入这些课程的研发过程。要进行课程研发，必须进行大量的资料收集，教师们要阅读很多内容，这就是专业阅读。围绕一个主题，在大量阅读的基础上，看看哪些阅读的篇目适合孩子阅读，找出来，再设计怎样读好它！我们不止一个学科，所有的学科，我们都可以围绕这门学科思考怎样去丰富它、去拓展它，这就是校本化、生本化的过程。我们学校的特色就是阅读文化生态。可以把语文、数学、英语、艺术、体育、科技，每门学科的文化阅读都做出来，这样，学科的文化生态才能真正建立起来。比如数学阅读，低年级的孩子读什么？高年级的孩子读什么？每一个孩子读什么？阅读能打通所有的学科；阅读能打通教师专业成长的各种要素。我们在搜集信息、加工信息、整理信息中用反思的品质融会贯通，反思在阅读中，在实践中，在写作中。记得有一年，我曾经带领教师们开展生活实践课程研发，寒假里我把60多位教师集中在一起，设计课程框架。在设计的过程中，遇到了很多困难，怎么办？马上去查找资料。找到资料再交流、分析、取舍。当教师深度卷入课程研发当中，教育观念会在潜移默化中悄然发生改变。教育观念的转变不是靠一两次专家作报告就能改变的。当教师自己卷入课程研发的过程，必须思考：课程内容与方法适不适合孩子，应该怎样才能让孩子更好地接受它。搞课程研发，不研究学生不行，不研究文本资源不行。研究了文本，研究了学生，研究了教育的过程和基本规律，这时候，教师教育观念的转变就水到渠成了。

这三条基本途径我们可能都掌握了，我们已经有收获了，但是，我一直喜欢说，“只要行动，就有收获”，我还喜欢说，“只有坚持，才有奇迹”。成功多少关键在坚持了多少？坚持的程度就直接决定了回报效益的高低。我们实验学校正在创业，正在创造奇迹，我相信实验学校会通过这样一种方式创造更多的奇迹。

专业阅读，为教师成长奠基

非常感谢余东中心小学的教师们，让我分享了近几年来阅读改变了你们的教育生活。我一直关注着余东中心小学教师的专业阅读。2005 年以来，学校致力于构建良好的阅读生态，广泛开展师生的读书活动，特别是组织教师成立了“梦想家俱乐部”。“课堂热点问题大搜索”“相遇在游园路上”“个性展示”等主题活动在“梦想家俱乐部”生动活泼地开展。“梦想家俱乐部”成立半年后，为更好地推动、引领青年教师专业发展，又把“梦想家俱乐部”改名为“梦想家读书会”，先后组织开展了多次读书沙龙活动。“做一个点灯的人”“秀出精彩的职业生活”“小课题研究交流会”“教学案例反思”等沙龙活动从多方面启迪教师思考，用语言碰撞出智慧的火花。从刚才的讨论中，我真切地感受到教师们确实读过不少书，作为教师，不读书，就会重复几十年的故事，如果每天都在变化，我们的教育生活就会丰富多彩，充满激情。我希望大家能坚持走下去，所以，给我的点评取个题目叫：将阅读进行到底。围绕这个主题，谈几点想法：

一、阅读需要从活动式走向常态化

阅读节里的阅读更多的是一种任务式的阅读，而不是习惯式的阅读。我们要引领师生把读书当作每天吃饭一样，一天也不落下，让阅读真正成为一种生活方式、生活习惯，通过阅读不断改善我们的精神食粮。平日，我们也许会有很多借口，但那么多新教育人都能做到，我们也一定能做到，幸福感也就会越来越强。常态化的阅读决不排斥活动与机制。比如，如果我们建立每天坚持阅读一万字的机制，对形成阅读习惯很有帮助。

二、从浅表式的阅读走向深度阅读

啃完整本书，做好读书笔记，不一定就是深度阅读。深度阅读需要目标、设计与研讨。以后的阅读沙龙可以就一本本名著，如《爱的教育》《安徒生童话》《草房子》等展开研讨，一月一本，通过碰撞，不断读深这本书，并研究如何进行有效阅读，还可以进行学科化、板块化的设计，以满足不同个性需要的阅读。

三、从自由阅读到共读、共写、共生活

一起读一本书，一起写读书笔记，一起展开交流，一起表演，一起设计，一起描绘生活，这就是共同生活。日记记录的是一天中最有价值的东西，也可以记录自己的阅读体会，或通过阅读印证自己的想法，这样的阅读就更有针对性，更有深度。

希望余东中心小学的教师们在今后的教育生活中，因阅读，生活会更丰富、更有意义。用良好的阅读习惯把自己的精神生活演绎得更加精彩。

走向“幸福完整”的儿童课程

教室是文化的宫殿

学生在学校，大部分时间是在教室里度过的，所以，教室应该作为我们开发的首要校本资源，要将它改造得更有利于孩子们的发展。近几年，我们按照教室应是有文化的、生态的、绿色的，是促进学生可持续发展的基本理念，设计了理想中的教室，深受实验班的学生喜爱。

一、教室是图书馆，是阅览室，是书的世界、知识的海洋

教室里可以什么都没有，但万万不能没有图书。学生在教室里应该随时能读到不断更新的、适合他们阅读的各类图书和报纸杂志。为此，我们为每个班级制作了书柜和报刊架，把图书馆、阅览室搬进了教室，学生想读书、看报，随手都可以拿到，创设了良好的读书氛围，大大提高了书刊的利用率。同时，这些图书、报纸杂志的陈列、分类和更换都由学生自己来管理，学生既可以在教室里看，也可以带回家看。为使图书常换常新，更好地激发学生的读书热情和兴趣，每年，我们都要开展广泛的阅读活动，评比阅读金、银、铜奖，还带着每个班的读书冠军到书城里去购书，让学生自己选择喜欢看的图书。用这样的方式，为学生的健康发展不断输送他们最需要的营养。我想，孩子们一辈子喜欢读书的习惯从此便会形成。如果我们大家都来开展阅读活动，我们这个国家就一定能成为读书型、学习型国家。

二、教室是展览室

学生每天都在发展，我们要为他们的发展成才创造多种展示的舞台，使他们不断获得学习成功的乐趣，从而对学习充满兴趣。我们不但要把教室作为发布信息的场所，而且要把它作为展示学生学习成果的主要场所。总让少部分学生出黑板报不是一个好办法。我们把教室的大部分墙面改造成了展览版，让每一个学生都有展示自己杰作的空间，可以是学生办的小报、做的作业、画的画，甚至窗户上还可以贴上剪的窗花，书包柜上可以摆放学生亲自动手制作的各种作品，收集的邮票、纸花、标本等，使教室成为增强学习自信心、发展学生个性特长和兴趣爱好的催化剂。

三、教室是操作间

学生各种动手操作的活动大多数都是可以在教室里完成的。我们为每一个实验班教室配备了一些制作工具、材料，以及各色颜料等。学生在活动课上或课余时间，可以根据自己的兴趣，自主选择来完成一些制作。我们还允许学生带来一些玩具，特别是电动玩具，要求学生自己拆装，使它成为促进学生主动发展的一种手段。另外，凡是教室里的电器设备，都要求学生要会使用，如电视、录音机、投影仪以及电脑、空调等。让这些现代化的设备成为学生学习、生活的好助手。人的创造力体现在手指间，相信让学生多动手对培养他们的创新精神和实践能力一定是有帮助的。

四、教室是实验室

教室是生态的、绿色的，在形式上往往只是在教室里设有一个生物角。我们丰富和发展了它的内涵，只要是促进学生可持续发展的，都可以认为是生态的、绿色的。所以，我们除了让学生在教室里养一些小动物，栽培一些花草植物外，还把配备在自然实验室里的显微镜、放大镜、试管、烧杯等常用实验仪器，以及矿物、动植物标本等摆放在教室里。让学生在进行研究时，若有需要，随时取用进行观察、实验。创造这样的条件，似乎有点不可思议。但实践证明，孩子们是欢迎的，而且在提高其使用效率的同时，学生对科学的探索热情更好地得到了激发，研究性学习的能力从小较好地得到了培养，个性潜能也得到了很好的挖掘。

五、教室是游戏场

如果在教室里配备适合的玩具，给学生课间提供足够的可供自由选择的游戏，那么，学生的课间活动一定会丰富多彩。我们把课桌椅做成各种形状，课上教师可以根据教学需要自由拼合，课间留出较大的空间供学生开展活动。课间10分钟也是学生自主发展的重要时间，我们购置了多样的玩具给孩子们玩，既开阔了学生的生活眼界，学生的灵活性得到发展，又培养了学生的实践、活动、交往能力，特别是让学生在潜移默化中确立了对周围世界以及人生的乐观态度。

六、教室是电子信息中心

现代化教室的信息空间是全开放的，教室应是“无墙”的。我们把实验班的教室建成了智能化教室，它的特点是高度集成性，即集各种电教手段（多媒体计算机、投影仪、有线电视、监控、网络系统）于一室，教室之间建好局域网，并连接互联网。学生可以坐在教室里周游世界，从校园网站的专业服务器和光盘塔中自由选择信息。我们还组织学生建立了各自班级的小网站，通过它可以更好地与外界进行网上交流。这是现代教育技术的全面优化组合，是学生获取、分享现代最新信息和自己思想的又一重要载体，它使学生拥有了全新的学习方式，使课堂内外的空间得到了延伸。学生生活在这么丰富的信息环境中，一定会发展得更主动、更具创造性。

七、教室是爱国主义的主阵地

在我们学校，每一个教室一进门的最醒目处，都贴有一面鲜艳的五星红旗，墙报上还布置着队旗、团旗、党旗、军旗等，贴着世界地图、中国地图、省市地图。每周一教师都要带领孩子们面对国旗，唱国歌，还让他们手捂胸前或举起右臂，进行宣誓，宣誓词是：“以我所能，为祖国、为家乡尽责任，随时准备帮助别人，决不向困难低头。”另外，每个班都有学生自己制订的班风、信守的规则。爱国是各级各类教育的共同使命，而在小学尤其要突出它的基础性，使它渗透到我们教室的每一个角落，让孩子们从小就深深地把自己的心、命运与祖国联系在一起。

八、教室是教师的办公室

教师应该把教室作为自己的办公室。我们特地为每个教室配备了一张半圆形的辅导桌，主要是便于教师有更多的机会接触和指导学生，学生有问题随问随答，做好了作业随交随批。教师与学生朝夕相处，平时的距离感和畏惧感就没有了。这对教师的专业素质提出了更高的要求，教师必须以自己的真知灼见来赢得学生的尊重、敬仰。同时，教师的工作在教室，与学生们朝夕相处，可以从学生身上获得更多的反馈信息，更深入、细致地研究学生，了解他们的需要、各自发展的特点和可能，以便更好地因材施教。而学生也能直接从教师身上学到更多的知识。我们有许多教师怕进教室，怕见学生，特别是课间，生怕学生烦自己，见到学生就头疼，人为地制造了与学生间的隔阂，在自己的心底里还没有把学生们看作一个个渴望发展的生命体。因此，教师要有神圣的使命感，要把自己的整个身心献给学生们。

以上那么多的功能全部要让一间普通教室来承受是不大可能的，我们的做法是打破常规教室面积的规定，放大教室的物理空间，使每间教室面积达 80 ~ 90 平方米，同时，给每个教室配上桌子、柜子等必要的辅助设施。另外，我们还在班额上进行了严格控制，一般不超过 35 人，保证了实现优质理想教育的基本条件。

我们认为教室作为文化的宫殿，对学生的学习心理还能产生直接的情景作用，影响学生的学习心境。安静的教室环境能使学生注意力集中。因为嘈杂的环境及噪声不仅会分散学生的注意力，还会造成大脑的疲劳，甚至产生心理病变，感知、记忆、思维、想象等内部心理活动都会受到很大的影响，使学生在学习过程中产生焦虑、烦躁等，从而影响学习效果。所以，在校园周围不能有噪声大的工厂、集贸市场、停车场等，校内环境的安排也应注意到教学区、体育活动区、生活区和劳动实践区等布局，避免相互干扰，以保证学生有个安静、平和的学习心境。

优美的教室环境能使学生心情愉悦。清新、优美、整洁的教室环境能使学生受到美的熏陶，产生愉快的心境，这本身就是一种文明的教育、美感的培养，是学习的有效组成部分，有助于他们形成高尚的道德情操，养成良好的行为习惯，进而养成自觉的学习习惯。

家庭：另一种课堂

当今世界，国际竞争异常激烈，一场没有硝烟的战争已经打响，在这场战争的较量中，人是决定因素。《中国教育改革和发展纲要》指出：“世界范围的经济竞争、综合国力竞争，实质上是科学技术的竞争和民族素质的竞争，从这个意义上说，谁掌握了面向21世纪的教育，谁就能在21世纪的国际竞争中处于战略主动地位。”今天的家庭教育主要是为21世纪培养人才。如何使所培养的人才能够适应21世纪经济社会发展的需要，我们认为，当前的家庭教育应注重积极为孩子创设一个优良的环境，并施予良好的教育，让他们在这一课堂里学会生存、学会学习、学会创造，使孩子的潜能得到充分挖掘，能力得到充分发挥，个性得到充分发展，素质得到全面提高。

一、创设平等的家庭环境

平等的家庭生活环境，自由、轻松，充满着爱。在这样的环境中，孩子心情舒畅、精神振奋，容易产生愉快的情绪体验。在这种环境里成长的孩子往往具有很强的好奇心和探求欲望，能充分认识自我价值，其独立能力、解决问题的能力和适应社会的能力都能得到较好的发展。那么，如何为孩子创设平等的家庭环境呢？

（一）给孩子创设一个“小天地”。

目前，家庭居住条件正在逐渐改善，家长在装修房屋、改善居室环境时应给孩子留出一席之地，创设一个属于孩子的“小天地”。例如，利用客厅、卧室一角或阳台一边，制作一个富有童趣、孩子伸手可及的壁柜，供孩子放置学习用品和图书，这会使孩子感到自己得到了尊重，他们会非常爱惜自己的小天地，并在其中积极主动地活动、学习。

（二）让孩子参与环境布置。

在家庭环境布置中，家长不要用过多的“清规戒律”束缚孩子，更不要包办代替，应尽量放手让孩子自己设计、布置、美化他们自己的小天地，使他们真正成为这方“小天地”的主人。平时，家长可给孩子提供些材料，如易拉罐、空盒子、碎布等，启发他们动手动脑，制作各种作品来点缀小天地，既锻炼孩子的动手动脑能力，又使他们体验到成功的乐趣，充分激发他们的创造力。

（三）给孩子自由活动的权利和游戏的自由。

孩子在游戏中所获得的个性发展远胜于强制性学习的效果。家长可根据家庭情况和孩子的兴趣尽量给孩子游戏的自由。对于孩子的学习，家长应根据他们的兴趣及发展需要来选择学习内容，应以激发孩子的学习动机、让孩子产生学习兴趣为重，而不应过分强调知识、技能技巧的掌握，甚至不顾孩子的兴趣爱好、实际能力，违背教育规律去强迫孩子学这学那。否则，孩子失去自由探索的机会，个性会被摧残，积极性、主动性、创造性也得不到发挥。

（四）让孩子有平等的地位。

只有平等地对待孩子、尊重孩子，家庭中才可能有一个愉快的氛围。家长与孩子的关系应既是长辈又是朋友，家长应常跟他们同玩同乐。家长要经常听取孩子的意见和要求，孩子做错了事，家长要循循善诱，以理服人，不要当众大声训斥。孩子遇到挫折，家长不要挖苦嘲笑，要正面引导，让他们树立自信心，去克服困难。孩子有了出色表现，家长要加以表扬赞赏。

二、教会孩子关心自己的健康

20 世纪 90 年代初，联合国教科文组织在北京召开了“面向 21 世纪教育国际研讨会”，它的主题是“学会关心”，明确提出了“关心自己的健康，关心自己的家庭、朋友和同行，关心他人，关心国家的社会经济和生态利益，关心人权，关心地球的生活条件，关心真理、知识和学习。”

“学会关心”的重要内容之一就是要学会“关心自己和自己的健康，学会关心自己的成长和发展”。这与“只关心自我”是完全不同的意思。一个人若是不关心自己要成为什么样的人，他是不可能去关心他人的，更不用说关心社会和国家利益了。对孩子来说，关心自己的健康是实际的，每天要遇到的，因而是容易做的事，但也是必须从小学会的。一个人若从小学会关心自己的健康，就为日后拥有健康、幸福的人生打下了良好的基础。

健康包括身体健康和心理健康。对孩子来说，关心身体健康包括：养成良好的饮食习惯；懂得卫生、安全的道理，养成良好的生活习惯；积极参加体育锻炼，养成良好的保健习惯。关心心理健康包括：掌握宣泄自己情绪的恰当方法，经常保持愉快的心情。教孩子关心健康，家长首先要有正确的健康观念，通过关心家人的身体和情感给孩子潜移默化的影响。

要教育孩子逐渐懂得他对自己的健康负有重要的责任，要养成好的饮食、卫生、保健等习惯。在心理健康方面，除了教会孩子用恰当的方法宣泄自己的情绪，经常保持愉快的心情外，还应该教会他们适度地控制消极的情绪等。

三、营造一个良好的音乐氛围

科学研究成果表明，音乐能使人体的血液中分泌出一种有益于健康的化学物质，带给人心灵上的愉悦和机体上的协调，调节大脑功能，增强两个脑半球的机能、挖掘出潜力。法国的研究人员还发现，定期用音乐作用于孩子的听觉器官，能提高孩子神经系统的活动能力，有利于孩子的生长发育。

受过音乐熏陶的孩子，在学习和交往方面比其他儿童进步快。北爱尔兰贝尔法斯特女王大学人类社会学教授约翰·布莱金说：“音乐能帮助儿童发展感情并提高语言技巧。”加利福尼亚大学艺术院院长罗伯特·加菲斯说：“孩子通过音乐学会交往，听音乐的孩子有良好和长久的记忆力。”

可见，音乐对于孩子如同是清新的空气、灿烂的阳光，这一点毋庸置疑。

那么，如何给孩子创造良好的音乐环境呢？这里介绍一些简单的方法。配合孩子一天的生活情况，如做功课、玩耍、午睡、吃饭等时间固定地播放一些音乐，这样，孩子听到熟悉的音乐，就会安静地进入自然状态。如午睡醒来后，播放柴可夫斯基的《睡美人》；做功课时，播放施特劳斯的《维也纳森林的故事》；玩耍时，播放贝多芬的《普罗米修斯》等乐曲，这对孩子日后发育成长是很有好处的。

四、利用第二语言教学的契机

现代科学研究表明，0～10 岁是发展儿童潜能的最佳时期。每个孩子都有形成两种以上语言中枢的可能性，但是，如果孩子在关键时期内未曾接受另一种语言信号的刺激，那么，另一种语言的中枢机能就不可能转入活跃状态。语言学家乔姆斯基指出："一种普遍观察到的现象是，一个侨民的幼儿可能在街上以令人惊异的速度学会第二语言，而且他的话可能会说得非常流畅，甚至每一个细微的音变都和说本族语言的人一模一样……但是，这种成为儿童第二天性的敏感性会使他的双亲大惑不解。"

从儿童学习语言的方式看，他们之所以比成年人更具有优越性，其原因在于：1. 幼儿先从听开始学习。他们的感觉器官是耳朵，而不是眼睛。2. 孩子绝不是逐个词去记，而是整句地学。3. 动词是语言的中心，孩子往往从一个简单的动词开始，逐步掌握复杂的语言表达。4. 从思维的顺序来使用语言，这种方式便于记忆。

综上所述，由于儿童具有这种优势和采用的这种方式，所以他们学习第二语言绝不像成年人那样千辛万苦，而恰恰是在轻松的气氛中进行的，且显得卓有成效。

众所周知，外语教学的目的和任务包括传授给学生以前没有掌握或没有完全掌握的语言基本技能——听、说、读、写。人们越来越普遍地认为，如果学习者在读写之前，通过口语掌握了音位体系、一定量的语法和一些基本词汇，那么以后第二语言的学习将会迅速而且有效得多。儿童第二语言的学习，应紧紧围绕孩子的日常生活以及能激发孩子兴趣的素材进行。因为兴趣是儿童学好第二语言的前提、保证和动力。在第二语言教学中应抓住儿童的心理特征，按照兴趣产生、发展和演化的规律来培养孩子学习语言的兴趣。

五、引导孩子接触社会实际

让孩子多接触社会，一是要让孩子了解真实的社会。生活中快乐与忧愁、成功与失败、正义与邪恶并存，这就是社会生活的本来面目。家长无须粉饰人生，或为孩子营造一个脱离生活的"安乐窝"。否则，当困难、痛苦出现在他们面前时，他们就会惊恐不安、手足无措，所以，家长应帮助孩子正确认识生活，在他们热爱生活、积极向上的同时，提高孩子对现实生活中危险与困难的认识，逐步培养他们的危机意识、适应能力、勇敢品质和乐观态度。二是给孩子创造更多的机会去接触社会。有的家长认为孩子出去玩是浪费时间，还不如在家好好学习；还有的家长认为孩子出去就会发生矛盾，与其哭哭闹闹，不如在家独自玩耍，从而导致了孩子不会合作、不会交往、社会性行为能力缺乏等问题。克服此类问题，从家长来说，要多积累育儿知识，从孩子的未来发展着眼，多为孩子提供有利于他们进行社会交往的机会，如多带孩子到公共场所去玩，鼓励孩子与周围的人交往，提供孩子独自出门办事或活动的机会。家长对孩子间的矛盾也不必大惊小怪，一方面有让孩子吃亏让步的体验，可以锻炼孩子的克制能力；另一方面，正好让孩子在与同伴发生矛盾的过程中，逐渐学会与人相处的规则，如轮流、分享、利他、宽容、谦让等。总之，要让孩子有机会直接接触社会、了解社会、认识社会、适应社会，有机会获得与周围环境相互作用的感受。

天天感动学生

大年初五早晨，阳光明媚。

我又习惯性地来到学校，坐在办公室里，偶一抬头，眼前突然一亮，学校教育大厦学生公寓的窗台上晒满了被子，那五颜六色的床单在阳光的照耀下显得分外温暖。我有些疑惑：现在是假期，谁来学校晒被子？初六、初七，天天如此。直至初八，学校行政人员集中上班，我才从退休返聘的保育部姜主任口中得知，大年初四她听了天气预报，说过几天冷空气南下，会连续几天下雨，便连夜打电话通知30多位保育员，趁这几天天气晴朗，把所有的被子都晒一遍。

果然，初十学生返校，当天晚上就下起了大雪，天气极冷。夜间，我来到学生公寓，摸摸被窝，询问孩子，他们个个都说很暖和。我很感动。我想，孩子们不一定知道阿姨们为他们晒被子的故事，但他们却真切地感受到了时时围绕在他们身边的关怀与温暖。

这个故事让我对我们的教育理念进行了深入的思考。教育就是服务，管理就是服务。教育服务的对象、内容和方式，有着鲜明的独特性，需要我们作新的认识。

于是，我在做学校“十五”规划战略调整时，向全体教职员工提出了我们的教育服务新理念：天天感动学生。这得到了教师们的一致赞同。

我们觉得，教育服务的前提是研究需要，要研究社会的需要、家长的需要，特别是学生发展的需要。教育服务的本质就是满足需要，满足学生的生存权、受教育权、人格健全发展权等需要，满足社会、家长的需要。教育服务的原则是尊重需要、关爱需要、引导需要。要做到天天感动学生，就要超前研究学生的需要，只有这样才能更好地满足需要。教育还应发挥主动性，引导需要，引导社会、家长、学生对教育的需要。

天天感动学生是一种责任。这种责任表现在具体的教育行动中。作为教师，应真正做到面向每一个学生，关爱每一个学生，保证每一个学生都能得到全面而且具有个性的发展。就是后勤职工，也要考虑怎样把每一顿饭菜做得可口，让学生们喜欢吃；怎样保证学校的每一项活动器材都是那样牢固，让学生们有安全感。其实，这一切都是我们应该做好但还没有完全做好的。

天天感动学生是一种信念。我们一定要真正确立为孩子的未来服务的坚定信念。天天感动学生是为了感动学生一辈子。我们学校有一位来自爱尔兰的外籍教师，在他的课堂里我们听得最多的是“good”“very good”“excellent”“well done”。即使孩子们读得不太准，甚至有错误，他还是鼓励和表扬敢于大胆说的学生。欣赏、鼓励、表扬、包容已成了这位外籍教师的一种教育文化，孩子们非常喜欢他。每到他上课，孩子们就早早地等在了楼梯口。试想，中国有多少教师能享受到这样的礼遇呢？在这样一种教育文化影响下长大的学生，一定充满了学习的兴趣、做事的信心、战胜困难的自信。让学生天天、时时得到积极的鼓励和肯定，应该成为我们的信念，成为每个教育工作者应有的教育文化。

天天感动学生是一种追求。有了这种追求，教师们就会主动地自我更新、自求发展，不断创新，就会产生许多新的思考与灵感，每天就会把许多新的东西带进课堂，给学生以惊喜，给学生以新的收获。从这学期开始，我们要求教师上课提前5分钟进入教室，与学生一起游戏，走进孩子的心灵，融入孩子的世界。我们在课堂上走校本化研究之路，学校成立了网上教学设计院和课程与教学研究院，让教师们在走进课堂前，就为学生设计出有利于他们主动发展的最优化的方案，使我们的教育更好地适应每个学生的发展。

天天感动学生，是要引起学生心灵的震撼。感动是要留在心中的，我们要做能在学生心中留下美丽痕迹的教育工作者。

让儿童的道德生命自由生长

国外一所大学在讨论价值观时讲了一个故事：一架飞机在空中飞行时发生了故障，飞机上的人为了减轻负担把行李全都扔了下去，等扔完以后发现还不行，必须陆续把乘客扔下去，直至飞机能安全飞行为止。这时飞机上有四名乘客：副总统、失业的工程师（同时也是两个孩子的父亲）、歌星和科学家。究竟谁做出牺牲最合适？来自不同国度和不同文化背景下的人有着不同的理解。面对这个十分为难的问题，学生们的争论非常激烈，然而在这样的情况下，他们还是达成了共识，那就是，要把那个失业的工程师留下来。达成这种共识绝不是因为那个工程师的职业重要，而是因为他是两个孩子的父亲。

这是一个很有意义、很能激发人们阅读和思考的故事。这样的一个“共识”让我们看到了，在不同的国度、不同的文化背景下大家对孩子的关心、爱护这种心理趋向是一致的，都认为孩子不能失去父亲，他应该回到孩子身边。小小的一个故事，留给我们的思考却是深远的。教育、文化、科技等一切的一切，它们最终的价值关怀是什么？答案应该是毋庸置疑的，那就是人的生命。在至高无上的生命面前什么都得让位，总统要让位，科学家要让位，歌星也要让位。为什么把孩子放在第一位考虑？因为孩子象征着未来，他是一个无限生长的生命，而教育所面对的就是这样一群无限生长的生命，因此，在教育的最高层面——德育上的落实也应该是这样。教师要经常去唤醒儿童的道德生命，激活儿童的生命力量，让他们在广阔的空间里、丰富的活动中、多彩的生活中进行平等的对话、情感的交流、心灵的沟通，从而使混浊的人生变得清澈，使沉睡的生命得到唤醒，并获得自由生长。通过教育，人要成为真正的人，而不是人以外的任何生物，更不是其他的任何工具。这种生命至上的德育的理念，恰恰是我们德育中缺少的。德育为什么苍白，价值主体为什么迷失，我们或许从中可以寻求一些答案。

一、对话——儿童道德生命自由生长的方式

人总是在受教育中成长为人的。从一定意义上说，任何形式的教育都是施教者与受教者的一种对话。教育要立足和尊重人的生命存在，就必须构筑起理想的对话方式。这种对话必须是基于理解、平等和宽容的。

这个问题是我们在德育中一直视而不见的。大家都把目光投向了德育体制的改革、德育理论的建设以至具体到教材体例、篇目的重建与设定，唯独忽略了我们的教育对象本身。他们是什么？他们怎么样？他们为什么这样或者那样？当我们研讨德育新理念、新思维时，唯独没有问问我们的孩子的真正的所思所想，他们的需要、他们的感受、他们的喜怒哀乐。孩子的内心世界对我们来说依然是一片神秘且陌生的森林。当孩子有问题了，我们才发现长期以来在德育过程中存在的一个致命的盲点，即缺少对于教育对象最起码的理解和基于理解、平等、宽容之上的对话。在很多情况下，我们学校里师生关系是不平等的，是猫和老鼠的关系，是警察和小偷的关系，是医生和病人的关系。于是，这种对话便常常以“训示”和“告诫”的形态出现。对话的方式决定了我们的德育理念。在相当长的时间里，我们将这种“以上对下”“以强对弱”的对话方式发展到极致，过多地强调教育者的塑造作用。这样一种观念制约着我们德育的内容和方法。

在德育中教师的作用是什么？很大意义上，在于创设使学生形成良好品德的外部环境，给他们提供平等对话的条件。没有平等对话的条件就没有真正意义上的对话，我们的德育也就无法开始。鲁迅先生早就说了，对孩子的教育，“开宗第一，便是理解。”德育中缺少平等的对话，这种德育本身就是不道德的。苏霍姆林斯基也曾说过：“我敢拿脑袋担保：如果学生不愿意把自己的欢乐和痛苦告诉教师，不愿意与教师坦诚相见，那么，谈论任何教育都总归是可笑的，任何教育都是不可能有的。”

二、情感——儿童道德生命自由生长的桥梁

情感沟通对于儿童道德生命自由生长至关重要。长期以来，“美德袋式”的教育之所以受到批判的一个重要原因就是，它忽视儿童作为一个生命个体的生动的主观性，忽视了儿童的情感体验，学生在接受枯燥的道德教条的同时其自身也被“物化”了，儿童被看作是等待填充的“道德之洞”（杜威语）或“美德之

袋”（科尔伯格语）。亚里士多德的“美德观”的关键在于，他认为，“美德不仅是‘知之’，而且是‘乐之’，如果只是‘知之’，而在情感喜好上并不趋向之，就不能说美德已经形成。”种种现实告诉人们，只有道德认识、道德思维是不够的，道德教育只有激发主体的内在动机、内在生命体验，让儿童在各种关系中产生、积累、孕育情感经验，才能有效地提高他们的道德能力。缺乏情感沟通或者说是积极的情感沟通，是我们当前德育低效的又一症结所在。这是因为形成道德能力的基本要素之中道德情感具有最强的黏合力，虽然道德认知和道德意志之间也有相互联系和相互促进的一面，但单靠认知的促动，德育产生的力度仍是远远不够的，这点已为道德教育实践所证明。而有了道德情感的参与，等于增加了一个新的心理动力和中介环节。有了道德情感的动力性中介，道德认知和道德意志之间的结合才最紧密，道德意志才能变成儿童的内在需要，道德行为才能真正产生。也可以这样说，道德情感是催化剂，只有架设了道德情感这座桥梁，道德个体从道德认知到道德意志、道德行为之间的道路才可能畅通起来。

一位老师给学生讲了一个小故事：有两个年轻人在谈恋爱，女青年对男青年说：“你如果要和你母亲在一起，我们就分手；你如果愿意和我在一起，你就把你母亲的心取出来交给我。”男青年选择了后者。他杀了母亲，捧着母亲的心去找女青年，路上不小心摔了一跤。当他还没有爬起来的时候，那颗跌落在地上的心发出了焦急的声音：“孩子，你摔疼了没有？”故事讲完了，班上的学生长久地沉默了。几分钟过后，学生们还是沉默。又过了几分钟，班上抽泣声四起。这位老师没有打破这种情感氛围，让那种积极的、无声的情感，在学生心头永久定格。融入了情感的德育，它的名字应该叫信服、叫震撼、叫感动，它以最稳定的状态驻存在学生的内心世界，伴随学生终生。

三、空间——儿童道德生命自由生长的条件

提到德育，人们首先想到的是思想品德课，这是一个相对狭小的空间。为了让儿童的道德生命自由生长，必须拓展德育的学科空间，通过各门学科的教育教学发挥“载道”和“渗透”作用。《哈佛报告》及其提出者认为，“自由教育、博雅教育或普遍的课程中内涵的理性与道德的因素对于学生道德发展的积极影响不仅是必要的，而且是必然的、巨大的。”许多国家通过广泛开设相关的人文和社会科学方面的课程，包括文学、哲学、美术、音乐等，使学生从中获得某种道德

熏陶，提高判断能力和选择的自觉性。法国学校的公民教育除了通过专设的公民科来实施外，还融合在历史、地理、经济等社会学科中进行。日本的国语科很重视培养学生的爱国情感，文学性的教材则注重挖掘道德教育价值。新加坡的语文教材反映了国家的节日、礼仪、风俗、家族观念、奋斗历史、音乐、戏曲等，其目的是让学生了解国家文化，吸收蕴含在课文中的孝亲、守时、礼让、睦邻、公德心等价值观念。这种以寓道德教育于各科教学来拓展德育空间的做法，是各国德育富有成效的重要原因。

传统德育的地理空间也是十分狭小的，一般指的是课堂和学校，儿童的道德生命在课堂和学校中自由生长，这种“自由”有其明显的局限性。既然道德为儿童日后的生命服务，那它就应弥散于儿童生活的各个空间。德育的实义应该是指向于儿童一生的，这一生的背景应该是整个社会。因此，我们的德育，必要时应走出课堂、走出学校，走向更为广阔的空间。

曾有一位日本教师把学生带到一个大型国际停车场，让学生从头至尾地数一数，在这么多汽车中，有多少辆是日本制造的，占了总车数的百分之几。结果，学生们在经过仔细的清点后，发现竟然有70%左右的汽车是由自己的国家制造的。在停车场这个“课堂”里，激荡着学生们的爱国情愫。事实上，这种“课堂”还可以开设在部队、在工厂、在孤儿院、在社区、在家庭、在法院、在体育馆，在一切儿童可能涉足的地方。美国的教育中一般没有德育课，即使有些地方有，课程安排也是十分有限的。但是，美国德育的空间却是很开放的，他们追求的是让儿童在开放的环境中自由吸取和生长，这些正是我们的德育所要大力借鉴的。

四、活动——儿童道德生命自由生长的渠道

古罗马有一则谚语：“所见所闻虽好，但我仍按坏样子做。”学生能够懂得善恶，并且在课堂里能够做出正确的判断和推理，但他们未必能够把它转化成行为。停留于意识层面的道德可以拿来训人，但不一定能律己。许多学校的德育局限于道德说教，考核也仅看思想品德课考试成绩，这显然是把德育与智育混淆了。德育与智育的区别在于：前者必须帮助学生完成从知到信、从信到行的两次转化。承载这两次转化的理想途径便是多样的德育活动。

一位小学教师设计了这样一个活动：让班上的每一位学生带一个鸡蛋到学

校，并将它完好地保存一天。在学生看来这是轻而易举的事。然而，事情并非学生想象得那么简单。有的学生将鸡蛋放在口袋里，在上学的路上不小心碰坏了；有的学生将鸡蛋放在课桌里，下课时有同学移动课桌，鸡蛋就掉在地上摔坏了，也有同学一直将鸡蛋握在手里，认为这样万无一失，可在玩耍的时候，同学一挤，鸡蛋也碰坏了。如此这般，一天下来，仅有少数的几个学生能将鸡蛋完好地保存下来。老师说："一个鸡蛋让你们保存一天，你们就这么辛苦，你们都长这么大了，父母为了养育你们，要花多少心血呢?"体会父母养育自己的辛劳，懂得要尊重、孝敬自己的父母，在这么一个简单易行的活动之中，学生接受了生动的教育!

其实，这种德育活动的源头，一直可以追溯到古希腊著名哲学家柏拉图的"儿童游戏场"，强调通过各种丰富、有趣的活动和游戏，对儿童进行以"渗透"为特色的道德教育，寓道德教育于活动过程中，在不知不觉中，影响儿童的道德观念。而且学生通过各类活动也不断地将道德原则内化为自己的道德信念，进而转化为行为习惯。显然，这种方式把抽象的理论寓于具体解决问题的过程中，极大地弱化了教育对象的逆反心理，而且对他们的道德认识和行为产生一种无形的、但有足够深度的影响，道德教育的效果也往往因此而大获改善。

适合儿童的活动对于其德育生命的生长具有核心作用。在儿童活动的王国里，非真实的事对未来的生活却具有了完全真实的意义：在游戏中轮流活动可能是克服自我中心的最佳途径；抢救"伤员"或帮助"弱者"可能是利他思想的萌芽；奋不顾身地全身心投入可能是他未来坚强意志的第一次尝试。与同伴的交往活动为儿童的道德能力提供"现场试验"的机会，同时对孩子摆脱对"大人"的依赖、获得相对独立性也很有帮助。教师应主动关注、研究学生中典型、敏感和棘手的问题，在活动中提高学校德育的针对性、形象性和指导性，让学生学起来简明生动，用起来切实可行。通过参与活动，学生补充、深化和整合自己已有的道德经验，对现实有更多的了解，这样就可以有助于学生处理现实中遇到的道德问题。德育活动是生动的、行动的、自动的、联动的全面综合的自我教育，是最广、最久、最深、最活泼、最自由、最实在的活德育。

五、生活——儿童道德生命自由生长的源泉

联合国教科文组织国际教育发展委员会的著名报告《学会生存》在谈到学

校教育时指出，儿童的人格被分裂成两个互不接触的世界——“在一个世界里，儿童像一个脱离现实的傀儡一样，从事学习；而在另一个世界里，他通过某种违背教育的活动来获得自我满足。”造成这种状况的原因是多方面的、复杂的，其中一个重要原因可以归结为长期的封闭式的德育，使之成了“笼中之鸟”，严重地脱离现实生活。学生在接触社会后发现社会中的“现实规范”与学校灌输的“理想规范”之间存在着强烈的反差，会感到茫然若失，无所适从，产生心理上的错位和变态。用这种道德教育模式培养出来的学生，往往在毕业后落后于他人。那时，即使打开笼门，他们也没有胆量和能力展翅翱翔。

当然，我们丝毫不怀疑这一封闭式的德育背后所蕴含的善良愿望——尽可能使儿童在“净土”中免受不良影响。然而，在这一善良愿望指导下的教育实践无异于让儿童在床上练习游泳，一旦下水，结果可想而知。学校不应该也不可能把儿童与鲜活的社会生活隔离开来。事实上，从发生学的角度看，道德教育原本是生活世界的一部分。在原始社会，道德教育是与人们的生产、生活过程融为一体的，但这种原始道德教育是以非主体的形态附属于或隐含于生活世界之中的。制度化教育产生以后，特别是进入现代工业文明以来，道德教育越来越从生活世界中分离、孤立起来。飞速变化的社会生活越来越强化道德教育的工具价值，道德教育也越来越成为封闭化的制度体系。当代社会生活中的利益冲突、技术异化以及人与人的疏离，造成了道德在生活中的日益失落，大大削减了德育在生活中的地位，削弱了德育对生活的吸引力，使德育缺乏对生活的魅力，拉大了德育与生活的距离。现代德育要走出困境，就应回归生活，德育只有植根于生活世界，才能具有深厚的基础和强大的生命力。我们完全可以这样说：生活的外延有多大，那么德育的外延就应有多大。生活世界是道德教育的根基，因为生活世界是蕴藏着丰富的价值和意义的世界，它在形式上似乎表现为平凡、琐碎和世俗，但生活的价值和意义却泛化地存在于其中，人们在具体的生活中能够探寻和感悟到其中的乐趣、价值和意义。同时，生活世界能够帮助儿童确立生活的信念，它是构成儿童德行的各种素材的主要来源。另外，人类的精神世界也不是凭空构建的，它需要有一定的基础，而这个基础就是受教育者所处的生活世界，生活世界为儿童的成长提供了必不可少的背景性知识。如果没有生活世界，儿童对生活、对人生及世界的真切认识便难以形成。因此，德育应该把儿童引向现实的生活世界，引导儿童去积极构建个人完整的生活经验，追求生活的完整性，在完整生活的构建过程中同时获得德行的完满，以此实现德育目的。

当前有两本“教科书”同时在对学生的思想品德产生着影响。第一本是学校德育教科书，其中不乏时代和历史的局限，如对学生要求过高，不分层次，与飞速发展的社会现实脱节；第二本是“生活”这本教科书，由家庭影响和家长身教、社会交往、大众传播媒介等组合而成，反映了生活中各种价值观念的矛盾冲突。令人担忧的是，第一本教科书显然跟不上第二本教科书的急剧变化。道德教育要根植于火热的现实生活和儿童特殊的生活世界里，儿童既是学校教育的主体，也是其日常生活的主体，特殊的生活世界是社会现实生活的一部分。基于上述考虑，我们认为，学校德育改革和发展的价值取向应“生活化”，即让学校德育从政治化、抽象化、空洞化的说教王国里走出来，回归生活，关注、指导和引导儿童的现实生活，从衣、食、住、行、玩与学开始，教育帮助儿童通过自己的劳动创造新生活，并以文明健康的方式享用新生活。儿童道德生命自由生长最肥沃、最鲜活的土壤永远是生活。

一个学生，假如有什么值得他骄傲的东西的话，那就在于他能够成为一个道德上自由的人，而且在精神上成为坚强的人，有坚定目标的人，勇敢独立的人。这是我们德育的理想，也是我们渴望实现的理想。苏霍姆林斯基说：“道德自由乃是人类的最大财富。”道德自由的培养其实是要与高尚道德的需求相联系的，并不是孩子想要的一切都是他真正需要的。教师应当深刻地了解儿童的愿望及其与真正的需要、与人的全面发展需要相互联系。绝不能不去考虑孩子想去做那些不允许做、被禁止做的事情。学校的使命，就在于在对话、活动、生活中使儿童懂得如何为别人着想、做好事，并使它成为儿童的道德倾向，成为一种需求、追求和愿望。只有这样，他们才会成为真正自由的人，一个幸福的人。

“让儿童的道德生命自由生长”这一课题，它的提出并不表明可以涵盖全部基础道德教育的内容，但是，绝不能因此而认为这样的命题就没有意义。我们始终觉得这是一个值得深入思考的课题，因为它直接指向道德教育的本质，它促使我们以另一种眼光去关照德育对象和德育过程。德育总不能一直处于消极的“道德维持”状态，教育者也不能只是“消防员”和“救护员”。蒙田有句名言：“我们的教育仅仅不使人变坏那是不够的，应该使人变好。”要做到这一点，我们的德育必须从落后观念的阴影中走出来，站在生命哲学的高度，真正把儿童当作是一个个独特的生命个体，去关照、宽容、锤炼他们，让儿童的道德生命得以“诗意地栖居”，为道德教育在迎接新的国际化时代和信息时代的挑战中做出实质性的努力和贡献。

自由是一个内容丰富、形式多样、范围广泛的生命过程。本文试图从对话、情感、空间、活动、生活五大视角来诠释儿童道德生命自由生长的方式、桥梁、条件、渠道和源泉问题。或许这五大视角有违常态的分类标准，但我们恰恰试图从儿童道德生命自由生长的高度去凸显我们最关注的五大方面。

新课程　新角色　新定位

新的国家《基础教育课程改革纲要》的颁布向我们昭示着素质教育已经进入课程改革的攻坚阶段。我们学校前几年在课程改革方面做了大量的探索性工作。几年前，我们就开始了综合实践活动课程和学科综合活动课程的研究，进行了校本课程的开发。在实践中积累了大量鲜活、独特的课程个案，也有着较为深刻的思考。特别是对教师在新课程中的角色定位问题，有了一些新的认识。

一、教师是新课程的探索者、开发者

国家新的课程标准的出台，为一线教师实践课改指明了方向。在目前的环境下，我们做教师的再也不能用传统的只是“教教材”的方法去面对接受信息来源广、智力发展快的现代儿童，而应做课程改革的探索者，要会创造性地使用教材。近几年，在语文学科课程领域里，我们开展了课堂教学开放性实验研究。在语文教学的开放性、实践性、综合性、创新性等层面上做了深入、细致的应用性研究，探索出更利于提升儿童学习生命，适合儿童全面、主动发展的语文教学新途径，使语文课程更好地适应儿童的发展。我们把语文与学校生活、家庭生活、社会生活相连接，与诸多课程相沟通，以充分体现课程的综合化思想。开发与利用书报、杂志、网络、计算机等语文学习资源，进行课程资源的重组，让学生学习到丰富多彩的洋溢着时代气息的知识。通过讲演、报告、辩论、研讨等活动，让学生在语文实践中长见识、增才干，带学生去欣赏自然风光，参观文物古迹，了解风俗民情，感受中华文化之博大精深。引导学生进行研究性学习，增强学习语文的真本领。在一次次的实践探索中，让学生学会怎样发现、搜集、整理、运用、吸收新信息等。一个语文老师，从“我是教语文的”到“我是一个语文老师”，再到“我是以语文为载体的人生导师”这个角色定位的变化过程中，感受到在教学第一线工作的教师一定要跟上时代改革的步伐，顺应社会改革的大潮，勇敢地去做探索者和改革者，那么我们的学生才能接受这个时代所应接受的最好的教育。事实上，教师在探索学科课程的单元重组以及教材的改编和整合过程中，已经成为国家课程的二次开发者，甚至是课程的决策者。

课程改革使孩子们从单一的课堂、纯粹的课本中走了出来，走向了社会，走向了生活，走进了自然，学到了许多书本上没有的知识，感受到了知识的丰富与多彩。我们对许多“活”的课程资源的开发，意味着再也不能被动地去教原先意义上的教科书，应把教学从课内延伸到课外，从校内延伸到校外，从书本延伸到生活，做课程资源的积极开发者、主动探索者。

二、教师是学生学习的组织者、引导者

在新课程理念指导下的教学过程，学生更容易成为学习的主人，发挥自己学习的主观能动性、创造性，培养自主学习的习惯。随着教育的开放化、信息化进程的加快，传统的“填鸭式”教学实施起来已越来越困难，因为填的东西学生大都已经懂了。课堂上经常会出现这样一种情况：新课内容还没有教，学生已经知道一部分了，教师不再是传递知识的工具。那么，还要不要教师呢？我们认为，这种状况反而更容易发挥学生学习的主动性，教师更应该培养学生的自主学习习惯与能力。此时，教师需要更高层次的能力，需要组织管理学生的能力，社会将对教师有更高的专业要求。所以，教师必须对自己的角色进行重新认识和调整，应不断更新观念，更新知识，不断学习，掌握丰富的知识，了解最新的科技成果，这样才能更自如地与学生“面对面”进行真正的交流、讨论，甚至协作，扮演好辅导者、帮助者的角色。世界上最好的汽车，要看驾驶员开得好；最好的刀、箭，要看运动员舞得好；同样，最好的课，一定是教师设计得好，安排得好，组织得好，自己的角色定位得好。

自古以来，教师都扮演着传道、授业、解惑者的角色，这种“以教师为中心”的教育模式严重阻碍了学生的个性发展。随着科学技术的迅猛发展，这种现象表现得越来越严重。新的课程标准扭转了“学科本位”“教师中心”“课堂为主”的思想，从根本上转变了学生的学习方式，期望学生在基础教育阶段构建一种自主的、探究的、合作的、开放的终身学习模式。新的课程标准的变化，也就决定着教师角色要随之变化。教师不再只是知识的传授者，而是一个负责向学生

阐释学习过程的引导者、与学生一起交流的合作者；教师不再只是纯粹的教书匠人，而是拥有正确的教育理念，并付诸实践的研究者。就拿数学教学来说，长期以来，它忽视了团体的合作性、社会的现实性。封闭式的教学，使学生不会用数学的眼光去观察，决策能力很弱。新的《数学课程标准》突出了合作、探究、开放，这就使我们必须摒弃单一的、灌输的、封闭的、有碍学生个性发展的教学方法。那么，怎样的教师才是真正有本事的数学教师呢？朱小曼教授认为：“一是把数学中的方法教给学生；二是把数学中的价值教给学生。数学的价值是什么？数学中的价值是科学、科学精神和审美，如果你让学生在数学课中感受到了数学的美感，那么，这个时候，信息就可以变成知识，知识就可以变成智慧。”多么精辟的论断！因而，教师更应该教会学生怎样去学、怎样去做，教会学生发展自己的精神世界，使之成为一个完整的人。因为，学习的根本是自主学习，学生是学习的主人，教师只是学习的组织者、引导者和帮助者。

三、教师是学生智慧的培育者、引路人

在信息化的环境下，由于通信的便捷、网络的互联，教师在教学中传递信息的功能会越来越弱。那么，是不是学生自己可以获取信息，就可以不要教师了呢？我认为，看电视、上网只能获取信息，但不一定能获取知识，更不一定能获得智慧。其实，学生本来就应该是学习的主人，人一生的知识大多数是靠自己有意识地学习而得到的。因此，教师的功能更应集中体现在如何把“信息”转化为“知识”，把“智能”转化为“智慧”。所以，教师要认真研究学生的需要、发展的潜能，创造性地设计适合学生需要的课程内容，并在实施的过程中探索更能促进学生发展的课程策略，从而成为课程与学生智能的研究者、探索者、设计者、开发者，用智慧来培育智慧。

传统的课程结构和教学模式过分强调要求和进程上的整齐划一，却忽视了学生基础的差异、潜力的大小、接受水平的高低。随着社会的发展，“让课程适应学生，而不是要求学生适应课程”等新的课程观念进一步得到人们的认同。我们在课程实施中，通过增强课程的可选择性，来真正体现因材施教的原则。尤其是考试评价，我们安排了 A、B、C、D 等具有若干个难度的测试内容，让学生自主选择。实验证明：分层测试引导学生进入了一个良性循环，初次成功—获得初步的成功体验—自信心增强—产生较高的成就动机—获得较大的成功—获得较深刻

的成功体验—自信心进一步增强。通过这项教改实验，我们逐步明确，教师的任务不是一定要把每个学生都培养成学习成绩优异的学生，这是不切实际的。可以预见，在未来的课程中，教师将成为学生探索科学王国奥秘的领路人。课堂将成为师生共同活动的场地。作为一个教师，应努力创建有利于学生主动探索的学习环境，让学生享受成功、获取发现的欢乐、欣赏学习的美，最终体会到学习的价值。

四、教师是学生心灵世界的播种者、开拓者

情感、意志、态度也是课程的组成部分。教师还应是学生情感的疏导者、意志的磨砺者、态度的培养者。每一门课程的每一个教师都应有这样的意识。以思想品德教育为例，无论是课程名称还是具体的课程内容，都带有浓厚的灌输色彩，且与社会需要、与学生的日常生活有一定距离。学校德育要贴近、关注学生的个体生命和现实生活，把体现社会要求的思想观念、道德规范与学生的日常生活密切联系起来。德育课程要打破旧的“课程”框框和“学科”模式，教育内容要扎根于生活土壤，立足于以人为本、以学生为本的主体性思想；立足于课内外结合、课堂与生活联系，促进知、情、意、行统一的整体性思想；立足于学生社会生活的实践性思想，使我们的德育课程真正成为所有学生喜欢的、真实有效的生活课程。由此，教师的角色也相应地要由凌驾于受教育者之上的“灌输者”“管束者”转变为受教育主体德行发展的“良师益友”“人之师表”。教师应是学生智慧之田的播种者，是学生心灵世界的开拓者。教师的劳动过程，是人与人之间相互作用的过程，是心与心碰撞的过程。教师精深的学问、友好的态度、高尚的品格、浓厚的教学兴趣、适当的情绪表现以及合理的语言动作皆为学生所观察、所注意、所模仿。因此，教师要以高尚的品格来影响学生、感染学生，要善于从激活生命潜能的角度来了解学生、理解学生、教育学生。教师要学会蹲下来向学生学习，这样学生就会加倍向教师学习。学生的心，敏感而脆弱，需要教师用自己一颗真诚、热爱、赏识学生的心去唤醒、去呵护。对于小学生来说，教师的人格是任何力量都不能替代的最灿烂的阳光。

五、教师是课程和学生的联结纽带，是促进两者沟通的桥梁

课程的直接指向者是学生，课程到底是否适合学生的发展，需要教师来进行适时调控。因此，教师是课程和学生的联结纽带，是促进两者沟通的桥梁，教师在其工作中不是搬教材，而是站在学生的立场，用学生的眼光，以学生的角度，来缩小教材与学生之间的距离。如我们针对社会、自然、健康、劳动等课程中出现的相近或相同的课程内容进行重组，使其形成一些综合性的研究主题，让学生开展主题研究活动。这样，既节省了时间、人力、物力，又能更好地促进学生的发展。综合实践课程是我们在改革中探索的一个重要课题。它打破年级，横跨学科，既吸纳最新科技成果，又采集地方传统文化，从而形成了我校综合化的旨在培养学生创新精神和实践能力的校本课程。这几年，在大量实践的基础上，教师们自编了校本课程《综合实践活动课程指导用书》。我们全体教师人人是课程的设计者，在参与课程建设的过程中，教师学到了很多很多。在平时的实践中，教师还经常会从学生实际出发，对课程继续进行必要的补充和调整。如结合孩子们的生活，在课程中增添了“比比谁会购物”“策划自己的生日”“正确使用家用电器”“扎风筝”“茶道”等，使我们的课程更加立体、丰满，使学生的个性发展更为完善、和谐。2017 年，我们又按“生活与社会”“生活与自我”“生活与科技”“生活与艺术”的结构，打造了新的校本课程《今日生活》。因为是教师亲自参与，所以对《今日生活》的课程性质就有了准确的把握。它是一门学习化的课程，不是教学的课程；是一种学习领域，不是学科领域；是一种活动领域，不是知识领域。它更多地通过学习共同体的互动来完成，而不仅仅是师生互动。这样，教师的桥梁作用就能得到最充分的体现。

开放的课堂是创新的殿堂

以“创新”为核心的开放性课堂教学，是以“开放性”为切入点，克服传统课堂教学的弊端，从培养学生的学习兴趣入手，不断激发学生的活力，引导学生理解、认知、探索、发现、想象和表现，着力培养学生的动手能力、独立思考能力，给学生留有积极思维的空间和时间，充分发挥学生学习的主动性、思考的独立性，使课堂教学适应学生自主创新性发展的需求。同时，利用课堂教学体系所具有的时间和空间的变换关系，实现教学的多元化和多向联系。诸如：教学目标、教学内容、教学方式方法、教学手段和评价方法的多元化。师生之间和生生之间的多向交流，教师、学生与教学环境和教学设备的多向联系等，充分体现了学生的主体性，对培养学生的自主创新能力起到了很大作用。

我们结合学生年龄、心理及思维规律，改变当前小学课堂教学中普遍存在的以教师为“主角”，学生为“配角”“观众”“听众”的封闭状况，使课堂教学在教学目标、教学内容、教学过程等方面具有开放性，引导学生积极参与整个课堂学习，指导学生开动脑筋，培养对问题、新知识的好奇心与求知欲，以及对问题、新知识主动思考的质疑态度和批判精神，促使学生主动获取新知，培养学生作为创新主体所必备的素质，从而使学生自觉地培养创新意识，训练创新能力，最终使学生既能独立地、科学地思考，又能团结合作、自主开发挖掘潜能，学会学习、学会创新。

一、开放教学目标，培养学生动手创新能力

在制订教学目标时遵循统一性、多样性相结合的原则。统一性即教学计划、教学大纲、教材所规定和要求达到的基本标准，我们称之为“基础目标”，包括基础知识和基本技能方面。在确保基础目标达成的前提下，确立“发展目标”

和“超纲目标”。发展目标是指学生在学习掌握科学知识的过程中，智力与非智力因素不同层次的生成和提高，发展目标是满足不同发展水平的学生不同的需求，让不同层面的学生均能在自己的基础上获得创新性的发展。超纲目标是指超出教学大纲范围和深度的要求，这是专门为那些学习成绩优异的学生设置的，使他们能获得更多更广的知识，得到更大的创新和发展。

开放教学强调学生的动手、动脑、敢说、敢问，特别是动手操作。动手能力是培养学生创新能力的前提——“儿童的智慧在他们的手指上”。教学中要求学生把自己的双手也加入学习的过程，如实验、演示、表演、操作、自己动手查阅资料等，丰富感性认识，开发思维，探究为什么，知道怎么做。

二、开放教学内容，教会学生合作创新

开放性的课堂教学不应将课程看成是凝固不变的，应该是可以灵活地驾驭它们。要注意与学生实际学业水平的联系，对教材进行删减增补的工作；要与迅速发展的新科技联系，及时吸收适合学生接受的新科技成果，作为补充教材；要将学生已有的各科知识互相联系；要扩大学生的学习场所，带领学生走进自然或社会进行观察、调查。大自然和社会是培养学生创新能力的生动课堂。

研究发现，同类型的智力启迪学生最容易接受。知识创新的主要途径是人与人思维的碰撞，人的智力最后的发展在活动中。开放教学把主体性赖以建立的活动定位于交互性的人际活动中。这个活动包括师生、生生共同参与的各种活动，如探究式、体验式、交往式等活动。其中小组教学最有利于学生相互作用的发挥及独特思维风格的形成。在小组学习中，学生不同的智力背景和思维方式，可以相互启发，学生在小组学习中会感到心理安全和自由。教师放手让学生根据本组的特点自己组织讨论、制订研究方案、自行探索和研讨，让学生的思维切实处在自主学习和积极交往的状态中，用集体的智慧解决问题，如有意识地引导学生关注新闻媒体的有关报道，注意收集有关资料，在小组中交流、在扩大学生阅读视野的同时增进他们对于生活创造性活动的了解。

三、开放教学过程，创设良好的创新环境

教学过程是特殊认识与特殊实践辩证统一的活动过程，是教师主导作用的发挥、学生主体能力生成和发展的过程。它是一个动态的、变化的、发展的过程，这本身就是开放的。一节课的教学并不是封闭的、孤立的，而是在时间、空间两个方面都具有广泛联系的。

开放性教学，强调为学生拓展学习的空间，创设广阔的自主创新的学习环境。

（一）开放学习空间，营造创新氛围。

开放教学强调根据教学需要，实现教师、学生、教材、教学用具、教学环境等多方面的横向联系，以及他们之间的相互作用和影响。教师与学生、学生与学生是互动的，教师精心创设民主、平等、和谐融洽的教学氛围，给学生创新思维提供良好的条件，如对学生学习的座位进行多样化的排列组合，像“圆形、马蹄形、口字形、星点形”等。教师根据教学需要，让学生进行多边的交流学习。现代教育技术进入课堂，给课堂教学注入了全新的活力。多媒体计算机创设的融形声光画为一体的教学环境，形成了“师—生—机”立体交叉的多向学习活动的环境。还可带领学生走出教室，去田野、工厂、博物馆等，充分利用社会环境本身蕴含着的巨大教育资源。这些开放的学习空间的创设，为学生提供了广阔的创新空间和积极的创新氛围。

（二）开放思维空间，激发创新灵感。

教师教学的目的，不能仅仅满足使学生掌握教材内容，还要为他们提供积极思维的广阔舞台。“学起于思，思源于疑”，学生有了疑问才能进一步去思考，才能有所发现、有所创新。开放教学要创设质疑问难的情境，开放思维的空间，挖掘教材中利于激发学生创新思维的因素，给予学生充足的时间，或独立思考，或相互质疑，或大胆想象，或相互争议，以理服人。培养遇事好问、勇于探索的精神，特别是鼓励学生不断生疑、大胆发问，培养对问题、新知的好奇心与求知欲，以及对问题主动思考的质疑态度和批判精神，让学生既要学会又要会学，让课堂处处闪烁着创造的火花。

（三）开放教学时间，让创新延伸。

一节课的过程，在内容方面必然与以往的旧知识、旧经验相联系，更与以后的新知识、新经验相联系。因此，上课铃响之前，教学活动便开始了，学生可以通过预习这一环节，收集整理与书本知识相关的资料，对所学知识有更为完整的认识。同样，当下课铃声响起，教学在实质上并没有结束，它还要延伸下去。学生根据课堂所学的新知识再去追寻更多的相关知识，教师要有意识地使课结束时仍敞着口，留给学生继续思考、创新的空间。

四、开放教学方式方法，提高学生创新的自由度

学生创新能力的培养，与一定程度的独立活动有关，尤其是要指导学生自己开动脑筋，独立地思考和探索，寻找问题的可能性答案。教师不能固守一种方法模式，要根据教学目的的要求，针对学生学习水平、学习速度等差异，组织个人、小组、班级等多种学习形式。开放教学强调给学生充分的学习自由度，教师要为他们提供各种外显的自主参与活动的条件，让他们的眼、耳、手、足、脑全部活动起来，动用全部认知和情感方面的储备自主活动。活动的形式丰富多样，如表演、打擂、讨论、实验等，既有培养独立精神的个人活动，也有体现合作精神的小组活动。正是在这些独立活动和与他人的互动交往中，把创新的机会交给了学生，让他们用自己的智慧解决问题。

五、开放教学评价，让学生获得创新的成功乐趣

兴趣是创新的基础，成功的喜悦和乐趣会极大地唤起学生的创新意识。开放评价体系，应让学生在创新思想的引导下，对创新性学习产生更浓厚的学习兴趣。因为有兴趣的学习、乐在其中的钻研，会产生种种意想不到的效果。学生学习兴趣的培养，一个基本前提是使他们有时间思考、有条件实践、有空间发展。开放教学把学习的主动权交给了学生，在开放的课堂教学中，锻炼了学生发现问题、提出问题、分析问题、解决问题的能力。

开放的教学评价要获得多角度的教学反馈信息，从学生发展的角度，不断调整教学，不能只采取考试这一种方式，应从培养创新性人才的角度，采取课堂观察、作业批改、专题汇报、个案调查、实际操作等多样、有效的评价手段，注重听取学生、家长的意见，以获取更为翔实、全面的反馈。特别对学有创见的学生，更应对其学习给予高度评价。

让每一个学生在考试中体验到成功的乐趣

考试作为一种传统的评价手段，在小学阶段其最大的功能应是激励而并非“宣判”。然而，在现实教学中，分数却成了人们追求的唯一目标，其结果是完全忽略了学习者所处的整体文化背景，脱离了人的社会实践，将考试的激励功能一概抛弃，极端化地将分数放大成了体现个人整体素质的直接载体。在很长一段时间里，“考试”成了一种残酷和灰暗的象征。

从辩证的角度来看待考试，我们仍无法否认它的激发学习动力的作用。在今后很长的一段时间里，考试还将继续成为一种教育制度而存在下去。从教育的最终目标出发，教育就是为社会培养各类人才。而从众多成功的事例来看，人才在很多时候是很难与考试成绩的高低挂钩的，更多的是与兴趣和信心紧密地联系在一起。于是，我们不得不对考试重新进行全面审视，考试到底属于什么？既然考试无法挣脱，那么我们不妨换一个思维的角度，在进一步弱化其负面影响、避免或减弱其在客观上的误导效应的基础上，进一步发挥和强化其激励的评价功效，是否能让考试转化成素质教育的一剂新的药引？

现代教育认为，任何人生来都具有一定的潜能，同时，潜能作为一种可能性的存在，决定了潜能的实现需要一定的条件。其中实现自我潜能的要求，即成就需求也是激发潜能的决定性因素之一。而成就需求也并非天生的，它在很大程度上是由个体接触到的教育、文化、家庭、个体对成就的重视程度所决定的，而且成就需求也是可以通过教育和培训来实现的。

表面来看，考试与成就需求之间并不存在某种关系上的联结。然而，一旦我们将两者交融在一起，考试也就发生了质的变化。对学生而言，获取高分本身就是一种获得成就感的体验，一种自我的实现。因而，如若将考试的重心由原先的智力评价为主逐步转到以成功激励为主的标准上来，这样就使考试由原来的智力教育的范畴转向了非智力教育的范畴，从某种意义上说，考试已转变成为开发每一个学生的智力、满足每一个学生的成就需求的有效途径之一。

由于先天遗传等因素，学生之间本身就具有一定的差异性，这种差异性表现在对同样的认知产生不同的学习效果。由此可见，要照顾到全体，满足每一个学生的认知需求，大一统的考试显然无力担负起这一重任。取而代之的必将是一种适合不同层次学生的新型考试，而这种考试又必须能根据学生的实际能力，将自我实现的目标建立在现实可能性的基础之上。在目标付诸实施的过程中，要善于把目标加以分解，即将长远的目标分解为阶段性目标，将总体目标分解为局部性目标，逐步地加以实现，从而使不同层次的学生在各自的基础上都得到最佳发展。近几年，我们根据学生的特点以开放的题型拟出 A、B、C、D 四种不同层次的试卷，让学生根据自己的特点对考试内容进行自主选择，取得了显著的效果。D 卷，保证基础，即使学习最差的学生也能得良以上，一旦达到优即选择 C 卷，由此依次往上选择。再如，在同一张试卷中，将题目分为基础题和开放题，学生做完基础题，可尝试做开放题，每个学生只要做对了基础题即可得满分，在此基础上，做对一道开放题，即加上相应的分数（或等级）……考试每单元一次，不管是哪一个层次的考试，教师一样承认其成绩。显而易见，在上述考试中，学生成为学习的主人，他们可以在保证基础的同时，自由控制学习的进度，这在一定程度上弥补了教学同步化、平均化的缺陷，从而使得教学从以教师的教为中心转向了以学生的学为中心，从同步化教学转向了个性化教学。同时，由于对学生的不同要求作出了不同的反应，又可以使每一个层次的学生都能获得与之相应的成功体验。从中我们不难发现新型考试的三大优越性：1. 体现了转变目标的层次性。使不同层次的学生在不减竞争欲望的前提下都有成功的机会。2. 体现了转变目标的具体性。由易到难的梯度，使学生一开始就获得较大的成功体验。3. 体现了转变目标的经常性。经常检查目标的完成情况，及时做出调整，使每一个学生自始至终处于成功的兴奋之中。总之，改革考试就要使每一个层次的学生都能在不断获得成功乐趣的同时，唤起对学习的兴趣和人生的自信，最终获得立足社会的能力。

当然，这是一种观念上的转变，也是一种机制上的创新。相信通过不断地尝试，考试定将突破狭隘的思维定式，成为一种科学化、过程化、人本化、个性化的激励机制。届时，相信对每一个学生而言，考试不再是悲歌苦海，而是让人怦然心动的精神兴奋剂和心灵与智慧的高级营养补品。

好习惯是这样养成的

“全美最佳教师奖”得主克拉克认为，“优秀不是天生的，优秀是教出来的，提倡从孩子的一点一滴、一举一动中培养。”新教育的“每月一事”关注学生细节，教给孩子一生有用的好习惯。在项目开展中，有三个方面值得注意。

一、守住日常，强调体验

习惯的培养不是一朝一夕就能奏效的，它需要在平时的体验中逐渐培养而成。

海门的“每月一事”坚持一月一主题，同一主题在不同的年段中各有侧重，这样几年下来，就能固化成习惯。在“每月一事”项目推进中，已逐步形成了具有区域特色的“每月一事”四大板块：主题阅读、主题实践、主题展示、主题反思。

2010 年 4 月，海师附小围绕“踏青（自然）”主题，主题阅读就安排了清明踏青知识介绍、春天清明诗文、春游踏青话养生等内容。主题实践，安排六年级学生进行“远足”，强调在体验中培养坚持、合作、守纪等良好品质，在“不到长城非好汉”“不到终点不罢休”“加油，胜利在招手”等沿途标语的激励下，同学们一鼓作气，步行十多里路，抵达目的地。主题展示进行了“优秀大厨奖”“意志顽强勇士奖”“环保卫士奖”“最佳合作奖”等评奖，分享和交流了各活动小组的情况及经验。主题反思环节，每个参加远足活动的同学都对自己在此次活动中的表现认真地进行梳理和总结反思，并进行班级交流。

二、关注细节，注重内化

细节决定成败。就像《优秀是教出来的》一书中写的那样，“细节是教育的最佳契机和途径，好习惯需要在细节中发现、培育、呵护。”

实验小学围绕“规则”主题，将“规则”意识的培养更多地与行为细节结合起来打造。比如要让学生养成走路靠右的习惯，学校就让学生自制“小脚丫”即时贴，并把它们粘贴到所有楼梯的台阶上。这样，学生看到自己贴的“小脚丫”，就会格外小心谨慎，按图而行。同时，学校“风铃女孩”还在校园里及时捕捉守规则学生，发现典型就送上一张“文明优雅从你我做起”的标志，并拍摄下来，在《实小风铃》电视专题片中给予表扬。这样，多途径、抓细节、重内化，促成了好习惯的快速养成。

三、突显主题，重视熏陶

“每月一事”项目实施过程中，要结合重大活动凸显主题，充分利用生动的背景德育资源熏陶、感染学生。

比如结合新中国成立六十周年庆祝活动，奏响爱国主义教育主旋律，让学生做有根的人。海门的学校开展了多姿多彩的爱国主题活动，如东洲小学开发区校区的“七彩画笔绘祖国”等活动开展得如火如荼；育才小学分年段设计“爱国”主题教育方案，高年段开展了共读一本书、书本剧比赛、演讲比赛、参观城市展览馆、古诗接力赛、童心颂祖国、“父母告诉我”等一系列活动。

比如结合玉树地震赈灾活动，开展生命教育，让学生做善良的人。新生命教育特色学校通源小学，惊闻玉树地震消息后，马上意识到这是对学生进行生命教育的绝好的德育资源，很快形成方案，并行动起来。让学生上网搜集玉树地震中感人的故事，进行班级交流；开展网上“点一盏红烛”活动，鼓励幸存者坚强地生活下去，祈祷逝者灵魂安息；高年级学生给玉树小朋友写信；开展地震逃生演练……活动的宗旨是教育学生不但要珍爱自己的生命，还要珍爱他人的生命。

比如上海世博会给了学校进行新公民教育的绝佳时机，海门的学校用足用好世博资源，让学生做现代中国人。“眼中的世博”“手中的世博”“口中的世博”“脑中的世博”等主题活动，让世博走进了每个学生的心里；“世博小论坛”“每日小播报”“我的世博之行”“我是世博小导游”让海门的孩子成了“世博”小专家。

课程研发以儿童为原点

理想课堂的建设需要一系列卓越的课程给予支撑，新课程改革让一线教师拥有了较大的课程权力，各学校要大力开展人格课程、书香课程、学科课程、科学课程、社团课程、社会课程的研究与开发，并不断提高课程实施水平。

只有把学科建设重点定位在卓越课程的研发与高水平实施上，开展高中、初中、小学、幼儿园课程建设的一体化研究，才能通过丰富而适合的课程内容，改善学生的素质结构，促进学生全面而有个性的发展。对初中、小学书香课程，社团课程建设与实施水平作专项调研与评估，同时，加强地方课程建设，特别是对张謇文化、绣品文化、江海文化等资源的开发和利用，让海门地方资源成为教育课程的有机组成部分。在此基础上，我们针对这些面向儿童的课程，做出了一系列探索，无限相信阅读的力量，倾情用一身书卷味，唤醒儿童的阅读需要；倾力用一路书香，温润儿童的精神成长。

比如学期初，各班读书计划会相继出台。翻阅实验小学四（1）班“小青虫书友会”制订的《展开梦的翅膀》的书香计划，计划的第一部分“梦开始的地方”是这样表述的：《小青虫的梦》是一个美丽的故事，那只向往音乐的小青虫终于在执着的追求中变成了一只美丽的蝴蝶，她与音乐一起翩翩起舞。每一个孩子都是那爱做梦的小青虫，小青虫书友会希望每个孩子通过阅读，都能在自己的梦里变成最美的蝴蝶。第二部分“给梦插上翅膀”有晨诵美文、午读经典、快乐“悦”读等阅读挑战行动。第三部分“梦里芳香四溢”就是收集获奖作品、整理班级文集、展示读书成果，一起感受书籍的力量。计划是成功的预言，“阅读——而不是别的，可以给我比一个人生命更多的生命”，埃及人阿巴斯·阿卡德把阅读看成是一个人个体生命的扩展。的确，把最美好的世界献给孩子，是海门新教育人共同的追求。

早晨的校园，韵味十足的童谣、流传千古的诗词、意蕴优美的词句、琅琅的英语美文交融相汇，合成一串跌宕起伏的音符，玩味其间，能感受到孩子的灵魂、精神因诗歌而获得充分的舒展。

在主题性晨诵课程的开发与研究上，将节日文化与农历时节相结合，将学校“每月一事”与班级活动相结合，将《好书伴我成长》与《古诗七十首》相结合，整理出优秀且适合不同年级的晨诵内容，按照从“粉红”到“天蓝”的彩色阶梯，带领学生体验、感悟、吟诵、玩味。与黎明共舞的晨诵生活，已成为开启校园生活的一种仪式，正逐步丰盈着儿童当下的生命。而别具一格的“生日送诗”“流动诗苑”“诗王擂台赛”的设立，一日一诵、一周一查、双周一比、一月一思机制的建立，进一步调动了教师参与课程研发的热情，激发了学生的诵读兴趣，他们如辛勤的蜜蜂，积累着，收获着。

午读成为日常生活中不可缺少的一项。“为每个孩子寻找最适合的阅读书籍，为每个教师呈现最适当的指导方法，为每所学校营建最适宜的阅读环境”是海门新教育人在经典阅读、主题阅读、学科阅读和师生共读中不变的追求。为此，海门一方面建立制度：每天午读时间，不许任何人、任何事占用；共读书教师要在开学前或学生读书前读完；各年级在每学期开学前要对共读书进行研讨，形成阅读手册；鼓励创造性地用好共读书籍等。不断完善着午读课程，并形成了多个系列。主题系列有爱国主题、生命主题、生态主题、世博主题等；经典作品系列有绘本、童话与小说等。海门骨干教师团队自主开发的阅读手册《好书伴我成长》中既有各年级必读书目的阅读指导，还有不少空间留给喜欢个性化阅读的孩子们。实验小学的好书推荐会上，各年级书友队以精美的 PPT、灵动的背景音乐、激情或是委婉的叙说，激起现场每一个人对某部文学作品阅读的渴望。台上台下的师生不仅沉浸在对那些经久不衰的经典作品的回味中，更折服于孩子们解析经典作品的特有灵性与智慧。

有位大教育家说得好，“要培养一个人，设计一个人的个性，就要尽力帮助他从小建立起自己的‘小藏书箱’，建立起他独特的读书体系。”第二十二届科普活动周的开幕式上，海门请来了德国著名科普作家雷纳·科特，他不仅给孩子们带来了精彩的科普知识和有趣的小实验，还掀起了阅读《什么是什么》（德国少年儿童百科知识）等科普类图书的热潮。科技特色学校还把凡尔纳、海因莱因等创作的经典科幻作品推荐给学生，为孩子们打开想象的空间，满足孩子们对自然和未来的好奇心。

圣诞节前后，市区学校举行的英语文化节把英语学科阅读推向高潮。海南小学第四届英语节上就有“巧手秀英语”（制作英语贺卡、小报等）、“英语歌曲大家唱”“班级疯狂英语单词接龙”“英文电影欣赏”“英语的美文诵读表演”等内容，英语节成了孩子们的狂欢节。

本着让学生感受数学魅力，发展数学思维，培养学生数学阅读兴趣，不断完善“书香校园”建设行动的宗旨，数学阅读活动也在广泛开展。通源小学的第二届文化节活动，拉开了数学学科阅读的帷幕。活动期间，每周开设一节“数学阅读课”，进行《小学生数学报》《走进数学王国》等专题阅读，引领孩子们深度卷入数学小故事、数学小论文、数学日记画、数学巧思妙解的创作中。

反思随笔曾是暮省的主要方式，显然这很难让每一个学生都喜爱。新教育的田野意识让教师创造了低年级读写绘、中年级日记画、高年级读书卡等多种暮省方式。育才小学的班级文集，如《每一片叶子都很美》《太阳花，给点阳光就灿烂》《小眼看世界》《我心飞扬》等，东洲小学王敏老师从一年级第二学期开始，就把孩子们的随笔日记精心编辑成《小荷尖尖报》，至今已出版90多期，细读那些散发油墨芳香的图文，你不得不感叹教室桌椅空白处创造的奇迹。

有个二年级的孩子晨诵了《海水》这首童诗：海水海水我问你：你为什么这样蓝？海水笑着来回答：我的怀里抱着天。海水海水我问你：你为什么这样咸？海水笑着来回答：因为渔民流了汗。暮省时她就创作了一首《小草》：小草小草我问你：你为什么这样碧绿？小草笑着来回答：春姑娘帮我穿上了新衣。小草小草我问你：你为什么变得这样金黄？小草笑着来回答：秋姑娘给我换上了新袍。南通市童诗教育特色学校平山中心小学已有500多首童诗发表在各类报刊，2009年《“好玩儿”诗报》还被评为全国校内报刊一等奖。

很多新教育人对海门年会上展演的书本剧记忆犹新。书本剧表演是学生在充分阅读的基础上，通过对文本的重新解构、创造，并融入各种艺术元素而形成的一种独具魅力的暮省方式。而让每个孩子在小学阶段至少参演六个经典书本剧，已成为海门学校文化建设的重要内容。学校读书节活动之一必有书本剧展演。余东中心小学甚至推出了“每周一演”，校园的舞台每周都会向喜爱演书本剧的学生开放。

2010 年 4 月 23 日，新教育阅读节在海门隆重启动。其间，书香教师代表讲述中内涵最丰富的是儿童课程，舞台上最靓丽的是儿童课程，赢得掌声最多的还是儿童课程。“世界读书日”虽然只有一天，但它的意义在于使每一天都成为“读书日”。每年两次的“校园读书节”活动成了海门校园里最美的风景，“淘书乐”充盈了班级图书角；作家进校园，点燃了孩子们阅读、创作的激情；低年级的童谣大赛、中年级的书本剧展演、高年级的经典诗文联诵一浪高过一浪；个性读书卡、日记画、手抄报展板吸引着孩子们的眼球；各种阅读挑战行动后的颁奖典礼成了孩子们盼望的节日。

实验小学的《实小风铃》电视专题节目、海师附小的《童话林》、东洲小学的《满天星》阅读指导手册、实验学校的“童化作文”等儿童课程品牌，在广袤的儿童课程天幕中闪烁着瑰丽的光彩。

追寻新教育的梦想，师生用阅读改变着自己的行走方式，点亮自己的精彩人生，改变着孩子们的生活状态，用纷呈的课程开启了孩子们的智慧人生。

构建价值观课程

培养德才兼备的学生，是德育的核心。新教育的基本理念之一是："教给学生一生有用的东西。"学校在育人过程中，不仅要让学生掌握知识、技能，更要让学生具有高尚的道德品质，成为一个德才兼备的人。我们要把社会主义核心价值观体系融入教育的全过程，体现中国传统文化的基本精神，彰显"己所不欲，勿施于人"的当代价值，要让学生从内心明白"德"乃立身之本，正确规划好自己的人生，在育心与育德的结合中提高素质，健全人格，使自己成为能力突出、勇于担当、敢于承受的建设者与接班人。

教师节表彰活动中，海门市曾经推出两组榜样：上天入海的崔维兵、崔维成兄弟，感天动地的杨国兴、周江疆父子。在海门教育历史上，他们是可遇而不可求的。崔氏兄弟一门寒士，两榜英才，一个九天揽月显神通，一个深海探潜求突破。他们凭借对科学事业的无比热爱，在持之以恒地探索和前进的过程中，以坚持到底的勇气和气魄，不断攀登着科学的高峰，领悟着科学的真谛。他们在才艺的精进中欣赏沿途风光，品味和传播攀登过程中的感悟和智慧——对科学精神之领悟，谱写的是科学与科学精神的赞歌。杨国兴、周江疆父子用公益和慈善演绎着生命的精彩，周江疆用舍生取义的一瞬定格了生命，书写了崇高与伟大的品格。这对父子精神上的富足，不断释放着道德的正能量，用更多善行去消除偏见，弥合社会裂痕，勇于负责、敢于担当的品质，诠释着当下社会主义核心价值体系的内涵与责任，树立了一个道德的标杆。

一、研发特色鲜明的课程，是德育的重点

"为了学校""在学校中""基于学校"的课程研发，是学校课程文化积淀与建设中的一个重要指导思想。课程的研发，要坚持全面性，促进学生全面发展；

要坚持全体性，面向全体学生；要坚持主体性，尊重学生的个性发展；要坚持可持续性，自觉遵循教育教学规律和学生身心成长规律。

新教育认为，“完美教室”中的课程，应该包括两大部分：一是对现行的国家课程的新教育式改造，即以理想课堂的三重境界，提升对教材的阐释，增强阐释、解读、批判、创造的能力；二是依据儿童不同阶段的年龄特点，依据地方的文化与资源，在新教育实验道德发展人格阶段理论的指导下，在有关智力背景、两套大纲等理论的指导下，创造若干个教室课程，让教室生活充满生机。

在学科课程上，开发经济学课程、旅游课程、电影课程、舞台剧课程等形式多样、生动活泼、整合多个学科的课程。大力推进社会实践、社团活动课程，开发丰富的社团项目，开展主题式的德育活动，举办多彩的节日活动。以区域共同体的方式组建课程研发小组，围绕公德、责任、诚信、规则、尊重、宽容、理解、理想、感恩、低碳、劳动、生命等主题，形成资源共享的课程资源包。充分挖掘父母与社会的力量，整合未成年人成长指导中心、乡村少年宫、校外辅导站、儿童快乐家园等各种资源，不断拓展和丰富社团活动的时间与空间，深度挖掘父母学校的资源优势，研发家教课程，让学校、家庭、社会真正形成一个立体联动的教育网络。

二、培育普惠公益的情怀，是德育的支点

新教育认为，要成为一个本真意义上的教师，必须经过一个漫长的过程，它意味着你必须一天天地认同这个职业，把自己生命的意义融入到学生的成长中去，意味着你日渐拥有一份对于职业、学生以及自身的信任、信念乃至信仰，从而勇敢地担当起这一职业赋予自己的责任。

教师职业的尊严与价值，正体现于教师的创造与超越，取决于每个教育者对自己生命及其意义的体悟，对自己使命的认识。书写生命的教育，每一个环节都能把一种卓越的理念和坚定的信仰以及追求目标的决心融会贯通，不存在侥幸的突破和从天而降的奇迹，唯一与卓越密切相关的是，选定适合的目标和路径，坚定地走下去！

因此，卓越的教师应该具有高尚的师德和高度的学生生命意识，充分尊重学生的内在本性，让每个学生的心灵更加自由；了解学生生命特征，懂得唤醒学生自我发展的内在动力；创造一个有助于学生生命舒展、涌动、创造的环境，使知

识回归生命的意义，使每个学生在知识中寻找自我价值；尊重学生在学习过程中的独特生命体验，还应该确立教学的生命意识，让课堂焕发生命活力。教学不仅仅是一种“告诉”，更重要的是提供“知识生命体”的情境，让学生在情境中主动地实践、理解、体悟，形成涵养他们生命体悟的底蕴，依靠生命活动去发展其自身的素质。教师更应该具备自我生命发展意识，成为主动探究、积极反思、终身学习的“育人”专家。各校既要组织好向全市教书育人楷模与最美乡村教师学习的活动，也要发现本校的最美教师，树立学校的育人楷模，发挥榜样的示范引领作用。

研发卓越课程　构筑理想课堂

寻找到新教育新的“生长点”，破解新教育继续前进的“密码”；把新教育与海门教育深度融合，以新教育来统领未来海门教育的持续发展，把新教育作为进一步提升海门教育品质的有力支撑，是我们的努力方向。

一、海门新教育实验的简要回顾

海门新教育实验缘起于2003年3月31日朱永新教授应邀在海门作的一场学术报告。2005年9月，海门整体加入新教育实验。十年来，新教育引领了海门教育的发展，海门教育蕴含着鲜明的新教育基因；十年来，海门教育也促进了新教育的发展，新教育带有明显的海门元素。一路上，我们怀揣新教育的理想，不断行动，不断思考，不断创新，共同见证了海门教育的奇迹。

（一）营造书香校园，让每一个师生丰富精神的底色。

我们无限相信书籍的力量。2006年起组织的图书漂流行动，让乡村孩子享受到了“我读书，我成长”的快乐；阶梯阅读项目的研究营造起“共读共写共同生活”的常态；家庭教育日的设立、萤火虫亲子共读公益项目海门分站的活动成了海门一道独特的风景线；每年组织的新教育阅读节以及多样的阅读推广行动为“书香童年及少年计划”搭建起了丰富的展示平台。我们坚信：阅读即生活，阅读即生命，阅读即探索，阅读即审美，阅读必定丰盈师生的精神家园。

（二）推动公民教育，让每一个学生形成良好的人格素养。

围绕江苏省教育科学“十一五”规划课题“新公民教育行动的研究”，出台了《海门市新公民教育行动指导纲要》。以“每月一事”项目为抓手，在全市推进新公民教育行动研究。先后多次召开新公民教育行动推进会及专题研讨会，形成了“每月一事”项目的基本操作流程，即“主题阅读，实践活动，展示交流，评价反思”，为全市中小学及全国新教育实验区（校）提供了可供借鉴的范式，成为江苏省和南通市文明办推广的典型。

（三）构筑理想课堂，让每一个课堂焕发生命的活力。

2009 年开始，以“让每一个学生成为热爱学习的天使”为价值取向，以推进“学程导航”教学范式为基本路径，加大了构筑理想课堂的力度，致力于打造幼儿园的“兴趣课堂”，小学的“活力课堂”，初中的“智慧课堂”，高中的“高效课堂”，职高的“技能课堂”等，在观课、研课中夯实了有效教学基本框架基础，形成了一批课堂教学改革成果，在研究与实践中展现了海门课堂教学研究的勃勃生机。

（四）探索共同体建设，让每一位教师获得成长的平台。

2005 年 9 月，启动了区域教育研究共同体建设，逐步形成了区域教育共同体的五种形态：市直学校协作发展共同体、城乡联动发展共同体、学科发展共同体、校长俱乐部、名师（名品项目）工作室，打破了校际间壁垒，区域研究的氛围逐渐浓厚，发挥了特级教师、骨干教师在区域层面上的引领作用。各学校的研习共同体更是丰富多样，为教师的专业成长搭建起了校本化的平台。如今，城乡联动发展共同体已发展为教育管理集团。

（五）启动特色发展，让每一所学校拥有不同的跑道。

特色教育的出发点和归宿是提高育人质量。为此，我们努力打破百校一面的格局，追求学校的特色化和学生的个性化发展。用五年时间推动了“达标创特”工程，全面提高了农村教育的整体办学水平，促进了城乡教育的优质均衡发展。如今，高中的特色化、多样化发展已全面启动，幼儿园的特色建设也在全面推进。

（六）推进文化立魂，让每一所学校怀有独特的气质。

全市各中小学的特色创建渐渐演变成了文化再造的生动实践。以学校愿景、价值观重构为核心的学校文化顶层设计全面启动，分期分批进行的学校文化展示活动生动展示了各学校特有的文化气质，发挥了文化的价值引领作用，彰显了学校的精气神，践行了新教育“月映千川”的文化建设理念。

（七）缔造“完美教室”，让每一间教室成为幸福的源泉。

近两年，从“完美教室”价值系统的建构、课堂文化的打造、共同生活的营建、班本课程的研发、节日庆典与社团活动的组织、班级博客建设等方面全面推进“缔造完美教室”行动，举行了两次全国新教育实验开放周暨“完美教室”专题研讨活动。完美教室工作室成员致力于班级文化的内涵研究，对全市班主任进行了全员培训，推出了以俞玉萍、倪颖娟、徐东萍、刘九华、殷卫娟、刘宇禹等为代表的榜样教师。

（八）研发卓越课程，让每一个学生享受适合的课程。

“教室是根扁担，一头挑着课程，一头挑着生命。”海门中学、东洲中学、东洲小学等学校先行探索课程研发，改造了学生的教育生活。全市层面自觉的课程研发始于2010年起的“缔造完美教室”行动。今年，作为中小学课程研发年，海门市举办了全国新教育实验海门开放周暨“研发卓越课程”专题研讨会。平山小学、麒麟小学、余东小学、中南国际小学等13所学校展示的新教育特色课程得到来自全国各地新教育同仁的广泛好评。

（九）十年新教育历程，海门教育人实现了生命的拔节。

十年中，先后有石鑫、何仁毅、丁建强、张炳华、祝禧、卞惠石、滕玉英、吴建英、俞玉萍、陈铁梅、王丽、黄卫华12人被评为“江苏省特级教师”。我被《中国教育报》评为“2010年全国推动读书十大人物”。俞玉萍老师被评为新教育“完美教室缔造者”。倪颖娟、殷卫娟的班级先后被评为新教育“十佳教室”，刘宇禹、高波的班级获新教育“十佳教室”提名奖。近三年，先后有98人被评为“全国新教育实验先进个人”。

（十）优异的学业成绩是新教育的额外奖赏。

在2010年、2012年江苏省义务教育阶段教学质量检测中，海门市小学、初中的成绩均居全省前列。2012年暑假海门市海选出的18名“读书达人”参加了央视科教频道《读书》栏目组海选活动，东洲中学陈舒琦、东洲国际曹安东、实验学校附属初中虞锦雯、东洲小学顾人豪4位同学闯入全国30强，进入CCTV总决赛。陈舒琦、顾人豪两位晋级全国十强。在2012年12月结束的第21届世界脑力锦标赛中，能仁中学学生倪梓强作为中国参赛团代表参加在英国伦敦举办的世界脑力锦标赛，获得了两金一铜的好成绩。近几年，海门高考更是捷报频传。今年，海门市高考又创新高，各项数据在去年全面领先的基础上，又有新的跃升。在全市普通类参考人数比去年减少211人的情况下，本二上线人数达3559

人，比去年净增 115 人，上线率达64.6%，比去年增加 4 个百分点。近三年，达清华、北大录取分数线的学生有 58 名，在全省同类学校中名列前茅。

（十一）十年新教育历程，海门教育学校发展取得了长足的进步。

2009 年，海门市承办了全国第九届新教育实验研讨会，为新教育实验添上浓墨重彩的一笔。海门作为新教育四大区域研究中心之一，已成为新教育苏浙沪区域联盟的盟主，先后有 26 所学校被评为“全国新教育实验优秀学校”。新教育研究会秘书处、新教育研究院课题管理中心、新教育培训中心等纷纷落户海门。近三年，有两万多名来自全国各地的新教育同仁前来参观、学习、培训，海门中学、实验学校、东洲中学、海南中学、能仁中学、实验初中、实验小学、海师附小、东洲小学、育才小学、通源小学、海南小学、实验附小、能仁小学、开发区小学等学校成为全国新教育实验培训的重要基地，扩大了海门教育的影响力，提高了海门教育的美誉度。

（十二）十年新教育历程，海门教育理论之树结出了累累硕果。

近几年，海门市承担的全国教育科学“十一五”规划课题“区域教育共同体建设和研究”、省教育科学“十一五”规划课题“新公民教育行动的研究”、省第八期重点教研课题“区域实施‘学程导航’教学范式的实践研究”等课题成功结题。“新教育实验研究”的课题成果荣获第三届江苏省教育科研成果一等奖。专著《每月一事——教给孩子一生有用的好习惯》荣获“新教育卓越课程特别奖”。海师附小的童话课程被评为“新教育十大卓越课程”。几年来，吴勇、祝禧、俞玉萍、吴建英、许卫国、顾卫兵、杨裕华等 12 人共出版了《做新教育的行者》《一间可以长大的教室》等教育专著 22 本。

十年新教育，海门教育人向百万海门人民递交了较为满意的答卷。总结海门十年新教育的基本经验，可以用“愿景引领、组织保障、项目支撑、活动推进、底线保证、榜样言说、媒体推介”等来概括。但且行且思，海门新教育还存在着以下主要问题：

一是覆盖学段需要进一步拓展。目前，新教育实验在小学尽管亮点纷呈，但校际差异明显；初中虽同步推进，但深度不够；幼儿园正积极推进，但亟须完善；高中、职中也在行动，但项目支撑不够。完全体现新教育意义的榜样学校还不多。

二是日常坚守还需进一步强化。新教育实验以“只要行动，就有收获，只有坚持，才有奇迹”为哲学基础，但行百里者半九十，不少教师对坚守每一个日子，守住每一间教室做得还不够。如晨诵课程，有的教师可能只是做一段时间，如果坚持做三年甚至六年，一定能创造出许多生命的奇迹。

三是项目深度有待进一步推进。新教育实验十大行动项目都已在海门市启动，营造书香校园、缔造“完美教室”等项目已颇具成果，但总体而言，对项目的研究深度不够，特别是在构筑理想课堂、研发卓越课程这两大项目上遇到了瓶颈，不少学校显得力不从心。

另外，新教育实验的理念尚未深入到每一位教师心中，新教育的话语体系尚未达到相对统一，新教育的行动尚未完全融入日常工作。这些都有待于我们艰辛探索，合力攻坚。

二、研发卓越课程

朱永新教授对课程有一个精彩的比喻：如果把教室比作河道的话，课程则是水流。两者相得益彰时，才会有教育的精彩涌现。课程的丰富性决定着生命的丰富性，课程的卓越性决定着生命的卓越性。2013 年在萧山年会上朱永新教授对新教育的课程研发进行了科学、系统的阐述。

（一）课程与卓越课程。

新教育认为课程最本质的特点，是教师与学生双方的生命体验。师生共同经历的课程，不是一堆知识的罗列，而是通过共同的生命体验，使他们成为有德行、审美、情感和能力的人。简言之，在我们的课程意蕴中，起点处，是活生生的人，是人的问题，是人的各种可能性；终点处，还是人，是人的问题的解决，是人的幸福完整的实现。

如果把课程视为以活生生的人为中心，包括起点、目的地组成的道路和历程的话，那么，所谓卓越课程，就是在其中最大程度地实现了人的可能性，最好地实现了课程的目的。

卓越课程第一应该实现新教育实验“让师生过一种幸福完整的教育生活”的使命；第二，应该尊重学生的身心发展规律，以学生的生命发展为本位；第三，应该经历浪漫、精确、综合三个阶段；第四，应该充满惊奇，触及灵魂；第五，应该实现知识与生活、生命的深刻共鸣。

（二）新教育卓越课程的体系架构。

新教育的卓越课程体系是以生命课程为基础，以公民课程（善）、艺术课程（美）、智识课程（真）作为主干，并以特色课程（个性）作为必要补充。

“生命课程”是一门综合性课程，其目的在于引导学习者认识生命、欣赏生命、尊重生命，进而不断超越，把握生命发展的无限可能性。

“公民课程”是解决作为一个社会人的权利、责任与义务问题。它的目标是培养遵守社会公共道德，认同、理解、遵守与维护共和国宪法，关心及参与公共事务，具有独立思考与敢于承担责任，对民族的传统和文化有归属感的现代公民。

“艺术课程”是“智力、认知和构思能力的重要唤醒者”，在新教育的卓越课程体系中占有十分重要的位置。艺术应该成为新教育的本质，它应该渗透在教育的所有地方，尤其是在所有课程的起点与终点处。

“智识课程”类似于通常所说的文理课程，是新教育卓越课程的主干部分。它应该完成两个重要任务：一是成为课程的卓越的二度开发者，或卓越的执行者，在指定的课程内容中实现理想课堂的三重境界；二是在执行规定课程内容的同时，开发弥补性的课程。

“特色课程”专指别人没有唯我独有，或者说把它做到一般人难以企及的程度。作为特色课程，一方面是每个人都可以享受或应该习得的，另一方面，是只有少数天赋出众的人才可能把它当成一生的技艺。特色课程只是整个课程框架的有益补充。

（三）对课程研发的反思以及推进策略。

目前，海门市在课程研发与实施过程中还存在一些亟待解决的问题。比如课程研发的意识不强，存在着重国家课程，轻地方课程、校本课程的现象。课程研发缺乏系统架构，对课程研发缺乏基于学校办学理念、价值愿景基础上的总体设计，不成系统。教师课程研发能力不强，缺乏研发课程的基本技能，教师的教育观念、知识结构、教学行为等离成为一名自觉的课程研发者还有着较大差距，教师角色还没有发生根本的质的变化与飞跃。过分注重课程的物质形态，把编写教材当作是课程研发的全部，把过多的精力集中在教材的物质形态上，而不关注课程的实施和反馈。

那么，一所新教育实验学校，一个新教育实验教师，如何研发卓越课程？朱永新教授认为：

第一，研发卓越课程，必须具有强烈的课程意识。要打破“不求有功，但求无过”这样的心理定式，激发全体校长和教师的课程意识。

第二，研发卓越课程，必须掌握课程研发的基本方法与程序。要遵循确定课程目标、整合课程资源、组织实施课程、评价课程效果等研发卓越课程的基本过程。研发卓越课程有两种基本方式：一是教师对现有课程进行“二次开发”；二是教师作为研发主体开发出新的校本、班本课程。

第三，研发卓越课程，必须明确课程目的和课程目标。对生命或生活之幸福完整的认识，是新教育研发卓越课程的绝对前提，是我们课程思考与行动的起点。

第四，研发卓越课程，必须充分挖掘和善于利用各种课程资源。要特别强调对民族传统文化资源的挖掘和利用，努力实现我们的民族文化认同，真正让新教育人活出中国文化的根本精神。

第五，研发卓越课程，必须坚持从学生的角度理解课程。课程的主体是学生，只有从学生的角度理解课程，才有可能筛选出符合学生身心规律的课程资源，才有可能研发出实现知识、生活与生命共鸣的课程。

第六，研发卓越课程，必须充分发挥教师的积极性。要强调教师的“三专”发展，强调对哲学、心理学、教育学经典书籍的啃读，强调观念与经验的互相转化与深化等，坚守以教师为起点、以人为中心的原则。

朱永新教授建议我们采用这样的课程管理模式：“我定标准，提供帮助，我来验收；你作承诺，自做课程，我不干预”，更倡导管理者率先成为课程研发的专家，把自己设计的课程，以最美好的方式展示出来，进而启迪、启发教师在各自的岗位上也积极研发课程，绽放出各自的美丽。

（四）着力打造十大新教育卓越课程。

2013 年新教育年会的主题是“研发卓越课程”，总结近几年来课程研发的经验，在新教育课程理念的指导下，着力打造富有海门元素、学校特色的十大新教育卓越课程。

一是深度推进以晨诵、午读、暮省为基础的书香课程。各学校要开发丰富的阅读资源，营造良好的读书氛围，开展多样的阅读活动。以新教育必读与选读书目为基础，不断完善幼儿园、小学、初中、高中相衔接的阶梯阅读课程，开发小学、初中、高中相衔接的英语名篇名著阅读课程，拓展科学阅读、数学阅读、历史阅读等学科阅读或主题阅读领域，逐步形成比较成熟的适合学生需要的晨诵、午读课程。精心组织好每天的晨诵、午读活动，大力开展晨间诵诗、日常诵诗、生日赠诗和情境诵诗等活动。同时，将阅读与写作相结合，唤醒学生心中的美好与神奇，让共读、共写、共同生活真正成为海门师生的生活常态。让师生在日常坚守中丰盈精神底色，在与伟大的智慧对话中不断走向崇高。

二是践行以社会主义核心价值观为核心的公民课程。以立德树人为根本任务，践行社会主义核心价值观，以深入实施“每月一事”项目为抓手，积极倡导“日行一善，月习一德”，深度研发以“富强、民主、文明、和谐，自由、平等、公正、法治，爱国、敬业、诚信、友善”为主要内容的主题课程，从一个个日常生活的细节入手，把公民基本道德养成与主题课程实践活动有机融合，探索符合不同年龄段身心发展规律的道德人格成长机制，从而不断丰富“每月一事”的课程体系，把“教给学生一生有用的东西”新教育理念落到实处。

三是深化以社团活动为路径的艺体课程。要根据学校实际、教师特长和学生特点，广泛创办科学类、艺术类、体育运动类、动手实践类社团，保证社团活动时间不被挤占或挪用，尽力为学生创造丰富多样的可供选择的活动项目，通过团队研发，逐步让每一个社团活动都能有校本化的课程来支撑。要积极为学生搭建球类俱乐部联赛、艺术节、科技节等展示平台，让海门学生的体质状况得到全面改善，艺术审美素养、动手实践能力、创新合作意识得到全面提高。

四是构建以仪式庆典为形态的节日课程。要认真挖掘节日课程的内涵，注重以中国六大传统节日为主题的课程开发，凸显民族文化，培育学生的文化认同感。尤其要对开学仪式、成人仪式、期末或毕业庆典、艺术节、科技节、体育节等教育生活中的重大日子，进行全方位设计，系统策划，生动演绎，使之成为学生生命成长的重要时刻，形成学校特有的节日文化。同时，积极鼓励教师以教室为阵地，与学生共同编织更加丰富的班级节日生活，让教室成为美好事物的集聚地，成为传播正能量的中心，成为朝向完美的生命场。

五是组织以名师讲坛为载体的聆听课程。充分利用校内外资源，与国内外知名高校广泛合作，组织教师、学生聆听名师、大家、教授的专题报告，参加社区实践，参与志愿者活动。帮助教师紧跟教育改革的时代步伐，使教师既能“仰望星空”，又能“埋头走路”，助力教师专业成长。引导学生学会关心社会，放眼世界，树立理想信念，形成正确的世界观、人生观、价值观。拓展师生的生活视野，丰富师生的知识结构，提升持续发展的学习动力。

六是开设以培养卓越口才为目标的演讲课程。自信的人生应当从演讲开始。要为每一位学生提供表达的机会，搭建交流的平台，创设双语交际的情境，通过讲故事、演讲、辩论、书本剧表演等，让每一个学生愿说、敢说、会说，进而使他们建立起终身受益的自信心，掌握沟通能力与表达能力。

七是提升以职业技能为指向的技能课程。技能课程的研发，要走向生活，回归生活，密切联系现代生活与学生实际，融生涯教育于课程实践，让中小学生及幼儿的生活智慧与智能培养在技能课程的实施中得到锻炼与提高。职业学校更要以技能课程的研发为重点，使之成为创新实验区建设的亮点，成为学生走向社会的砝码。

八是推动以家校协同为平台的共育课程。家校共育不仅仅是一种教育策略，更是在时代背景下，生成的一种教育模式，一种教育文化，一种教育文明。有效整合学校、家庭、社区教育资源，通过父母开放日、新父母讲坛、亲子共读、家校书信、父母志愿者等多样的方式，丰富家校共育课程，家校密切协同，形成教育的合力。

九是开发以个性潜能发展为导向的游戏课程。游戏是儿童个性化发展的重要途径，要创设具有开放性、操作性、多变性、实用性的游戏活动环境与资源，鼓励儿童充分探索、质疑，培养儿童的好奇心和求知欲。通过开发中小学体育游戏项目，积极打造游戏课程，让学生在快乐、自主性的游戏活动中健康成长。

十是培育以个人气质为指向的特色课程。特色课程的构建是实现学校办学特色的重要途径。为此，学校教育应以完善的课程体系为依托，在保证学生全面发展的基础上，关注学生个体特殊才能发展需求，充分挖掘学校的独特资源，开发校本特色课程，培育学生独特的个性气质，让学生能够获得全面而有个性的发展，把学校办成有品牌、有特色的学校。

课程研发是一项系统工程，各学校要从“课程关系未来海门教育如何领先发展、率先发展”的高度来认识研发卓越课程的重大意义，要做到“五个一”：一是破除一种观念。要破除“事不关己，高高挂起”“不求有功，但求无过”的观念，树立“人人都是课程研发者”的理念，要以“时不我待，只争朝夕”的精神来推动课程研发。二是转变一种角色。校长作为课程研发的第一责任人，要从单纯的行政管理者向课程领导者转变。教师要实现从“消费者”到“生产者”、从“教书匠”到“研究员”、从“实施者”到“指导者”、从“执行者”到“决策者”等角色的转换。三是组织一支研发团队。以教育管理集团与共同体学校为载体，组织一支经验丰富，方法独特，敢做事、想做事、能做事的研发队伍。四是建立一套管理制度和评价机制。要明确工作职责，加大管理考核力度，将评价结果与教师绩效考核挂钩，从制度上保证课程研发工作的顺利推进。五是制订一套切实可行的实施方案。各校要全面动员、广泛宣传，认真听取教师、学生以及家长的意见，制订推进方案，明确时间部署，落实研发与实施工作。

三、构筑理想课堂

课堂是学校进行教育活动不可或缺的重要场所，是学校教育活动的主要形式，是一切教育理念的出发点和归宿。新教育实验提出“构筑理想课堂”，是指通过创设一种平等、民主、和谐、愉悦的课堂氛围，将人类文化知识与学生的生活体验有机地结合起来，追求高效课堂与个性课堂。

（一）新教育理想课堂的三重境界。

朱永新教授在2008年苍南年会上曾作题为“知识、生活与生命的共鸣”的报告，对新教育理想课堂的三重境界进行了全面而深刻的阐述。

1. 新教育理想课堂的第一重境界：落实有效教学框架——为课堂奠定一个坚实的基础。

新教育有效教学的框架，强调理想课堂在明确的教学目标（由基础性目标、核心目标、附着性目标三个层次分明的能级目标组成）统领下，先通过预习作业单，让学生自主学习，开始新知建构，而课堂教学，则是对独立学习效果的检测、修正与提升。整个课堂流程由教学板块和学生学习清单两部分组成，将学习清单单独列出来，是为了让教师在思考教学的时候，就明确这一点，强调这一点，并在课堂教学上确保每个学生拥有足够的、完整的、有序的训练，真正体现“教”为“学”服务，把学生的学习视为课堂的真正核心这一教学思想。

新教育有效教学的框架，是一个理解课堂的工具，新教师可以把它作为“地图”来引导自己穿越最初的教学迷径；有经验的教师可以把它作为“支架”以使自己的工作更有效率；其他人可以将它作为“工具”，努力改善教学。

2. 新教育理想课堂的第二重境界：发掘知识这一伟大事物内在的魅力。

这里所讲的“知识”，不是静态的知识，而是一个有待重新发现的事物奥秘，以及发现这个奥秘的方法和过程。课堂的中心，应该是一个问题的提出、理解及解决的过程，是一个知识——作为问题解决的工具被探索、被发现的过程。优秀的课堂教学，要重现这一神奇的创造过程。如果没有将“问题—知识—真理”作为课堂教学的核心，那么教师的精彩表演是浅薄的，学生的“小手如林”是肤浅的，课堂用表面化的热烈，替代了紧张的脑力劳动。而紧张的脑力劳动，有针对性的思维训练，正是课堂教学的本质所在。

课堂教学有三个元素：知识、教师、学生，教师不应该隔在知识与学生之间，只是将现成的知识转交给学生。发掘知识这一伟大事物的魅力，不应该只是教师的事情，全体学生也应该积极参与其中。优质的教学应该是师生共同围绕在“问题—知识”的周围，展开一段发现问题、理解问题、解决问题的探索旅程。这段旅程，将充满着怀疑、困惑、挑战，也不能完全没有机械记忆、挫败感、羞辱感，但是，它的核心永远是智力挑战、思维训练。从这个意义上讲，第一重境界有效教学框架中强调的学生预习，也是确保每个学生能够直接地接触问题与知识，而不是只吞食由教师仔细嚼烂了的软化了的知识，即现成的结论。

3. 新教育理想课堂的第三重境界：知识、社会生活与师生生命的深刻共鸣。

建构主义教育学将学习视为一个同时展开的三重对话：人与知识（世界、文本）的对话，人与他者（教师、学生、其他读者）的对话，人与自己的对话（反思的、历史性的、生长性的）。理想课堂追求的“倾听”与“应对”，也就是实现真正的主体间的对话。旨在倡导相互间的理解，并通过对方的异议，来加深对知识的理解，并在此过程中，产生共同体成员之间息息相关的共鸣。如果课堂上教师没有参与学生与知识之间的对话，那么无论是个体学生与知识的对话，还是学生群体之间的对话，都有可能停留于肤浅的层次。课堂上，教师的形象应该是一个真诚的探索者，一个智慧的求知者，虽然他有足够的耐心等待学生自己去发现，他有足够的勇气承认自己并不是全能全知，但是，他确实应该有把握把学生带向一个至少他领略过的理想境地。教师应该学会反思自己的教学过程，而学生也应该学会反思自己的学习历程。只有这样，我们才能说，课堂教学，在实现人与知识深刻共鸣的同时，也实现着人与人之间、自我之间的深刻共鸣！

理想的课堂教学，在实现人与知识、人与他者、人与内在的灵魂深刻共鸣的同时，还需要实现最后一个维度：课堂与社会生活的息息相通，课堂与人类命运的息息相通。这就是新教育理想课堂的第三重境界：知识、社会生活与师生生命的深刻共鸣。

（二）对理想课堂建设的反思及推进策略。

海门市的“构筑理想课堂”工程始于2009年，主要凸显了各学段的重点，幼儿教育突出幼儿的兴趣，小学教育着重激发学生的活力和想象力，初中教育侧重培养和发掘学生的智慧，高中教育从“有效”的基点上实现“高效”，职业教育旨在让广大的职高学生拥有扎实的职业技能。

几年来，通过行政推动、试点研究、专家解读、市级培训、榜样引领等多种形式的推进，“以学定教”“先学后教”“学教互动”“以练促教”等理念得到了基本落实，课堂生态得到了较大的改观，学生的主体性地位得到了基本确认。

各学段、各学科已经拥有了自己的有效教学框架，但是，很多的常态课堂离理想课堂的第二重境界、第三重境界还有差距。毋庸置疑，为了真正实现知识、生活与师生生命的深刻共鸣，我们的课堂还有进一步打造的必要和进一步提升的空间。

1. 打通课堂与课程的联系。

以前，我们重点关注课堂，对课程的关注远远不够。课堂是没有天花板的舞台，一头连着课程，一头连着生命，要让学生的思维在课堂这个舞台上尽情驰骋和无限放飞，要让学生的生命得到润泽和生长，就必须有卓越的课程来支撑，有了这样的课程观，我们的课堂才能站得高、走得远。课程的内容和结构直接决定课堂的内容和结构，因此，构筑理想课堂一定要同研发卓越课程结合起来通盘考虑。上面我们谈到了具有海门新教育区域特色的十大卓越课程的建设，各学段、各校应根据自己的特点，结合对国家课程的二度开发、地方课程的协作研发，建构起丰富的校本课程体系，让我们的课堂因此变得更加丰富多彩，让知识更加充满魅力，让师生的生命更加丰盈。

2. 打通各学段课堂的内在联系。

前几年，根据海门市教育局的统一部署，各学段在五类课堂的打造上做出了积极的探索，取得了阶段性成果。但是，我们总感到这五类课堂还没有成为一个和谐的整体，学段与学段之间有着明显的断层，缺少一个统整理想课堂的灵魂。现在，我们就把新教育理想课堂的三重境界作为灵魂，高位统领，让五类课堂形成一个相互联系的成长阶梯。虽然我们的课堂形式上各具形态，但本质上都有有效框架的支撑，让人感受到课堂上不时演绎着知识、生活与生命共鸣的精彩。义务教育管理集团的组建为打通城乡学校之间的课堂提供了便捷，我们还要进一步打通幼小、小初、初高课堂的衔接，在分享各自的精致与美丽中，达到无缝对接，自然和谐。

3. 打通课堂研究与教师专业成长的联系。

有专家把良好的课堂教学比作把学生带到了高速公路的入口处，把学生在课堂里的学习作为一种行走。学生行走在课程里，行走在生活里，行走在情境里，这一学习之旅，其实是对话之旅、探究之旅、体验之旅。而教师正是学生寻找和发现入口处的顾问与引路人，真正的课堂教学，优秀的教师应当把课堂“创造”成一个又一个高速公路的入口处。这个创造的过程是艰辛的，需要全体教师共同努力。我们需要建立起很好的观课、议课、磨课机制。这样的机制，是一种动态的生成过程，要求观课前了解课程，了解学情，明确教学目标；观课中有侧重，有思考，有评价；磨课中有评价，有反省，有提升。做到未观先想，边观边想，观后磨想，让观课教师、上课教师共同成长，让课堂在观课、议课、磨课中不断走向精致，真正彰显知识的魅力。各学校应该形成明确的观课、议课、磨课常态机制，以及管理机制。名师工作室、学科工作室应先行研究，示范放样，确保这一机制的实施质量。组建研课共同体，吸引共同体学校的每位教师深度卷入，让每一位参与的教师都获得专业成长的惊喜。培育榜样学校、榜样教师，用榜样学校去匡正视听，消除杂音，形成共振；借榜样教师去言说，影响周围的同伴，让更多的教师做到“卓越于心，精致于形”，让更多的课堂呈现知识、生活与师生生命共鸣的动人景象。

（三）理想课堂建设的使命。

新教育理想课堂建设，要重点关注以下三大使命：

一是学生会学习。这里的“会”内涵丰富，不仅体现在学生能始终保持亢奋的情绪和高速的思维运转，保持强烈的求知欲望和对事物的好奇心，而且还体现在会主动、合理地选择学习内容和学习方法，敢于提出问题，大胆探究，主动融入集体，积极参与讨论，乐于分享成果，勇于表达、评价自我，快速自我反馈等。

二是教师能更好地把握课堂规律，自觉成长。课堂上既要呈现出学生主动学习、合作探究的乐趣，也要体现教师不显山不露水巧妙引导的情趣，更要体现教师自我专业成长的理趣。以学定教，先学后教，以教导学，以学促教，“学”“导”相得益彰。教师在理想课堂的实践与反思中，自觉成长，自我实现，体会到职业的幸福感。

三是实现整体育人。新教育的理想课堂不能只满足知识的传播，而是要站在培育生命的高度来理解课堂，实施教学。在课堂里，课程构筑起了学生成长的文化高地和精神高地。这样的课堂，不会再是知识碎片的拼接，而是合奏着师生道德、审美、情感态度与价值观等共鸣的生命和音，最终会导向以文化人的高度。

如果说新教育是一棵大树，那么课程就是新教育的树根，研发卓越课程就是让新教育的基础更加坚实；课堂就是新教育的树干，构筑理想课堂就是让新教育的枝叶更加茂盛。我们要把研发卓越课程和构筑理想课堂作为推动新教育实验不断前行的新动力、新力量。为此，要从以下三个方面加大工作力度：

1. 愿景须进一步明晰。

新教育是理想的事业。每一个海门教育人都应该明晰新教育的美好愿景，以统一认识，激发推进新教育实验的信心和自觉。各学校要充分认识到新教育实验对未来海门教育发展的重大意义，认真思考学校的文化培育和特色发展，认真思考教师的专业成长和学生的生活质量，选择部分适合的课程项目来深度推动新教育实验，努力通过新教育实验来切实改变教师的行走方式，改变学生的生存状态，让全市师生真正过上一种幸福完整的教育生活。

2. 组织须进一步强化。

下一个阶段，市教育局将进一步完善新教育实验工作的推进机制，明确工作职责，定期召开新教育实验工作例会，专题研究并解决新教育实验中的问题，总结成功的做法，提出指导意见。各校要强化组织领导，把深度推进新教育实验作为学校的“一把手工程”。校长必须亲自策划、亲自推动、亲自落实新教育实验项目，精心制订实施方案，及时召开动员会，广泛宣传，精心组织，周密部署，切实增强广大师生投身新教育实验的主动性和自觉性。要组建强有力的领导班子，成立新教育实验工作室，选定教学骨干作为种子教师重点培养，以底线加榜样的管理铁律，确保新教育实验工作顺利进行。

3．制度须进一步完善。

一方面，要加大新教育实验在百分考核中的权重；另一方面，海门市局将健全完善督导调研制度与通报反馈制度。海门市教育局、政府教育督导室和新教育培训中心将研究制订《海门市新教育实验评估办法》，作为素质教育百分考核的组成部分。同时，各校在年度工作考核、奖励性绩效分配等方案中要把新教育实验工作作为重要内容对教师进行考核。要完善新教育实验的信息报送与成果分享制度，加大对新教育实验推进及成果的宣传。我们必须乘势而上，顺势而为，进一步增强推进新教育实验工作的责任感与使命感。

没有卓越课程，师生过一种幸福完整的教育生活就是一句空话；没有理想课堂，就没有过硬的质量。让我们继续弘扬“强毅力行，追求卓越”的海门教育精神，抓住“课程”和“课堂”这两个新教育的核心项目，全力推进海门市新教育实验再攀新高，为中国梦、为教育梦贡献海门教育的力量！

创造适合儿童的阅读生活

阅读是儿童思想启蒙的过程，是他们的精神、情感、态度与价值观等整体人格生长生成的过程。“新教育实验”发起人、著名学者朱永新教授说过：“一个人的阅读史，就是一个人的精神发育史。”他认为，童年的秘密远远没有被发现，童书的价值远远没有被认识。最近几年书香校园、阅读推广、整本书阅读已经成为许多学校的热门话题与共同研究的命题。“营造书香校园”是“新教育实验”的首要行动，阅读推广成了全体新教育人共同的使命，“儿童阶梯阅读”是其中的一个阅读研究项目。它的主要任务是帮助实验学校解决“营造书香校园”中面临的不同阶段的儿童读什么、怎么读等现实问题。项目以“共读共写共同生活”为切入点和突破点，通过几年时间，形成了较为完备的“共读”“选读”书目，新阅读研究所于2011年发布了中国小学生基础阅读书目，研发了相关的阅读指导手册，以帮助一线教师更好地开展阅读指导工作。

“儿童阶梯阅读”的项目研究，试图探索阅读应如何满足不同年龄段的儿童精神发育的需要，如何为每一个不同的个体寻找到最适合的书籍，从而使他的阅读拾级而上，心灵获得更为完整、丰富的滋养。我们无限相信书籍的力量，倾情用一身书卷味唤醒儿童的阅读需要，用一路书香温润儿童的精神成长。

一、为每一个儿童寻找到此时此刻最适合的阅读书籍

阅读可以滋养儿童的语言、发展儿童的思维、丰富儿童的体验、提升儿童的境界。用伟大的童书滋润孩子们的童年已经成为新教育人自觉的追求。“儿童阶梯阅读”项目研究，就是要为每一个儿童寻找到此时此刻最适合的阅读书籍。在他们成长的每一个阶段，一定有着这一阶段最适合的图书。通过阅读那些精心挑

选的书籍，让儿童明白正义与邪恶、美丽与丑陋、合作与竞争、爱心与责任、诚实与谦虚、自由与民主、尊重与宽容、乐观与豁达、勇敢与机智、虔诚与感恩……它们将编织出一张美丽的网，呵护着孩子的童真，唤醒蕴藏着的美好与神奇，传授中国文化的根本精神与普世文明的价值，引导儿童健康快乐地成长。

在倡导阅读过程中有些问题一直挡在一线教师面前：有哪些优秀读物可以提供给孩子们？能确保这些书籍是最优秀与最适合的吗？对儿童来说，他能够读什么书？为了儿童更好地成长，他应该读什么书？该怎么开展阅读活动？实际上，每一个儿童永远有他特定的年龄、性格、性别、经验、兴趣与独特的智能。为此，“儿童阶梯阅读”项目组在挑选书籍的过程中，充分考虑到民族文化的特质以及汉语言特点，每部作品的思想内涵，以二十余个人类文化主题和核心文明价值来综合分布图书类型，让小学生可以通过阅读，获得爱、诚信、责任、宽容等“成长维生素”，并分成文学、科学、人文三大类别来推荐，以达到阅读的“营养平衡”。我们还在师生中广泛进行了“我最喜爱的书籍”调研工作，聘请专家指导，形成了每个年龄段的推荐书目，就如何阅读这些图书提出了详细的建议。我们坚持以优秀的作品来构筑共同生活，以儿童的精神成长来确立共同目标，犹如人们怀着希望在春天播种一般，我们在努力赋予“儿童阶梯阅读”更为丰富的内涵，帮助每一个儿童从中寻找到最适合自己的书籍。

朱永新教授说：“阅读不能改变人生的长度，但它可以改变人生的宽度；阅读不能改变人生的物相，但它可以改变人生的气象。”我们坚信：阅读即生活，阅读即生命，阅读即探索，阅读即审美，阅读应该成为儿童的生活方式。

二、为每一位教师探求到此时此刻最适合的指导方式

阅读更贴近于人的精神、情感、态度与价值观等人文特性，阅读指导应指向于全方位影响儿童整体人格的提升，培养他们的心灵情操，拓展他们的心智视野，使他们更多更好地受到一种人性、人文、人情的教化。同时，阅读所倚重的乃是潜移默化，是涵养、是孕育、是启迪，而不是强迫灌输。所以，我们在阅读指导的过程中，倡导儿童的自主理解，以他们的“生活世界”为根基，提升儿童的生活和人格品质。

传统的课堂阅读离真正的阅读非常遥远，那仅是在读教材，不是在读整本书，而且只有语文的阅读，没有数学、科学、历史、艺术的阅读，更缺乏高雅

的、精神的、文化的阅读。我们需要让生命在高贵的阅读中延续。于是，我们采取了一系列的行动策略。首先，要求所有任课教师进一步认识阅读的重要意义，热爱阅读，率先成为学生的阅读榜样。其次，在课程设置中，每周增设一节阅读指导课，用于指导学生整本书的阅读，分享阅读经验，研讨阅读收获。再次，力邀著名作家、大学教授为语文教师开设文化讲坛，拓宽教师阅读课程的视野，丰富教师的文化底蕴。“儿童阶梯阅读”项目组还对农村教师进行“共读共生活”的专题培训，通过现场教学、童书介绍、专题报告、影片播放、对话研讨等方式，多维度展示项目组的研究进展，有效引发了农村教师更好地通过阅读实现师生精神共生共长的激情，为高质量地推进“儿童阶梯阅读”发挥了引领作用。我们正不断探索基于民族、知识、情感、思辨、审美的阅读指导方法和途径，使阅读指导更适合儿童心灵成长和精神发育。

另外，我们研发了“儿童阶梯阅读”指导手册《好书伴我成长》，以小学生基础阅读书目为范本，根据儿童的认知特点和现代的阅读观念，遵循不同年龄段儿童阅读心理的需求和母语学习的规律，兼顾共性与个性的统一，全方位挖掘文本的语言、人文、美学等价值，设计相配套的形式灵活的阅读指导和训练内容，以便于师生互动、开展高效优质的阅读活动。希望阅读指导手册能够成为孩子心灵的驿站，一年，两年，六年之后，成为一笔记录孩子精神成长过程的财富。

三、为每一所学校营造此时此地最适宜的阅读情境

苏霍姆林斯基曾说过：“一个人走进学校并不意味着接受教育，只有当他面对一本书沉醉不已的时候，教育才刚刚开始。”他还说：“学校里可能什么都足够多，但如果没有为人的全面发展及其丰富的精神生活所需要的书，或如果不热爱书和冷淡地对待书，这还不算是学校；相反，学校里可能缺乏许多东西，许多方面都可能是不足的、简陋的，但如果有永远为我们打开世界之窗的书，这就是学校了。”可是，我们很多学校由于各种原因，并没有能够提供给孩子们足够多的适合的阅读资源。“儿童阶梯阅读”项目正努力为儿童营造此时此刻最适宜的阅读情境。从组织管理（开展图书漂流行动）、课程设置（开设阅读指导课程）、教学指导（引导学生富于探究性的个人阅读或共同阅读）、制度设计（给予必要的阅读要求与评价激励）、活动展示（搭建多样化的活动平台）等方面，给学生以自由阅读所需要的时间、空间与制度的保障，不断提升阅读的效果。只有儿童拥有了自由的阅读时空和适宜的阅读情境，他们的自主学习与发展才真正成为可能。

我们组织“图书漂流”行动，不同学校与班级之间分享图书资源，保证了孩子们每天都有好书读；倡导“晨诵、午读”的生活方式，师生每天一起用诗歌来“开启”黎明；建好“‘悦’读角”与“‘悦’读墙”，展示孩子们的读书笔记、读书成长册；开展阅读文化节，以活动引领阅读，以活动激发阅读，以活动促进阅读；走近儿童文学作家，让孩子们在与作家面对面交流对话中，激发新的阅读热情；搭建展示的平台，让诵读、书本剧展演融入音乐、舞蹈等多种艺术元素，将情感与审美融注在诗意的表达中。

“儿童阶梯阅读”项目倡导共读共写共同生活。共读一本书，就是创造并拥有共同的语言与密码。共读，就是和读同一本书的人真正生活在一起。如果没有共读共写共同生活，教师与学生、家长与学生、学生与学生，就是同一个屋檐下的陌生人。所以，我们倡导亲子、班级共读，通过共读一本书，共写心灵真诚的话语，实现师生之间、亲子之间、同学之间乃至老师和家长之间真正的共同生活。共读共写共同生活，意味着这样一种文化上的努力，即恢复书香传统以及书写传统，在现代生活背景下，通过对传统文明以及人类文明的反思继承，逐渐形成新的价值观，将班级、学校、家庭成员凝聚起来，冲破个人主义屏障，打破人与人之间相互隔离的状态，恢复生活的整体性与人与人之间的联系，从而不断创造更加美好的教育生活。

我们努力践行着新教育的田野精神，用坚定的信念、全部的智慧和持续的行动引领广大儿童阅读经典、阅读思想、阅读文化、阅读精神，通过阅读把最美好的世界献给儿童，以富有实效的“儿童阶梯阅读”实践研究为他们的幸福人生奠定坚实的发展基础。

“把整个心灵献给孩子们”

教育的奥秘就在于热爱学生，校长是爱学生的楷模。

学生是一个能动体，他不仅接受教育，而且参与教育过程，他不仅被塑造，而且他能意识到自己也在塑造自己。学生是有思想感情的个体，教师劳动的性质与其他劳动性质最本质的区别是其劳动对象之特殊。这种特殊导致教师与其劳动对象之间的双向影响和交流，这种特性源于学生是有心理活动的个体。从认知的角度讲，反映这种双向联系的是教学相长；从感情的角度讲，“良师”可以与“益友”并存，师生感情成为人间最美好的歌颂主题之一。学生还是社会化进程中的人。学生还处在学校这个“小社会”之中，从这个意义上说他们尚未社会化，却又处于社会化的进程中，他们的身心在发展中，他们的潜能在挖掘中，他们的创造才智在孕育中，他们的许多许多都需要校长和教师们悉心爱护。

教育的奥秘就在于热爱学生，教师最宝贵的品质就是热爱学生，最重要的道德就是对学生负责。要求教师热爱学生，这是校长的职责，但校长作为师者之师，首先本人应是爱生的楷模和典范，要把整个身心献给学生。记得在美国考察教育时，我每到一处都要为孩子们拍摄很多照片。回到学校，我举办了一个大型的介绍美国教育和文化的摄影展览，还特地开辟了“猜一猜”栏目，猜中了给予奖励。展览引起了孩子们极大的兴趣，每天我的办公室里挤满了来答题的学生，这是我感觉最幸福的时候，我对孩子们的爱此时已得到了最好的回报。

工程师所面对的是工厂、码头、矿山、机械……农技师所面对的是作物、种子、土壤……这一类的“师”所面对的是“物质世界”；医师所面对的是病人，律师所面对的是原告或被告，这一类“师”所面对的是某一方面的人群；厨师所面对的是人的物质要求，艺术大师所面对的是人的精神需求，这一类的“师”

所面对的是人的某一方面的需求。

唯有校长、教师，其所面对的不是某一部分学生，而是全体学生，广义的教育已不只是面对一部分人，而是面对所有的人；教师所面对的不仅是人的精神需求，也面对人的物质要求，不仅要关心学生在认知、情感、意志等方面的心理发展，而且要关心学生的生理发展；不仅要为他们奠定智能方面的精神基础，而且要为他们奠定身体素质方面的物质基础，要使学生在德、智、体、美等各方面都得到全面、和谐的发展。

所以校长的工作对象是特别有意义的，校长要做学生的知心朋友。在校园里应经常看到校长与学生一起讨论问题的情景。要通过多种途径了解学生的喜怒哀乐，要深入学生中间，与学生打成一片，要关心学校的每一个角落。我们每年都要精心组织春、夏、秋、冬四季野营活动，把学生带到长江边的营地里围绕“学农、学科、学军”开展丰富多彩的活动。每次活动我总是融入学生们中间，带他们观察大自然、放风筝、野炊、打靶等，与他们一起在地里耕作，共同探讨环境保护问题。我对学生们炽热的爱同样赢得了爱的回报，学生们特别喜欢与我探讨他们关心的问题，把我当作他们最知心的朋友。

热爱学生是一种理智的表现，却更富有感情色彩。尊重学生需要有感情基础，却更需要理智。因为论地位、论知识、论资历、论资格……校长、教师一般都在学生之上，但论人格、论社会平等观念，并无上下之分，而且，若说办学目的、教育目的、服务目的，校长、教师却要更多地为学生着想，把学生的利益看得更高。热爱而未充分尊重学生可能适得其反，如果学生受到轻蔑甚至侮辱，就会损害他们的身心健康。尊重却无诚挚的热爱，所产生的教育效果也不会很好。

强调热爱学生，这很容易理解和接受；强调尊重学生，也应当容易理解和接受。不热爱学生的校长是很少见的，若有，则绝不是称职的校长，不懂得尊重学生的校长也是不称职的校长。有这么一位校长，他向全校学生宣布，同学们可以直接向校长办公室反映情况，并且要求校长办公室的工作人员和其他行政人员对来访的学生要有礼貌，要起立致意，这种充分尊重学生的做法很值得推崇。

尊重与信赖是辩证统一的，校长要善于给全校学生以自信。学生在校期间如果能从学校、校长、教师那里获得自信，这是学校成功的标志之一。反之，一个缺乏自信的学校其学生也缺乏自信，那将是可悲的。而在一所充满信赖的学校是不会出现这种可悲局面的。信赖使一个人潜能得以充分挖掘。一个人的潜能究竟有多大，要进行客观的早期测定是很困难的（智商系数的测定不足以代表对潜能的测定），然而，脑科学的研究表明，一般人的大脑开发是很不够的，大约 90% 的脑细胞被“搁置”着，尤其是右脑的开发更不够。因此，从总体上讲，学生的潜能是很大的，如何实际地开发潜能是一类问题（技术性的问题），如何推动学生潜能的开发是另一类问题（对策性的问题）。而校长、教师的信赖就是一个强有力的推动力，或在推动的意义上直接称其为挖掘者，因为它能导致学生产生自我挖掘潜能的行为。

记得我在创办学校初期，由于扩大规模的需要，周边学校几乎都把差生转入我校。其中有一位学生把自己的校名 7 个字写错了 3 个。当时在气愤的同时，我更多的是不服气，并暗暗下决心，终有一天要将我们的学校办成别人“踏破门槛”都难进的好学校。于是我真心诚意地把这些差生接纳了下来，倾注了全身心的热爱，为孩子们重新找回了学习的自信，也为这所学校找到了自信。我们终于获得了成功，赢得了社会、家长的信任和支持。

可见，校长把自己的学校建设成一所人们彼此信赖的学校是何等重要。它需要校长全身心地付出，把自己的一切献给孩子们。

让学生主动发展

孩子每天都在发展，只是有许多没被我们发现。教师的责任就是发现孩子诸多方面的发展，把它告诉孩子和孩子的父母，并因势利导，促其主动发展，使其成为可持续发展的人才。

素质教育有三个要义：一是面向全体学生，二是德、智、体、美等全面发展，三是让学生主动发展。只有让学生主动发展，人才规格才有多样性，才能培养孩子的创造性。只有孩子有创造性，培养人才多样化，将来的人才结构才能优化。可见，实施素质教育的关键是让学生主动发展。

维果茨基说过，“我们不应盯着儿童发展的昨天，而应该盯着儿童发展的明天。”在社会不断向科技化、信息化、国际化发展的今天，学生面临的机遇与挑战并存，他们必须学会选择，学会生存，学会发展。因此，就校长而言，必须用“主动发展”这一现代教育思想来指导我们的教育实践，从培养可持续性发展人才的高度，做好培养具有主体意识和主动精神的未来公民的工作。脑科学研究的大量成果表明，人脑具有很大的潜能，现已开发的只占很小的一部分。作为校长，必须创造各种条件，使每个学生都有机会在他天赋所及的一切领域里展示并发展自己的才能。因此，素质教育不仅仅把学生作为认知体，更本质的是把他作为生命体，充分认识到学生是学习活动的主体，是认识发展的主体，是处理信息的主体。在一切认识活动过程中，每个学生在教师的引导下主动去探索、去发现新知，向教师提出问题，教师再发挥解决问题的指导作用，同时激发学生的创新性，真正使主动的创造性的探索活动在教育中取得应有的主导地位，这是提高学生素质的关键和核心。

在实施素质教育的主阵地——课堂教学中，学生知识和能力的获得都是通过自己的内化活动来实现的，而要实现真正意义上的内化，学生的学习过程，必然是主动获取、主动发展的过程。多年来，我们的教师惯于“我说你听，我讲你记”的越俎代庖式的教学模式，把教学过程变为简单的训练过程，这已远远不适应时代的要求。马克思主义认识论告诉我们，实践是出于某种目的的主动地认识和改造客体的社会活动。这一科学实践观集中反映了近现代以来的人类活动新品质——主动、能动的实践精神。教学认识、教学发展是一个有结构的、能动的过程，从这个意义上说，校长要带领教师尽可能增大学生学习的自由度，建立一种以活动促发展的新型教学观。通过创设一种让学生积极主动学习的环境，构建学科教学活动化的基本模式，即以学生自主参与各种外显的学习活动（小班教学、小组学习、合作学习、互动交往、讨论活动、角色扮演等）为课堂教学的基本操作模式，发挥“团体动力作用”，使课堂信息不断扩展延伸，促使学生动脑、动眼、动耳、动嘴、动手，以外显活动促使内隐的认识、情感、能力的协调发展，从而达到动智与动情的完美结合。当然，增加自由度不是放任自流，而是通过改革课堂教学模式，真正发挥学生在教学活动中的自觉性、积极性和独立性，使思维始终处于主动、能动的活跃状态，进而让学生主动参与学习活动、主动提出问题、主动探索学习规律、养成自觉学习的习惯，真正掌握学习的主动权。因此，学科教学活动是促进学生主动发展、实施主体性教育的最佳教学模式。

人类已步入了信息化社会的时代，适应信息化社会的教育应当是使每个人的潜能得到充分挖掘、个性得到充分发展、素质得到全面提高的充满生机与活力的教育。素质教育要培养主动发展的人才，教育内容的发展性使得教育空间大大开放、教育渠道大大拓宽，教育不再局限于校内、课本，许多适应时代需要的发展型课程应运而生，如礼仪课、交往课、信息课、心理课、计算机课、家政课等。一些有利于学生发展个性特长的课程，如外语、花卉、艺术、棋类、球类等为广大学生所喜爱。这些发展型课程最重要的功能就在于满足学生个性发展的需要，满足未来社会对各类富有个性人才的需要。《学会生存——教育世界的今天和明天》一书中指出：“未来的学校必须把教育的对象变成自己教育自己的主体。受教育的人必须成为教育他自己的人；别人的教育必须成为这个人自己的教育。”在这里其实已阐明了未来教育改革必须适应学生主动发展的道理。因此，校长在组织发展型课程的教改过程中，应从促使学生不断主动获取、扩充和更新知识出发，进行开放式的教育活动，培养适应学习化、终身教育化的现代信息社会发展的个性化人才。

用发展的眼光来看待孩子是我们每个人必须确立的观念。孩子每天在学校学习，但他们又是社会人，在受学校教育影响的同时，还受到社会、家庭的影响。全面而又正确的素质教育观，不仅要为广大教育工作者所认识，更要深入每一位家长的心里，形成学校与家庭协同教育的合力。校长要想办法为学生的主动发展拓宽渠道，如“固定家长听课日”“组建家长志愿者队伍”“确定家长访校周”“举办一日开放活动”等，把家长请进学校，帮助他们明确素质教育的含义、基本要求，让他们了解当前教育改革的热点，获得教育子女的方法，进而为他们的家庭教育提供科学的依据，让孩子们在家摆脱“整天”埋头做作业的现状。让孩子们走进社会，融入大自然，参加一系列的活动，根据自身的自我意识水平和兴趣爱好，发展个性特长，还给他们个人的选择权利，帮助他们主动发展自己。

让学生主动发展其实就是要实现马克思提出的关于人的发展观，即人的全面发展与充分自由发展的和谐统一。所以，我们现在进行的素质教育的改革与研究是一项伟大的战略性工程。

教育要适合每个学生的发展

我一直认为，我们的教育要适合每个学生的发展，让每个学生都得到全面而富有个性的发展，这是办学成功的第一大秘诀。我因为有了这一核心教育理念，才在实践中生成了许许多多的适合学生发展特点的创新教育策略，使一所创办才10年多的东洲小学成为省内外知名的学校。到了澳大利亚以后，我不但找到了强烈的共鸣，还发现他们做得比我还要精彩。

我在澳大利亚圣·伊格纳萨斯学校小学部访问时，对这所学校的“因材施教”计划留下了深刻印象。他们的“因材施教”计划就是要使他们的教育适合每个学生的发展。这个“因材施教”计划可分四个部分：

1. 特殊的教育，这是专门针对学校里低智商儿童的教育，这些学生属于永久性的智力障碍。他们有的是语言障碍，有的是听力障碍等。

2. 补救的教育，这些学生属于短时性的智力障碍，是针对短时间内语言和教学有问题学生的教育。

3. 天才和特别才能的教育，是专门针对智力特别优秀的学生的教育。

4. 高智力和大潜能的教育，是专门针对智力超常的学生进行的教育。

对于特殊教育类学生，他们平时都是在主流班级上课，只是在特殊辅导时间才到专用的教室由特殊教育教师给予专门指导。如果是重度低智的就“一对一”帮助，如果是轻度的，就多教一些学生。这些特殊教育的延长时间比较长，而补救教育的延长时间就比较短，有的学生在经过一段时间的帮助后，就可以进入正常班级学习。适合天才教育的学生，不单独形成特殊教育班，只是在自己的教室里进行，但实施扩充范围计划，教师会给这些学生单独的学习任务和作业等。高智力教育的学生人数非常少，只占学生总人数的2%。他们会有一段时间离开教室单独组成班级，由特殊教育的教师授课，实施的是加快发展计划，主要学习四门课程，有数学、英语、哲学、未来问题解决，进度要比正常的快很多。比如，六年级数学课上会学到八、九年级的内容，哲学和未来问题解决这两门课程也是专门为这些学生开设的，目的是让这些学生获得一些特殊的思维方式，学业得到快速进步。

这四类学生的课程都是由特殊教育教师设计开发的，并且确定这些学生的时候都要征得家长同意，一段时间以后还要向家长展示孩子进步的情况。天才班的学生不是家长认为自己孩子聪明就可以进这个班，他们必须经过学校严格的测试，同时还要跟家长讲清楚，孩子必须努力，如果智商高，但不努力一样要被淘汰。他们的操作是非常严格和规范的。

“因材施教”计划是由一批专门的教师负责，共有 3 个正式教师，还有两个助理。他们既教低智商学生，又教高智商学生。在中国有的学校往往把骨干教师用来教优秀学生，一般教师教成绩差的学生，这就显得很不公平。

这所学校还有一幢专门的“因材施教”楼，整个楼全部用于特殊教育，里面有很多不同的小教室。我们进去的时候，正好有一个“补救教育”班在上课，共有 8 个学生，正在做 100 以内的加减法。我还遇到了“因材施教”部的主任，他正在辅导一个学生的学习。我与他进行了交流。他告诉我，四类学生学习的课程是他们与各班班主任一起研究、设计、开发的，他们非常注意课程的衔接性，要使得学生在这里学习的内容回到班上后能够衔接上，这样有利于学生更好地发展。

在“因材施教”楼里还有一个心理辅导室，但教室门口的牌子上写的不是“心理辅导室”，而是“学习援助计划”。里面布置得像个温馨的家，沙发、垫子、各种布娃娃，墙上画的是各种小动物，像在一个大森林里，树下有书、玩具、画笔等。负责辅导的教师向我介绍，她共有 30 个学生，他们都是来自父母离异的家庭，对这些学生必须开展“一对一”的工作，先让他们到这里玩玩，教师趁机和他们聊聊天，慢慢地等他们对教师有信心了，信任教师了，才愿意把自己心里的苦恼说出来。有的孩子在父母离异后就同祖父母生活，如果祖父母去世，对他们打击是很大的，所以要给予及时的心理指导。还有的与继父母生活在一起，时常受到虐待，也要为这些孩子排除心理障碍。在我们身边有多少离异家庭或心理有问题的孩子因为得不到及时的帮助而成为问题儿童的？

我惊叹于他们把教育做得这么细致。全校450个学生，有这么丰富的教育资源，可以很细致地关注到每个学生的学业成绩、行为品质、心理健康等每一个方面的发展，我深深体会到了“因材施教”所蕴含的价值。我们学校一直倡导“使我们的教育适合每个学生的发展，让每个学生都得到全面而富有个性的发展”的教育理念，开展了许多丰富的教育行动，阅读文化的建设，艺体个性化课程的开设，各种俱乐部活动的开展，东小吉尼斯的创立等。但是，与他们相比，还有很多工作要做，我们需要努力追求一种细致化的教育境界。

英文“Adaptive”是“适应的”意思，我觉得用中文的“因材施教”来解释“Adaptive Education”最恰当不过了。可见东西方教育思想有着重要的相通之处。孔子早在两千多年前就提出了“因材施教”的教育思想，这是我们的教育经典，它一直在影响着中国的教育教学，但仔细想想，还是运用得比较狭隘。在倡导以人为本的现代教育思想的今天，我们需要全面关注学生的发展问题，而且要让学生享受到更多的优质教育的资源和机会。

我国新的《基础教育课程改革纲要》中明确提出：“使每个学生都能得到充分的发展。”这是何等理想的目标，是我们必须追求的崇高境界。虽然摆在中国校长面前的困难比澳洲校长大千百倍，但是，我们可以通过创造性的努力使我们的教育也能达到比较理想的境界，我认为，理想的教育应该向每个学生开放，适合他们不同的发展需求。我们要使教育适合学生，而不是使学生适合我们的教育。因此，我们应该从适应学生多样化发展的需要出发，设置多元化的发展目标，使基础目标和发展目标处于一个开放的弹性管理的过程中，尽量提供最丰富的教育资源，提供多层次的教育需要，让不同的学生获得不同的发展。

作为校长，首先要认真细致地调查、研究学生的需要；其次，要调查研究教师和学校的资源优势；再次，要合理分配学校的教育资源，特别要善于挖掘潜在的教育资源，合理分配不同类型的教育资源，尽最大努力为学生创造更丰富、有更多选择的教育机会，有效地促进不同的学生获得多样化的发展。

为每个学生设计他们需要的课程

教育的最终目的就是为了每个学生的发展。为此，我们应该仔细研究每个学生的发展水平和需要，为每个学生设计他们需要的课程。

为了让学生获得更好的发展，我曾经对小组教学进行过长期的研究。从座位的排列到小组的组合，我甚至固执地让全校的每一个班级、每一门学科在一年中一直保持不同的小组组合状态。实验取得了许多宝贵的经验，学校的课堂教学发生了重要的变化。到澳洲考察了他们的小组教学以后，我才发现我们的研究还只是限于小组教学策略的研究，他们却已经很熟练地做到了为不同层次的小组设计不同的课程内容，使学生获得了不同的发展。

我在南澳洲的奔赛得小学听了四年级的一堂阅读课。一上课，老师先分配了阅读任务，红、蓝、绿、黄四种颜色的小组分别拿到了不同的阅读任务。一组由老师带着，另一组由一位校长助理来帮助，还有两组由两个家长志愿者来组织。我转了一圈，发现其中一组是读小说的，7 个学生拿着一样的小说内容，轮流读里面的内容，家长志愿者给予一些理解上的支持。还有三组都是阅读能量方面的书，但是每组的书不一样，我都翻阅了，明显有着难度上的差异。看得出在老师身边的那一组是最简单的，老师领他们读了一段关于什么是能量，能量来自哪些方面的介绍后，按照书上的介绍，做了一个小实验。就是在两把椅子上拉一根线，在线上挂两个砝码让它们摇摆起来，然后观察摇摆的状态。结合这个实验再阅读书上的内容，学生就比较容易理解。学生们轮流读完半本书，就回到座位上做一些阅读作业。这些作业难度并不大，多数可以根据刚才阅读的内容做出来，也有一些简单的扩展。

我观察另一组活动时，他们正在阅读《能量和我》这本书，里面主要讲各种食物的能量，还有运动带来的能量，介绍得非常细致，包括跑步，游泳，打篮球、网球、橄榄球，踢足球，骑自行车等运动所产生能量的不同数据都很清楚地表述了出来。读完以后，这一组也有另外一份阅读作业，要求画一张能量循环示意图。

校长助理带的那一组阅读的内容是关于能量的利用，里面介绍了人们如何利用太阳能、风能、水能、电能等以及能量的节约问题。作业是设计一个家庭采访提纲，采访自己祖父一辈的人，看看他们小时候能量利用的情况并和现在的进行一些比较。

每个小组都在规定时间结束阅读任务，然后一起做作业，先做完的交给老师批阅。整个分组阅读组织得十分有序，学生也很习惯，阅读过程中四个小组在教室的四个方向，声音都很轻，互相一点干扰也没有，这就是小班教学带来的好处。当然，我更感兴趣的是他们在同一时间内，不同的小组阅读不同难度的内容，完成不同难度的阅读作业，这不是一般小组学习研究所能够达到的状态。通过这样的方式，使课程更适合不同学生的发展水平，对促进学生的个性化发展无疑有着非同寻常的价值。

像这样的小组学习方式，我在南澳的不同学校、不同年级观察到了很多类似的课例。无论是语文课，还是数学课，他们都为不同层次的学生设计了不同的课程内容。学生的学习内容一直处于他们的最近发展区，学生能获得比较理想的学习效果。

为此，我专门采访了奔赛得小学的校长。他告诉我，这所小学的小组学习研究在42年前就开始了，是澳洲研究小组学习最早的学校，特别是近25年来小组学习研究基本走向成熟，在澳洲已成为小组学习研究最有名的学校之一。他们各个年级学生的阅读、拼写、数学等都是按照不同的学习水平分成四个不同层次的小组，每6~8人一组，小组成员一个学期基本固定。教师的任务是要为不同的学习小组设计不同的课程。在课堂中，不同小组学习不同内容才能更有利于提高不同水平学生的阅读、拼写、计算等能力。另外，还有专题性的小组学习，比如科学、体育、美术、音乐等课程，根据学生各自的个性特长和兴趣爱好，围绕一个研究专题来组合小组，现在已发展到跨年级的小组学习，形成了不同年龄的学习团队，更有着特殊的课程意义。

看来我们的小组学习研究还仅仅处于初级阶段，甚至有时还只是课堂中的点缀，与他们进行的不同小组学习不同的适合学生的学生内容相比还有着很大的距离。他们正通过这样的方式实实在在地在追求“为每个学生设计适合他们发展的课程”的理想境界。我们还存在班级人数多、评价不到位等诸多瓶颈问题。不过，新课程向我们提出了新要求，我们可以通过大胆的创新实践，逐步改善目前这种“机械生产”式的教育现状。

“为每个学生设计他们需要的课程”，这是成功办学的重要法宝之一。不管是城市的学校，还是农村的学校，只要校长有所追求，就应该在这方面多想一想，寻找适合自己学校的行动办法，只要坚持不懈，一定能使自己的学生获得不一样的发展效果。

作为校长，一定要静下心来，组织教师认真研究学生和资源的不同状况，采取分层、分组教学的方式，设计和开发不同的教学内容，以满足学生不同的发展需要。只有这样，才能使教育更好地适应每个学生的发展需求，让不同的学生有不同的发展。

设计适合学生个性特点和发展需要的课程，让不同层次的学生学习不同的内容，对教师来说是一个极大的挑战。澳洲六年级的学生，教师可以给他们八、九年级的数学内容让他们学习。我想，中国教师也是可以做到的，只是我们还没有这种开放的思想，给教师以充分的信任，放手让教师根据学生的需要大胆设计不同的课程内容，让不同学习水平的学生来学习。

当然，这一切还需要有必要的教学资源、开放的课程管理机制、教师个体的学习和群体的合作智慧等作保证，才能获得最佳的效果。学校要尽最大努力为师生提供足够多的课程资源，特别是各种不同类型和风格的教学参考资料以及丰富的学习材料。同时，还要制定开放的课程管理政策，充分尊重、信任每一位教师的创造力，组织起合作的研究团队，让创造的智慧得到分享，相信这样一定会呈现出多彩的课程实施局面。

在评价中让学生认识自我、建立自信

建立成长文件夹的目的是为了促进学生发展成一个独立的、主动的学习者，通过教师与学生、家长与学生、学生与学生的对话，让学生清楚地了解自己的学习状况，反省自己的学习经验，学会思考，认识到自己的长处与不足，不断确立新的目标，更好地建立学习的自信。

在前两年的新课程培训过程中，我看到了许多关于建立学生成长文件夹的资料和书籍，但是一直没有感性的认识。这两年，教师在新课程的感召下，在启动新课程实验的同时开始了学生成长文件夹的建立。在整个建设的过程中，我总感到教师的负担特别重，而且不能将其很好地融入平时的教育教学过程中。到了澳洲，我特别留意他们在这方面的情况。我发现他们每个学校都有做得很成熟的学生成长文件夹，每个教师的做法也不完全一样，但都很自然地结合在平时的教育教学过程中，而且是由学生在学习的过程中自己完成，没有任何教师要刻意为学生做成长档案的痕迹。所以，也不觉得它是教师或学生的一种负担，反而觉得这些东西确是需要留下来的珍贵资料。特别是他们在让学生从小学会自己整理成长档案的同时，也学会了认识自我、建立自信，这给我留下了特别深刻的印象。

下面，我先原汁原味地介绍一个澳洲二年级学生的成长文件夹。文件夹的封面上贴着学生的生活照片，一般由好几张组成。

翻开第一页是教师给家长的一封信，主要内容有：告诉家长这个文件夹主要积累了学生一学期在学校教室里的挑战和成绩，是一个综合性的反馈。文件夹一学期反馈给家长两次。学校建议家长与孩子一起阅读这个文件夹，家长问孩子文件夹里面的一些问题，让孩子回顾已经记载在里面的一些事情，看是否有自己孩子发展方面更多的信息，学校希望家长给予孩子以积极的评价。根据文件夹里反映的不同的学生发展状况，帮助孩子设立一个比较实际的目标，以使他（她）在某一个领域取得更大的进步。在帮助孩子设立目标时建议家长考虑以下几个方面：1. 孩子在哪些方面已经获得过怎样的成功；2. 观察自己孩子有什么样的天赋；3. 他们是否能设立新目标，取得新成绩；4. 他们是否能对自己的成绩负责。学校还特别提醒家长：孩子需要给予时间；孩子可以犯错，但要从中汲取教训；鼓励孩子表达自己的兴趣；孩子需要得到别人的耐心帮助；欣赏和分享孩子的成绩。

第二页是最闪亮的证书。把在一段时间内孩心获得的最好的证书放在前面。

第三页是关于“我”。这一页有许多小问题，有我的名字……我什么时候最自豪……我喜欢怎样的朋友……我的特长是……我最喜欢的地方……我喜欢的事情……我希望我能……今年我希望……我的生日……这些内容的答案由学生自己写出来。

后面的内容就更丰富了。有游泳证和孩子写的游泳日记小册子；有参加大扫除的记录；有创作的诗歌；有关于信息的回答；有法语、音乐、美术、体育等课程学习的具体情况；有生日活动的照片；有参观博物馆的情况；有土著文化学习；有古埃及文化学习；有关于健康的学习，还有各种证书。我翻看的这个学生得到的一张综合性的证书上写着：你礼貌、合作、勤奋，所以授予此证书。证书做得很精致，为礼貌、合作、勤奋单独发一张很漂亮的证书，价值一定非同一般。上面许多地方都有老师的评价，老师的评价主要有“极好”“好”“满意”“不太满意”等，评价的内容都很具体，比如美术主要有创造力，技能，学习态度，对过去、现在和将来艺术风格的理解等。

这个文件夹在学期中和学期末分两次交给家长看，家长要有一个详细的反馈，一般是以家长与孩子对话的方式来反馈的，也有一个提纲：

我/我们最欣赏你文件夹里的一件事是……

我/我们为……事特别高兴；

在这个学期，对我/我们来说最重要的事是……

我/我们认为你的报告……

下个学期，我/我们希望你集中于……

家长签字

这只是一个澳洲二年级学生的文件夹。我想，如果我是一位家长，拿到这个文件夹就不再需要什么素质报告单了，因为它不但包含了我们通常的素质报告单里的全部内容，而且远远要具体、生动得多。通过这个文件夹我们可以窥见孩子一学期在学校几乎全部重要的学习活动情况、孩子的发展兴趣和状态等。这个文件夹不仅记载了历史，更为孩子新的发展提供了详细、科学的依据，能为家长帮助孩子确立更新的目标提供最有价值的原始资料。这也是我们新课程实验中要求建立成长文件夹所希望达到的效果。

评价改革是这次课程改革的热点，也是难点。为学生建立成长文件夹，成了基层学校突破评价改革的首要举措。但是，由于目前没有成熟的经验可以借鉴，为了建立学生成长档案教师非常辛苦，而且成长文件夹的真正作用还没有能很好地发挥出来。

成长文件夹可以全面反映学习者一段时间内（一般以一个学期为一个阶段）学习的情况，文件夹材料的收集应该由学习者与评价者一起来完成，教师应指导学生如何来选择收集的内容。文件夹不仅要收集学习过程的资料，还要有帮助学生反省学习过程的自我评价内容以及教师评价的内容。

因此，应该把评价学生的权利真正交给教师和学生自己，并且在硬件环境和制度政策上予以保证。比如，保证每个学生备有文件夹以及基本的打印、复印等设备。教师要善于指导学生学会自己整理、筛选和保管过程性的学习资料，学会选择材料，学会自我反思、评价学习的过程，以保证文件夹教育功能的发挥。同时教师对学生学习的效果、态度等方面做出即时性的评价，并挖掘学生的发展潜能，了解学生发展的需要，改进自己的教学，使教育更适合学生全面而富有个性的发展。追求一种自然状态下的过程性学习评价记录，每门学科都有这样的思路，最后在学期末合并在一起，就是一学期完整的成长档案。像这样的成长文件夹的建立，既符合新课程对评价改革的要求，也一定会受到教师、学生和家长的欢迎，效果也会逐步显现出来。

走进大海

刚才听了东灶港小学教师“走进大海”的主题阅读教育沙龙，我感到非常高兴，教师对大海主题文化阅读的认识与实践都是非常到位的，我感受到了教师们大海般的勇气与热情。当初我在这里策划“海港文化”时曾有过担心，现在已经随着大家的付出与收获完全放心了，而且坚定了我与大家一起继续深入研究的决心与信心。这几年学校充分挖掘当地海港资源，精心策划、强势推进，“海港文化”特色逐渐鲜明，并逐渐成为学校的办学品牌。如今，人们提及东灶港中心小学，就与他们的“海港文化”特色联系起来。学校成立了校本课程研发小组，结合学校、学生实际，经过不断探索、实践和反思，研制出了体现学校特色的校本课程《走进蛎蚜山》，这套教材分低、中、高三个学段各一册，每册分为民俗文化篇、渔民文化篇、大海文化篇、旅游文化篇，共计 28 篇课文。学校还组织教师开发了《推开蔚蓝色的大门》海洋文化主题阅读课程，分低、中、高三个学段，内含大海百科知识、大海诗文、大海童话故事等。每年校园读书节的主题就定为“阅读大海、亲近大海”，有课程为载体，有活动为平台，有课时作保障，实施校本课程水到渠成，学校特色发展也在课程的层面得到了保证。对今天的沙龙，我还想说几句：

一是“主题性文化阅读”，有主题的文化阅读其实是让我们走进一种主题鲜明的独特的生活，获得一份独特的感染、意义和价值。让孩子们走进充满个性的独特世界，打开一扇具有个性魅力的世界之门。走进大海，就是走进大海的生活，走进大海的世界。一般来说，读书的方式仅限于一篇课文、一本书，是比较单一的。如今，主题性的阅读会给予孩子们一种特别的感受。地球三分之二是大海，如此宝贵的财富，应好好珍惜。海洋本身不具备文化的特质，大海作为一种海洋文化，是人（作家）赋予的，是被人化了的，是人赋予海洋博大、勇敢的品质。所以，孩子们走进大海，并不仅仅是走进海洋本身，更是走进被人化了的海洋世界，产生人与大海之间“人化”了的沟通与交流。

二是海港文化。人是大自然的产物，是被环境改造的结果，人不可能从真正意义上改变自然。海港人身上表现出来的勤劳、勇敢的品质正是大海赋予的。主题性文化阅读就是让孩子们走进海港人的世界，打开海港人的心灵之窗，获得独有的文化濡染与传承。作者写大海、写海港，代表的是作者个体对海洋的感受，孩子们走进作者心中的大海，结合自己的生活感受，获得与作者的共鸣。阅读滋润着孩子们的心灵，丰富着孩子们的感受。

三是新的期待。建议把共读、赏读、探究、反思、习作、活动等多种方式综合起来运用。师生共读，甚至亲子共读，获得一种共同的生活与理解。今天听的一节大海文化主题阅读指导课，有赏读的味，但还没有心灵的感应。我们要通过阅读指导，帮助学生探究大海。再通过综合性的活动进行主题统筹，例如举办海港文化节，组织开展一系列的活动，如让孩子们看《未来水世界》的电影，进行影视文化阅读的探索。希望学校里不仅仅有一间贝壳工艺制作展览室，还要有一个大海主题文化阅览室。收集更丰富的图书放在阅览室里，以后大海文化主题阅读指导课就在那里进行。让孩子们走进这个阅览室，就走进了海洋世界，以此，让孩子们获得一种新的阅读生活方式。

期待通过大家的努力，让孩子们在大海文化的濡染下，积淀丰富的文化底蕴，塑造完美的性格，促进孩子们全面而富有个性的发展，并且拥有一种独特的生活观念，去追寻幸福美好的现实和未来的生活。

培养学生良好的学习习惯

刚才听了临江中心小学教师们的“培养学生良好的学习习惯”养成教育主题沙龙，我感到非常高兴。这是一个非常值得研究的话题。从大家的探讨中，我看到，临江中心小学的养成教育进行得很扎实，做了很多实实在在的工作，研究也已经有了一定的深度。在这“养成教育”的研究中，你们是有发言权的，你们已经走在了同类学校的前列。对于你们的“养成教育”工作，我再提以下几点意见：

首先，我要提几个在习惯培养中应注意的问题。

1. 习惯培养不仅具有阶梯性，还具有螺旋性。刚才，教师分年段对学习习惯进行了梳理，列出了各个年段的学习习惯。不过，学习习惯还具有螺旋性。行为习惯的养成需要长时间的循环往复，是螺旋上升的。低年级养成的习惯，到了中、高年级还要经常重复训练，否则很难巩固。要注意学习习惯培养的反复性，不断地巩固强化，提高学习习惯养成的效果。因此，如果学生已经培养过某些习惯，我们可以选择不同的时间进行循环，每过一段时间就有意识地强化一下。

2. 习惯培养要注重学科相通，形成教育合力。学习习惯有学科差异，但更多的是学科之间的共通性。我建议大家，以班级为单位，针对班级的情况，各科任课教师共同研究，一起制订培养计划，选择培养方法，形成教育合力，系统地培养学生的学习习惯。

3. 习惯培养要注意个体差异，鼓励个性化的学习习惯。学生有个体差异，学生的学习习惯也各不相同，很多个性化的学习习惯对学生的成长有着不可忽视的作用。只要对学生的成长有利，我们就应当鼓励、支持学生养成具有个性化的学习习惯。

4. 习惯养成要特别注重培养自主、创新、独特的学习习惯。我注意到，我们学校研究的学习习惯都是一些基础的学习习惯。良好的学习习惯包括许多方面，除了这些必备的外显行为以外，还要在学习习惯养成的过程中，导向于创新的学习习惯，尤其要尊重和保护学生学习的自主性和创造性，鼓励学生养成自主、探究、创新的学习习惯。

其次，我再谈谈习惯培养的几个原则：

1. 习惯是规训的结果。（1）习惯培养具有长期性，绝非一日之功，必须坚持“反复抓，抓反复”。学生的领悟能力有高有低，技能掌握的速度有快有慢。通过教师的指导，学生形成了一些良好的学习习惯，可是过一段时间可能又会走样，我们必须有足够的耐心和毅力，反复抓，抓反复，一丝不苟，持之以恒。稍有懈怠，便会走样；经常中断，就会前功尽弃。（2）习惯培养要注意科学性。学生的认知发展是有规律可循的。同样，学生的习惯培养也具有一定的规律。这些规律决定了我们在习惯培养中，一定要遵循规律，注重科学性，而不能根据自己的主观愿望办事。习惯培养要讲究科学性，要按照科学的规律，用科学的方法，培养孩子的习惯。（3）学习习惯的培养还应当注重有效性。要用最有效的方法来提高学习习惯培养的效率。

2. 习惯是濡染的结果。学生是在家庭、班级、学校、社会中学习成长的，良好的学习习惯也是家庭、班级、学校、社会濡染的结果，我们要将家庭、班级、学校、社会联合起来，营造出适合学生习惯养成的环境，通过环境的濡染，促进学生习惯的养成。

3. 习惯是引领的结果。学生的习惯培养离不开引领，我们要通过活动引领、评价带动、榜样激励，让学生在引领中明确目标，不断进步，从而养成良好的学习习惯。

最后，我想送大家两句话：

1. 习惯培养重在积极的体验。兴趣是最好的老师，最大的兴趣就是学生在习惯养成中产生快乐的体验。只有让学生不断地体验到学习习惯养成带来的快乐，才会产生习惯培养的动力，才会自发地、积极地投身到习惯养成中去。积极的体验能带动学生以十倍、百倍的精力投入到习惯养成中去，真正起到事半功倍的效果。

2．习惯培养重在不断的坚持。习惯培养是个艰巨的任务，是个长期的过程，我们必须坚持不懈，教师要坚持习惯研究，学生要坚持习惯养成。只有坚持下去，临江小学的“习惯养成”教育才能显现出令人欣喜的效果。

希望大家继续研究、实践，努力构建“养成教育”文化，营造“养成教育”氛围，让孩子们在文化濡染中，形成良好的习惯，促进孩子们全面而具有个性的发展。祝愿临江中心小学的“养成教育”走向更加美好的明天。期待你们的成功！

我心目中的理想课堂

刚才能仁中学的教师就各自心目中理想的课堂，以及教师的角色定位，谈了自己的想法，我很认同。其实，课堂是师生共同的课堂，课堂既不是单纯的教师的课堂，也不是单纯的学生的课堂，它是师生共同围绕教学目标和任务，共同生活和发展的课堂。

我的导师朱永新教授倡导的新教育理想的课堂应该具有三个基本性质：

第一，真实性。课堂是一种生活，课堂也是一种求真的过程，在本质上很多问题它是不能预设的，它只能是生成的，因此，真实性是课堂一个非常重要的特征。

第二，兴奋性。在课堂里没有师生情感的投入，就很难达到理想的状态。课上得好不好，很大程度上就是看师生有没有快乐的情感体验，有没有成长的理智感、愉悦感，有没有智慧的发现和领悟，所以说兴奋是很重要的。

第三，有效性。课堂的学科特点和其他的一些问题都是和有效性紧密地联系在一起的，包括知识与能力、过程与方法、情感态度与价值观三个方面都要进行有效的分析。

由此，朱永新教授提出了新教育理想课堂的"六度"问题，我试图结合这"六度"来谈一谈教师的角色定位。

一是参与度。理想的课堂，是全员参与的课堂，教师的角色定位要由控制者、灌输者转变为组织者、指导者。

参与度是学生自主学习能动性的体现，是学生在课堂里思维活跃程度的写照，是学生主动学习的真情流露。学生在教学过程中能做到全员参与，而不是个别尖子学生的参与，全程参与而不是暂时片刻的参与，有效参与而不是形式主义的参与。课堂教学不能是教师的表演，不能是事先预设程序的再现，更不能是教师始终控制着的“满堂灌”。学生的参与是激发其思维的基本前提。在学生全程参与的课堂中，教师更是一个教学过程的组织者，学生学习的指导者、帮助者。

二是亲和度。理想的课堂，是和谐互动的课堂，教师的角色定位要由简单传授者、表演者转变为合作者、赏识者。

亲和度是教师在课堂中善于从情感因素与非情感因素入手，与学生从多角度、多渠道建立良好的、融洽的亲近感情，使学生首先愿意接受教师，其次才能“亲其师，信其道”。课堂上，师生之间要有愉快的情感沟通与智慧交流，这就要求教师拥有理解尊重的心、宽容宽厚的爱。课堂上可能是愉悦、欢乐和合作的，也可能是紧张、沉默和不愉快的，“情不通则理不得”，良好的合作是课堂成功的基础。课堂，是在教师与学生、学生与学生的互动中完成的，人际关系是课堂中的重要因素。就师生而言，是合作的而非对立的，就同学关系而言，是切磋的而非竞争的。他们相互之间合作与交流不仅需要尊重，还需要相互激励、相互赏识。

三是自由度。理想的课堂，是民主开放的课堂，教师的角色定位由知识垄断者、话语霸权者转变为自主建构者、智能促进者。

自由度是师生互动共同营造的一个民主、和谐的氛围，教师能够用激情点燃学生，同时也被学生的激情、热情、强烈的参与欲望感染，更加自主、自由地发挥，使课堂在一种民主、和睦、融洽、自由的状态下达到最佳教学效果。传统的课堂如战场，强调的是严明纪律、正襟危坐，学生如履薄冰、战战兢兢，少了一些轻松，少了几分幽默，少了一些欢声笑语，少了几许神采飞扬。尤其是要求学生齐声回答，不允许交头接耳、与师争辩，这是违背自由原则的。理想的课堂是生活化的课堂，没有生活味的课堂是死板的课堂，生活化应该凸显人的地位、展现人的生命价值。理想的课堂还是民主开放的课堂，课堂充满着自由、轻松的氛围，这时，教师不是知识垄断者，不是话语霸权者，而是课堂现场的自主建构者，是学生获取知识和智慧的促进者。

四是整合度。理想的课堂，是综合活动的课堂，教师的角色定位要由课程的使用者、执行者转变为课程的研发者、探究者。

整合度就是教师要对文本、学生、教学手段纯熟驾驭的程度。课堂切忌过度的“分析主义”，把完整的知识搞得支离破碎，如语文教师把字、词从具体的语言环境中分割出来，学生得到的只是被肢解的知识，而不是真正的整合知识的智慧。我们应该组织教师深入地研读教材，解读教材，用怎样的理念，怎样的思想，怎样的眼光来解读教材，发现教材的精髓、精华，选择适合学生学习、适合学生发展的教学内容，设计适合学生需要的学习形式和方式。现代课堂更需要教师做课程的研发者和探究者，而非简单的使用者和执行者，教师要善于对国家课程进行二度开发，利用地方和校本资源研发校本课程，这是我们特别需要关注和培养的能力，也是新课程背景下，教师角色转变的一个重点研修的项目。

五是练习度。理想的课堂，是自主学习的课堂。教师的角色定位要由机械的使用者、模仿者转变为设计者、指导者。

练习度是学生运用知识解决问题的过程，是学生有效地、有机地将知识融会贯通的过程，是学生进入知识海洋并自由畅游的过程。理想的课堂不在于它的有条不紊，不在于它的流畅顺达，而在于它是否真正地让孩子练习和实践，让学生在课堂上动脑、动手、动口，通过观察、模仿、体验，在互动中学习，在活动中学习。理想的课堂，是学生自主学习的课堂，我们主张一般的课堂，学生自主学习与练习的时间不能少于二分之一或者更多一些。对于自主学习和练习的内容，现在的教辅资料可以说是铺天盖地，眼花缭乱，教师千万不能简单地拿来就用，学生的学习负担已经够重了，所以，教师要善于收集、梳理、加工，精心设计每一道练习题，让学生练出效果，练出水平。

六是延展度。理想的课堂，是留下足够空间的课堂。教师的角色定位要由知识传承者、输出者转变为学习自省者、智慧生成者。

延展度是师生在时空与容量上的互为拓展，是知识流动发展的渠道。课堂的延展，不仅包括在课堂上拓展学生的思维，进行延伸练习，如通过课堂培养学生多方探究、质疑的思维；还包括课外的多种形式的学习、活动，如资料的收集是师生双边进行的，绝不能教师不动，仅学生开展，那样反馈时教师被动，学生无趣，师生互动才是最好的延伸。理想的课堂，能够在知识整合的基础上向广度与深度延展，从课堂教学向社会生活延伸，为学生的进一步探究留下空间。只有紧紧地把教材的问题进行深入地解读，把握了实质之后，教师在课堂上才能游刃有余，有一种自由度，才能发挥自己在教学中的一些强项。所以，教师要善于学习、善于反思。学习教育新理论、现代科技知识、现代教育技术等，反思自己的教育教学行为，使自己的课堂成为智慧不断生成的课堂。

当今，教育改革的核心是由教育的“物化”转向“人化”，大力倡导“人本教育”。“人本教育”的真谛是“开发人”，这便需要课堂教学过程成为教师带领学生主动认知、探究问题的过程，教师要做一个激励学生思考的人，为学生提供帮助的人，同学生平等交换意见的人，帮助学生发现问题而不提供现成结论的人，点燃学生智慧火花的人。因此，教师在课堂中要做到“目中有人”“心中有本”“充满激情”“富有智慧”，把课堂演绎成体现以人为本，重视人格教育，重视全面发展，重视个性特长，重视潜能开发的理想场所。

追寻智慧管理的新境界

校长要做“我行我素”的教育家

校长是学校的灵魂。从某种意义上说，有什么样的校长，就会有什么样的学校。对一所学校来说，校长能走多远，往往学校就能走多远。王斌泰厅长曾提出：“校长要敢于我行我素。”这一主张是对当前校长如何管理学校提出的新思路、新理念。我对“我行我素”的理解是校长要在应有的权力之内，在不违背法律法规的前提下，遵循学生的身心发展规律，要敢于和善于摆脱各种干扰因素，对教育不断地进行创新，想好的事，只要是对的，不要患得患失，要一干到底。

“我行我素”是自由的，但不是天马行空，独来独往。校长是学校的法人代表，因此，校长首先要有“法”的观念，做依法治校的能人，要切实落实好教育的法律法规，坚决执行好国家的课程计划，使我们的学校教育在正确的、规范的轨道上运行。当然，做守法的校长，绝不是简单地、机械地照搬，而是要灵活地运用。同样是执行课程计划，我在东洲小学当校长时，发现不同学科间内容重叠、交叉，耗时多，效率低。鉴于这种情况，我们早在2000年就开展了基于现代生活的综合实践活动课程研究，在操作过程中，打破既有的学科结构，用主题大单元的方式，整合多种课程内容。既保证了国家课程计划中“基础学科、基本内容”的系统教学，又体现了课程管理中的灵活性、开放性和可创造性。这样做，既不违反课程计划，相反，大大提高了执行效果，使课程计划真正全面落到实处。

“我行我素”是“畅通”的，但不是毫无轨迹，背离规律。校长要成为一名“我行我素”的教育家，最关键的是要潜心研究学生的身心发展规律，研究教育的创新策略，从而让每个学生获得全面而富有个性的发展。有的校长为了提高教育教学质量，让教师加班加点，让学生早到迟睡，以牺牲学生的身心健康为代价，这样，只会得不偿失。我在抓教育质量时，从教育科研着手，通过开展“开放性课堂教学模式”研究，把40分钟改成35分钟一堂课，要求教师通过改革课堂教学结构、方式等，全面提高课堂教学效率，每周多余的课时，开辟综合性课程，促进学生实现多样化的发展。同时，每天上下午各有20分钟的大课间活动，让学生学得轻松、玩得开心，做到劳逸结合。我还对学生评价进行了大胆的改革，成功地启用了“ABC考试制”“学生成长档案袋”等评价方法，促进学生素质的全面提升。

“我行我素”是一种管理思维，不仅要“敢于”，更要“善于”。要善于从传统的应试教育管理转向以“创新”为核心的素质教育管理；从主要运用行政手段的管理转向主要运用民主与法治手段的管理；从自我封闭的学校管理转向以“三个面向”为指导的开放管理；从做接受、传声型的管理者转向做创新、智慧型的管理者。现在的学校，受到方方面面的干扰特别多，多头指挥的现象比较普遍，许多校长疲于应付，长此以往，就失去了“自我”。因此，作为一名校长，要敢于并善于“我行我素”，在管理、教育、教学上敢于探索，善于改革，有所创新，有所作为，并且，不断学习、总结、反思，只有这样，才有可能成为同行中的佼佼者，向教育家靠近。

教师是学校发展的第一资本

教师是校长办好学校的关键。在校长管理学校的所有要素中，教师管理是第一要素。“以人为本”的教育观，在管理上首先应该体现在对教师的管理。要确立“以师为本”管理思想，充分尊重、关心、理解、信任每一位教师。教师是学校的第一资本，是学校最丰富、最有潜力、最有生命力的资源。这应该成为学校管理的思想根基。

我倡导的教师观是：我们唯有拥有最好的教师才能办出最好的学校。最好的教师从最困难的学生身上也能发现最美好的希望。教师是知识层次比较高、自律性比较强的一个特殊群体。因此，多年来，我们一直在追求一种“智慧”管理的境界。“智慧”管理，就是倡导“以师为本”，把教师作为学校发展的第一资本，尊重、关心、信任每一位教师，以“实绩”为导向，激活内需，自主发展，帮助每一位教师挖掘自己的创新潜能，给予充分的“自由度”，发展每一位教师的创新个性。这是现代意义上的“脑”的管理，是管理的智慧，是智慧的管理，是对教师人生价值的管理，是管理的崇高境界。当然，“智慧”管理是在制度管理、目标管理、情感管理等常规管理模式基础上的一种新的超越，一种升华，并且有时还必须与常规管理紧密融合的一种管理模式。

一、尊重：让规范与自由沟通

教师首先是人。他们需要在人格上得到绝对的尊重。有的学校校长喜欢“推门听课”，表面看上去是一种很有力的管理措施，但从深层想，这种行为就是抱着一种不信任教师的管理态度来监督和检查的，其实是对教师的一种不尊重的表现。我们的共同目标不都是为了提高课堂教学效率和质量吗？反思我们的学校管理制度，有多少内容隐含着对教师的不信任、不尊重呢？这对教师的心理又会产生多大的影响呢？这几年，我们学校所有管理制度的出台和修订，都是由学校行政人员和教师共同参与，并在教代会上让教师充分审议以后，再来共同遵守。这样，制度、规范就会转化为教师的自觉行为。人的自由精神只有在自愿、自觉的心理基础上才能充分伸展。校长只有在充分尊重教师的基础上，才能使规范与自由和谐沟通、巧妙融合。

其次，教师是有个性的师者。作为“一校之魂”的校长，要具有智慧识才的本领，准确把握整个教师群体的优势和不足，特别要正确认识和研究每一位教师的长处和不足，扬其长，避其短。事实上，从管理的角度，一所学校的高效运转，在各个层面上都必须有“能人贤士”，但能人绝对不是样样都行。校长管理教师的最佳境界是能够把每一位教师都安排到最适合的岗位上，并且提供可以充分展示他们个性的广阔舞台，让他们人人拥有实现自己人生价值的理想感受。只有这样才可能促进教师个性的自由发展，使学校发展处于最佳发展状态。

一个好校长应该能让每一个教师都有成功的体验，有一套行之有效的、能够提高教师素质的激励机制，有一系列激励性的目标、制度，更有多元的激励性评价和奖励策略，让教师的人生价值始终处于追求与实现的状态中。

二、关心：让理解与发展融合

毫不夸张地说，当前的教师已被应试教育、素质教育还有课程改革这“三座大山”压得喘不过气来了，许多教师的身体已经处于亚健康状态，精神上承受着来自社会、家长、校长、教育行政等各方面的压力。大家一方面希望素质教育、课程改革能减轻学生过重的负担，另一方面，又希望学生的考试成绩节节攀升。这种理想的状态似乎在现实中很难找到。所以教师真是左右为难。作为校长，要非常清楚地认清这一事实，并认真地研究解决问题的办法。特别是首先要把教师从中解放出来，在宽松、愉悦的工作环境中，发挥教师在克服遇到的各种困难的聪明才智。从今年开始，我们学校全面启动了新生活教育行动计划，我们从让教师获得新的生存状态入手，装潢了专门的喝茶聊天室，上下午各设置 20 分钟的大课间活动，除部分值班老师外，大家都到喝茶聊天室来坐一坐，喝口茶，放松一下心情。另外，学校还组织了教师羽毛球和乒乓球俱乐部，体育馆每天早晨、傍晚和晚上都对教师开放，每天都有比赛，让教师养成锻炼的习惯，追求健康的生活方式。其实，教师的精神状态直接会影响到学生，我们深信，只有充满朝气的教师群体，才能培养出积极奋进的优秀学生。

如果我们不从理解的角度来看待教师的生存状态，反而层层加码，最后紧绷的弦是一定会断的。当然，校长更需要关心教师的专业发展，把精神上的关心和专业上的发展结合起来，才是最理想的方式。我们为教师配备电脑，建立网上的两院、两中心（教学设计院、课程与教学研究院、课程资源中心、教师发展中心），让教师经常接受新信息，并且课程资源可以共享，还可以把自己的教育教学研究成果及时上传，互相交流学习。同时，关注教师的终身学习，为教师出国培训、函授学习、外出听课都提供了特殊的支持政策，以满足教师学习知识、专业发展的需要。我们的教师发展中心还开设了烹饪、插花、装潢等课程，培养教师具有更丰富的人文素养，拓展了教师的专业视野。在每一所学校，大多数教师是有理想、有追求的，都有着渴望更快更好地发展自己的强烈愿望。校长应尽最大努力满足教师这方面的需要。这是让教师获得可持续发展能力的关键所在。

三、信任：让智慧与创新共舞

一所学校在教师中建立怎样的导向机制，对整个学校的发展有着至关重要的影响。我们要相信，每位教师都是渴望发展的，教师的创新潜能是无限的，关键是找到这把能开启潜能的金钥匙。要培养学生的创新能力，首先需要有创新型的教师。培养创新型教师群体，必须解放思想、大胆改革，用全新的管理理念和方法管理好教师队伍。

在多年的理论学习和实践探索中，我们探索了“智慧”管理的模式。把培养具有创新精神和创新能力的教师群体作为首要目标，这是培养具有同样创新精神和创新能力的学生的前提。创造需要有相对宽松的环境。强行的制度管理，只会扼杀人的创造性。丰富的情感管理，只能赢得短暂的感情支持。唯有展示潜能的“智慧”管理，才是不竭的动力。“智慧”管理重要的一条原则就是充分信任教师，给予教师充分的“自由度”，让每一位教师在教育教学中充分展示和发展自己的创新个性。当然，这里的“自由”绝不是指平时说的自由放任，而是创造条件，给教师以自主发展、获得创新灵感的时间和空间。以课程改革为例，我们让教师拥有充分的课程开发权利，组成合作团队，进行校本课程开发。在这个过程中，各个专题组有充分的自由，他们边学习，边思考，边实验，边总结，不断创新，不断试验，最后形成富有个性的课程设计，并在实施中取得了显著的效果，甚至在人民教育出版社正式出版了综合实践活动指导用书《今日生活》。教师的创新智慧得到了充分的展示。

这一切都来自对教师的信任。我们深信每位教师都是要求上进的、都是有着创新潜能的。我们需要建立起能激发这种创新智慧的信任机制、导向机制和行动机制。

“智慧”管理就是要发现教师的价值，引导教师的价值追求，使教师的自我价值获得创造性的实现，从而建成“创新”型的教师群体，使学校获得发展的不竭动力。

校长的成长

一个好校长等于一所好学校。一次，我在为浙江绍兴越城区教育局组织的校长培训班上作专题报告，解读了海门学校发展的三重境界：第一重境界为规范办学，主要是建立制度与秩序；第二重境界为特色发展，重点强化科学与人文管理；第三重境界为文化立校，让学校拥有灵魂。我的建议是：1. 建立学校“基本法”：愿景、使命、价值观；2. 建构学校新的教育生活：制度、行为、仪式、节日和庆典；3. 树立学校的英雄和榜样：叙事与故事，建筑与环境。

我们在做各类校长培训时，也把海门教育的经验无私地奉献了出来与大家分享，赢得了他们的称赞。我想，校长应该明白，一是教育的真谛是促进人的全面而富有个性的发展，应试教育的问题在于片面发展、畸形发展，海门教育人已清醒地认识到这一点，正努力追求全面发展的教育；二是教育管理的灵魂是创新，创新需要梦想，创新需要激情，创新需要实干，学校管理的最高境界是智慧管理，智慧管理其实是不断创新的结果，如果我们一直让教师重复昨天的故事，学生重复昨天的生活，就永远达不到智慧管理的境界。校长的使命是让师生过一种幸福完整的生活，学校是师生共同的精神家园，我们应努力让师生诗意地栖居在美丽的校园里，期待海门与徐州的校长都能把理想化为行动，只有行动，才有收获，同时，用坚持创造教育生活的奇迹。

所以海门新教育在推进工作中，一直把“校长俱乐部”建设作为日常工作，常抓不懈。每一次都确定主题，进行深入研讨。一次我们确定的主题是“变革”，分为：变革——改造教育生活的必然选择：变革自我——改造我们的教育思想；变革学校——向着理想学校的方向；变革课堂——让活力与智慧共生；变革教师成长方式——促进教师自我蜕变；变革评价——促进学生全面而富有个性的成长；变革教育科研范式——扎根田野。

我一直建议校长还是要重视价值的引领，要用先进的理念来统领学校各项工作。同时，要强化教育主题的统整，拓展、丰富、深化各种实验项目，并与专题教育、综合实践活动进行整合。还要注重反思提炼，既要做坚实的行动者，更要做实践型反思家。在工作中需要进一步处理好以下几对关系：日常与庆典；坚守与创新；反思与成长；品质与品牌；全面与个性；价值认同与生命自觉。这几对词之间不是相对立的，而是相互联系、相互促进的，只有在教育过程中有机地处理好这些关系，才能使教育生活充满活力。

当然，在日常工作中，除了激励学习，也得明确制定相关制度。我们召开校长会议，再次强调端正办学思想、规范办学行为，就学生到校时间以及规范考试行为下了狠招，小学除期末考试外，一律取消试卷形态的课堂练习，初中除期中、期末考试外，课堂上的单元练习也要由校长室把好数量与质量关。要求高度重视学生心理问题，关注单亲家庭、重组家庭、留守儿童、外来务工子女等特殊群体，抓好师德师风建设，希望校长、教师确立全面的质量观和正确的成才观，把精力集中在提高课堂教学质量上来，集中到为学生创造丰富多彩的教育生活中来。

只有校长成长了，才会有学校的提升。一旦通过校长的努力，我们的学生（教师）喜欢学校，喜欢教师（学生），喜欢学习（教学），喜欢校园生活，我们就能够真正过上一种幸福完整的教育生活。

学校也需要自我超越

义务教育学段，需要以“变革”为核心，加强即时性“反思”，促进“变革”得到及时的调整与完善；以“心灵”为阵地，以形成学生完善人格为基本目标，全面、系统地构建学生思想道德建设体系；以“教室”为阵地，继续深度推进学校文化建设，组织乡镇学校文化展示活动以及专题研讨活动；以“课堂”为阵地，深度推动活力课堂、智慧课堂建设，使学程导航思想落地生根，推动反思性教学策略研究；以“课程”为阵地，深入开展儿童晨诵课程、名著阅读课程、主题文化课程、主题实践活动课程、节日课程、仪式课程、每月一事课程等的研发与实施；以“社团”为阵地，全面推动学校活动课程建设，促进学生多元化、个性化发展；以“研修”为阵地，系统推进教师专业发展，以教师职业操守为底线，以专业追求与学生发展为目标，以职业幸福感为最高理想。

在义务教育的小学阶段，我尤其对海门新教育人充满信任、充满期待，也充满信心，大多数校长都是有理想、有追求、有行动、有坚持的。2012 年 10 月 14 日，在小学校长素质教育质量百分考核表彰会暨教学质量分析会上，我就今后小学教育的改革与发展提出了自己的想法，希望小学教育从前几年的特色发展，到现在的文化建设，再向品质提升努力。

一、深入研究海门小学素质教育质量的全面提升

通过新教育实验项目的品质追求，让每一个孩子的生命质量得到提升，孩子的生命叙事成为学校文化的独特风景。探索素质教育考核机制的创新，取消一、二年级统一考试，开展个性化测试研究，推动海门学生素质全面而富有个性的发展。

二、全面追求过一种幸福完整的教育生活

全面丰富学生的生活样态，推动乡村少年宫建设，双休日大力推动运动、艺术、科技社团活动。以绩效奖励为引领，提升教师的职业认同与自我认同，绩效奖励突出鼓励奉献、奖励优秀、激励先进，以评价推进教师的行为自觉。执行“五严”规定是底线，追求幸福完整是最高境界。

三、从人性的高度不断丰富学校的发展内涵

研究如何走出特色发展的困境与出路，为每一个学生的个性发展提供适合的教育。继续推进学校文化建设，让文化“活”在每个师生每天的生活里，让“完美教室”成为常态，让每一节课凸显丰富的质量内涵，从学程导航的基本框架走向知识、生活与生命深刻共鸣的自由创造境界，基本框架不是最终标准，它只是起点，终点是学生的成长，生命质量的提升。关照生命，从人性的高度，让每一个教师和学生成长为最好的自己。

新教育是草根行动，关键在于教师的文化自觉，并在自觉的行动与坚持中找到心中的乐趣、教育的意义、人生的价值，从而不断实现自我，超越自我。只有不断超越自我，一个人才能实现卓越。一所学校，也是如此。

聚焦人的现代化　创造适合人的教育

教育是培养人的社会活动，其活动的主体是人，教育现代化的起点和归宿应该是人的现代化。近年来，海门教育局紧紧围绕“建设人民满意、师生幸福的现代化教育名市”总目标，坚持以改革创新为动力，以机制创新为突破，积极探索“适合人的发展”的教育发展新路径，不断追求师生教育生活的幸福完整。

一、以更先进的治理水平为人的现代化奠基

治理能力和水平现代化是教育现代化的基础。创新幼儿教育共同体机制。成立了5个幼教共同体，整体推进幼教共同体文化建设、品牌创建、管理创新，做到城乡联动、资源共享、共同发展。不断扩大公办幼儿园比例，全市公办园及普惠园占比达90.57%。创新义务教育集团管理机制。组建了12个义务教育管理集团，将城乡所有义务教育学校全部纳入集团管理，实现了优质资源全覆盖。落实教育管理集团在办学模式、育人方式、资源配置、人事管理等方面的自主权，提升集团运行活力。建立健全了义务教育管理集团章程，逐步建立起以集团理事会为最高决策机构，监事会为监督机构的新型法人治理结构模式。创新高中校际联盟机制。在学科联盟的基础上向校际联盟深度迈进，开展管理互通、研训联动、项目合作、质量同进等活动，实现理念、资源、方法、成果的共享。创新职教校企联盟机制。推行“现代学徒制”改革，创新“引企入校”“行业协会入驻”等多种校企合作形式，深度推进校企联盟发展，目前学校校企合作单位已达130余家。

二、以更均衡的师资队伍为人的现代化铺路

均衡、优质的教师队伍是推动人的现代化的关键。健全城乡教师交流机制。科学制定区域教师流动制度，加强并完善了校长轮岗交流、市区骨干教师到农村

挂职支教和农村教师到市区学校“顶岗”学习等制度，集团总校为流动教师设定工作目标，通过“底线要求 + 任务驱动”对交流教师进行目标考核，使教师逐步由“学校人”向“集团人”转变。近四年共交流校长、教师 1797 人，其中 2016 年交流校长、骨干教师 720 余人。以平台聚力、项目攻坚为手段，出台了“校长领导力提升计划”“乡村教师种子计划”“骨干教师乡村公益助教行计划”等 13 个专项行动计划，推动“乡村教师支持计划”落地生根，助力乡村教师专业成长。积极推动“县管校聘”管理体制改革，开展“岗位集中调控、集中管理”改革试点，由按校设岗到按学段设岗，在学段设岗的基础上统筹教师职称评定、岗位聘用，推动“学校人”向“系统人”转变迈出了突破性的一步。

三、以更丰富的教育生活为人的现代化点火

身心健美是面向未来的人必不可少的核心素养，是“人”的现代化的基础。围绕学生核心素养和习惯养成教育实际，抓住不同学段学生行为习惯养成教育的侧重点，积极研发习惯养成课程。围绕“每月一事”“日行一善、月习一德”“八礼四仪”等主题活动，把习惯养成教育与社会主义核心价值观、优秀传统文化等有机融合，形成立德树人的强大合力。大力实施“素质教育提升工程”和“学生体质健康促进工程”，开展“作业革命”“阳光体育百分百”等活动，深化实施体艺科技“1 + X”项目，形成了“集团有联赛、校校有俱乐部、班班有球队、人人有项目、周周有比赛、天天有运动”的校园运动机制。建立了学生体质健康素质与视力状况季度测试和结果公示制度，有力促进了学生整体体质与健康水平的提升。珂缔缘足球俱乐部获得了一个个全国 U 系列青少年足球比赛冠军，为海门开发区成功申报江苏省首批特色小镇立下头功。各集团通过集团艺术节等形式，充分利用各种艺术资源，组织学生开展校外艺术实践活动，全面提升学生的艺术修养和审美情趣。

四、以更优的办学品质为人的现代化打底

更优的办学品质是实现人的现代化的底色。通过区域整体推进新教育实验，全面实施新教育十大行动，着力推进书香校园、新公民行动、特色学校、学校文化和学生个性发展等五大新教育项目，不断提升学校办学品质。各集团遵循教育规律，把推动集团发展与努力办好每一所学校相结合，注重学校特色文化的培植和发展，不断厚植各成员校的文化根基。实施“普通高中优质特色发展计划”，

深化课程基地建设，变革教育教学生态，打造质量、内涵、文化、特色、信誉相结合的高品质高中。加快推动中小学品质化学校建设，大力实施“农村小学特色文化品质提升计划”和“农村初中质量提升计划”，帮助各校架构具有自己办学特色的学校文化体系。以新教育实验“卓越课程”和“理想课堂”建设为抓手，深度推动课程研发与课堂变革，深入探索“选课走班”，让学生拥有一张“私人订制”的课表等模式。深入推动“卓越课程三年行动计划”，积极构建新教育卓越课程体系，研发推广了以“五大精品地方课程”“百部影视、百首名曲、百幅名画、百个儿童剧”为代表的一批独具特色的、高品位的课程成果。近三年，新教育培训中心就为全国各地举办各类新教育实验培训5万多人次。海门教育在省内外的影响力与美誉度得到全面提升，海门已经成为对外开放的靓丽名片。

教育不是要高大上，最重要的是要“匹配”，也就是适合。对海门这样的农村人口占绝大多数的县级市而言，踏踏实实、稳步前行，开拓创新，办适合学生的教育，让每个孩子都能成为有用之才，这才是实现人的现代化，办好人民满意的教育的题中应有之义。

理想学校从特色项目与特色学科开始

构筑理想学校就是要建设有特色、有文化、高品质的学校。朱永新教授认为，理想的学校需要有一位富有人格魅力、有远大理想的校长；有一支创新型的、有活力的教师队伍；有一批善于探索、具有良好习惯的学生；有一个面向所有学生的校本课程体系；有一个永远对学生开放的图书馆和计算机房。

新教育认为，一种成熟的学校文化，总是有一个明确的理念统摄着学校生活的一切领域。这个明确的理念就像一轮太阳，照射到学校生活的每一个角落，无论是学校管理、班级文化、教研风气，还是各种活动，总是这个灵魂的体现，是朝向这个灵魂的一种努力。所以，对于海门的学校来说，首先要对学校使命、愿景、价值观等问题有一种明晰的意识，然后使学校共同体和其中每一个个体的生命都处于舒展的状态，趋向明亮与辉煌，朝着文化自觉的方向努力。

2011 年，海门理想学校建设首先将从常规管理的文化自觉抓起，重点抓教师的集体备课文化、校本教研文化和班级文化等，促进教师在教育教学工作中自觉变革、不断创新，通过改变自己的行走方式，来改变学生的生存状态。其次是推动学校建立与丰富自己的节日文化，使学校的办学理念转化为行动，使行动积淀为传统，让节日文化使学生的生活充满乐趣，在学生心中留下美丽的痕迹。再次是不断丰富特色文化，积累与创造学校的文化，使学校同时成为一个历史博物馆，一个珍品收藏所，成为美好事物的集散地，成为传奇故事曾经发生过的地点，使学校充满历史的厚度、文化的厚度，以及活生生的生活气息。

教育局将通过校长俱乐部与新教育研究会进行专题研讨，系统研究如何让学校真正拥有灵魂，并通过学校文化展示研讨活动，推动理想学校建设，培育与打造更多的省内外有影响力的知名学校。让每一所学校都努力形成自己的特色，为学生全面而具个性的发展提供理想的可能的教育生活。

从2006年起，我们启动了农村义务教育学校“达标创特”工程，提出五年内所有乡镇中小学必须达“江苏省实验小学”和“江苏省示范初中”的办学标准，创建有特色的学校。特色教育评估注重以下几个重要标准：

一是明确特色教育的本质内涵。对于一所学校来说，特色教育是学校在长期的办学实践中所形成的个性风貌和独特的教育风格，它包括培养目标、课程设置与内容、教学方法、管理风格、校园文化、教育教学组织运作形式等。特色教育一旦形成，就会表现出它的独特性、校本性、优质性和发展性等基本特征。

二是正确把握特色教育的关键要素，即要有独特的办学思想，要有独具特色的教师群体，要开发体现特色的校本课程，要形成突出的相对稳定的统领全局的特色项目，要形成独特的学校文化。

五年来，海门市在新教育理念的引领下，在一个县（市）的区域范围内，推动特色教育的形成与发展，逐步探索出一条以项目特色或学科特色为基点，以打造学校文化和核心理念为最终目标的特色教育发展之路。

一、特色教育的基点

（一）选择高水平的特色项目。

特色项目是学校在办学过程中在合理利用本校教师优势和潜能基础上形成的若干单项性特色，在同类学校中有明显的优势。选择一个理想的特色项目既是特色教育的表征，也是特色教育形成的基础。因此，创建特色教育，特色项目的选定十分重要，它既决定学校教育的发展方向与学生的发展方向，也决定学校最后能否形成特色。

我们在农村学校推动特色教育时，注重帮助学校仔细分析学校的传统文化、教师资源和社区资源等，以便找到一个合适的项目，把它作为发展特色教育的突破口。我们在选择的过程中遵循以下几个原则：

1. “源于”且“高于”学校已有的传统特色项目，让绝大多数学生终身受益。

学校特色项目的选定必须考虑能让绝大多数学生参与，那种只有少数学生介入的学校特色项目，层次再高，也只能培养部分特长学生，难以让大多数学生从中受益。我们努力培育面向全体学生的特色项目，不但有人人参与的特色课时

（从地方课时中安排的用于特色教育活动课时），还研发了相关的校本课程。特色项目所要培养的是能让学生终身受益的基本素质。

例如：六匡小学早在1989年就是省级体育传统项目（乒乓）特色学校，在“达标创特”过程中，他们把“乒乓项目”提升为“乒乓文化”，不仅以中国的乒乓发展史和乒乓技巧为主要内容开发了校本课程，把著名乒乓球运动员的故事收集起来，设计了可爱的“乒乒”“乓乓”学校吉祥物，而且组建起班级乒乓球俱乐部，以学生崇拜的乒乓运动员的名字作为俱乐部的名称，有自己的口号、旗帜、活动方案、辅导老师等，更重要的是，他们提炼出了“爱拼才会赢”的学校精神，将其作为学校文化的灵魂，统摄学校的工作，使学校呈现出朝气蓬勃的积极样态。

同样，悦来小学的“排球文化”、瑞祥小学的“围棋文化”、国强小学的“书法教育”、天补初中的“戏剧教育”、海师附小的“童话教育”等，都是源于学校的传统项目。他们的特色项目在县内外、市内外乃至省内外已小有名气，在“创特”过程中更加注重提炼内涵，使之成为体现学校办学方向、彰显师生气质、具有旺盛生命力的学校文化。

2．深刻挖掘和利用本校的独特资源。

特色项目的确定必须从本校实际出发，发扬本校优良传统，充分考虑本校教师的专长和愿望，深刻挖掘和利用独特的社区资源。

例如：常乐初中和常乐小学都是由清末状元张謇一手创办的百年老校。两所学校积极弘扬张謇先生“强毅力行”的学校精神，着力打造“学謇弘謇”特色。在实施综合实践活动过程中，学校根据学生年龄特点，整合了综合实践活动的四大板块，把信息技术与“知謇”“学謇”“弘謇”的主题综合实践活动结合起来，开发了系统的、完整的、富有学校特色的综合实践活动信息技术课程。

另外，三和初中、小学的“社区教育”，源于三和发达的经济、淳朴的民风和独特的人文资源，形成了以“社区·人文”“社区·产业”“社区·责任”为三条主线的社区教育课程体系。三星初中、小学的“绣品文化”，依托闻名国内外的叠石桥绣品城的优势资源；四甲初中、小学的“军校教育”，借助了南京军区驻海某部坐落在四甲镇的有利条件；余东初中、小学的“凤城文化”，乃因位于历史古镇凤城而起步；东灶港初中、小学的“海港文化”，凭借了濒临黄海的得天独厚的地理优势……丰富的社区人文、历史、地理资源为学校提供了丰富的校本研究资源，为学校特色文化建设提供了有利条件。各学校开发了大量的研究项目，形成“课程超市”，可供学生有选择性地学习。

3. 所选项目具备上升为学校整体特色的精神特质。

选择一个能统领学校全局的特色项目是非常重要的。这个项目要能体现多门学科、多种能力的融合，要具备上升为学校整体特色的基本要素，而其中最重要的要素就是从“特色项目”中能提炼出个性化的教育思想或是精神特质，把它辐射到学校的整体层面和各个领域。

例如：麒麟小学的德育特色是“责任教育”，该校以知名校友、残奥冠军得主李春花自强不息的感人事迹为资源，把校训确定为“责任”，通过校本化、综合化的系列活动，让“自强不息、锲而不舍、顽强拼搏、认真负责”的“春花精神”深入全校学生的心田，激发广大学生对自己、对环境、对社会的责任意识。这一特色在全市新公民教育领域独树一帜，成为海门小学德育的一大亮点。

另外，三阳初中和小学的“感恩教育”源于台商薛氏兄弟为母校捐款造楼的感恩之举；万年小学的“砺志文化”源于社区名人、中国著名创业成功人士戴志康先生的奋斗经历；海门镇中心小学的“展示教育”则源于该校南通市级“十五”课题“小学‘展示教育’的研究”……这些特色文化正在内化为全体师生的共同价值取向和精神追求。而实验小学的“品质教育”、东洲小学的“新生活教育”、通源小学的“新生命教育”、平山小学和王浩小学的“童诗教育”、正余小学的“新父母教育”等都体现了他们在继承学校传统文化基础上的创新。

（二）建设强势的特色学科。

学科建设是学校发展的核心工程。很多学校在考虑特色建设时，不太重视把特色教育与学科建设融为一体。海门市在区域推进特色教育中，特别关注这一问题，取得了比较理想的效果。

例如：结合语文学科建设，我们帮助几所学校培育了生活语文、经典阅读、文学阅读、主题阅读、科学阅读、童化作文等特色；结合英语学科建设，我们帮助几所学校培育了快乐英语、激情英语特色；结合科学学科建设，我们帮助几所学校培育了科技教育、创造教育、绿色教育特色等等。以货隆初中的激情英语为例，他们从李阳疯狂英语中受到启发，提出创建激情英语特色的设想，一方面把激情全面引入英语课堂中，致力于激情英语课堂教学模式的研究；另一方面，建起了激情英语广场，鼓励学生每天到校后在激情广场上用英语自由对话，每月都要举行一场激情英语演讲活动，每年都要举行大型的英语节。在此基础上，他们又把“激情”引入学校的各项教育教学活动中，提出了创建激情教育的特色构想，让“激情”伴随师生的教育生活。

特色学科建设主要依赖于优秀的学科群体，学校通过特色学科建设可以不断放大这一学科群体的优势和影响力，开拓性地丰富学科学习内容，从而在全面提升学科教学质量的同时，培养学生的学习兴趣、个性特长及综合素质。同时，在学科特色建设过程中，我们还特别重视与学科相关的校本课程开发，从而在学科层面上使教育生活更加丰富和完整。

二、特色教育的目标

特色项目和特色学科的建设，最终是为了形成富有特色的学校文化和教育生活。

（一）打造独特的学校文化。

独特的学校文化是特色教育最本质的标志。学校文化建设的核心是让师生拥有共同的价值取向、行为规范与精神面貌。要创建特色教育，必须注重学校文化建设。

我们帮助一些条件比较成熟的学校从学校愿景、使命、核心价值观、办学目标、管理制度、行为方式、节日庆典、活动仪式、文化标识、建筑环境、特色发展等方面进行系统分析、整体规划和设计，使学校成为一部立体的、多彩的、富有个性和吸引力的教科书，让文化成为一种重要的教育力量。

例如：东洲小学倡导的是新生活教育，学校的愿景是“让每一门课程都适合儿童，让每一位教师都能创造奇迹，让每一个学生都能成为爱学习的天使，让每一个教室都有奇迹创造，让每一个角落都有鲜花绽放”等，学校提出了“我们热爱阅读、我们热爱运动、我们热爱艺术、我们热爱实践、我们热爱生命”的新生活教育行动口号，实施了文化语文课程、阶梯阅读课程、智慧数学课程、综合实践课程、生态艺术课程、球类游戏课程六大新生活教育主题性课程，每年都要开展新公民教育行动周、阅读文化周、艺术文化周、体育文化周、科学文化周、英语文化周等系列性的新生活教育文化周活动，从而使新生活教育文化特质不断内化为师生的自觉行动，成为一种持续的、恒久的、无所不在的精神文化。

（二）让师生当下过一种幸福完整的教育生活。

特色教育的目的一方面是为了培养学生全面而富有个性的素质，以适应现代社会多样化发展对人才的需求，另一方面，还要让师生当下的教育生活变得幸福完整。创建特色教育的过程，其实就是重构富有特色的教育生活的过程。生活过程就是儿童的生存与发展过程。只有个性潜能充分发展的教育才是完整的教育，特色教育为实现“过一种幸福完整的教育生活”创造了一种新的教育形态。

平山小学的特色项目源于几位低年级语文教师辅导孩子的童谣作品见报，随后，学校成立了“好玩儿诗社”，聘请著名儿童诗作家圣野担任顾问，每年都举办隆重的校园诗书节。2007 年暑假，在多年实践的基础上，学校编辑出版了童诗校本教材《种太阳》。“好玩儿诗社”还被中国儿童诗网评为“全国十佳诗社”。随着特色内涵的不断丰富与提升，学校提炼出“让师生诗意地栖居，让生命灵动地跳跃”的办学理念，形成了十大诗意教育品牌。2008 年，学校被评为南通市首批特色教育学校。2010 年承办了第三届中国童诗年会，吸引了一大批国内知名的儿童文学作家、诗人和童诗教育专家莅临海门，纷纷寄语学校童诗教育。这对于一所乡镇小学来说，无疑是办学史上最盛大的庆典。

我们在区域范围内通过诊断、指导、推进、评估等手段，从学校的项目特色、学科特色培育到特色文化的建构，使特色教育从外显走向内涵，从局部发展到整体，让城乡学生都能享受到优质的教育，有力地提升了区域教育的均衡化发展水平。通过“达标创特”，海门义务教育学校的整体办学水平提高了，每所学校都有了属于自己的“跑道”，每所学校都有了师生引以为荣的教育名品。走在大街上，你甚至能从某个学生或教师的谈吐中判断他（她）来自哪所学校。各校正在致力于把他们的特色品牌浸透到学校管理、学校教育、学校生活的方方面面，使之成为推动学生发展的强大力量。

让智慧与创新共舞

培养学生的创新能力，需要有创新型的教师。培养创新型教师群体，必须解放思想、大胆改革，用全新的管理理念和方法管理好教师队伍。在多年的理论学习和管理实践中，我们初步探索出“智慧”管理的模式。

所谓“智慧”管理，就是倡导“以人为本”，把教师作为学校的第一资本，尊重、关心、理解、信任每一位教师，以“实绩”为导向，激活内需，自主发展，帮助每一位教师挖掘自己的创新潜能，给予充分的“自由度”，发展每一位教师的创新个性。这是现代意义上的“脑”的管理，是管理的智慧，是智慧的管理，是对教师人生价值的管理，是管理的崇高境界。当然“智慧”管理是在制度管理、目标管理、情感管理等常规管理模式基础上的一种新的超越，一种升华，并且目前还必须与常规管理紧密融合的一种管理模式。

一、以“师”为本，教师是学校的第一资本

教师是校长办好学校的关键。在校长管理学校的所有要素中，教师管理是第一要素。“以人为本”的教育观，在管理上首先应该体现在对教师的管理。要确立以“师”为本的管理思想，充分尊重、关心、理解、信任每一位教师。教师是学校的第一资本，是学校最丰富、最有潜力、最有生命力的资源。这是“智慧”管理的思想根基。作为“一校之魂”的校长，要具有智慧识才的本领，准确把握整个教师群体的优势和不足，特别要正确认识每一位教师的长处与缺点，扬其长，避其短。事实上，从管理的角度，一所学校的高效运转在各个层面上都必须有“能人贤士”，但能人绝对不是样样都行。在实施目标管理时，我们就向教师提出了“能上课”“能撰写教育论文”“能带兴趣小组”三大目标，要求只要有一项“能”，就可评为教坛新秀、骨干教师，但要评为学科带头人甚至作为

特级教师的培养对象，必须达到更高层次的目标。为此，学校又开展了多渠道、立体化的培训活动，通过每月一练、每月一比，苦练内功。几年下来，教师们获得了显著成绩。发展至今，我们越来越觉得，这种练内功从本质上来说是被动的，是外压的，是要我练，不是我要练。因此，我们适时大胆提出“智慧”管理模式，要求教师转变思想，重新认识到：练好“内功”，继续学习，建立终身学习的观念，是自己实现人生价值的需要。于是，练“内功”，不再统一模式，而是采取练“内功”申报制。每位教师根据自己的实际情况，每学期申报一至两项“内功”，自己制订出训练提高的措施以及接受学校考核的办法，并配以继续教育、学历进修的制度要求，全面激活教师的内需，提高教师自我管理的能力，让他们自主创新地发展。

二、以“实绩”为导向，挖掘每一位教师的创新潜能

一所学校在教师中建立怎样的导向机制，对整个学校的发展有着至关重要的影响。教师的创新潜能是无限的，关键是找到这把能开启潜能的金钥匙。我们建立了能激发教师潜能的“实绩”导向机制，形成了全校上下人人讲实绩、事事凭实绩的浓厚氛围。在学校的帮助下，每一位教师自挖潜能，不断创造，快速成长。学校每年均要举办“实绩”讲评会，届时要把每一位教师在一年中的备课笔记、学生作业、试卷及评析、教育札记、文摘笔记、自制电教软件、撰写及发表的论文，还有其他相关的教育科研成果资料全部展示在展览厅里。每次讲评会同时又是一次学习会。我们要求每位教师必须认真学习别人的成功经验，还要进行学习心得交流。最后评出全年的“智慧”奖。这个“智慧”奖的设定，就是鼓励教师在教育教学过程中要大胆改革，努力创新。我们在“实绩”讲评中，讲的就是创新，评的就是创新。当然，衡量的标准最终要看的是能不能培养具有创新意识和能力的学生，是不是让学生获得了生动活泼的创造性的发展。同时引进激励机制，进行目标激励、成果激励，把每一次外出参加进修、听课、研讨等学习活动均与激励直接挂钩，谁在哪个领域、哪个层面上有所创造，相关的学习研讨活动就由谁参加，让他到更高、更广阔的地方交流学习，以此，找到新的灵感，找到与别人的差距，找到新的奋斗目标，找到挖掘潜能的新动力。大胆任用，任人唯贤。学校能“任”的行政职位是很有限的，受许多综合因素的影响。但校长能“用”的管理职位却是很多的。这是校长用人智慧的最好体现，也是发挥教师智慧的有效办法。在我们学校有军训部的主任、副主任，还有活动部主任、图书馆馆长等。他们每年年初必须交一份以“创新”为主题的工作计划，年终一样进入“智慧”奖的评比。这几年的管理实践证明，他们年年有新思路，经常有新方法，真是很好地发挥了教师的巨大潜能。

三、给予“自由”，发挥每一位教师的创新个性

中国传统的教育比较偏重于大一统的思想，讲究的是规范和统一，不给教师和学生太多的自由发展空间，这已远远不能适应现代社会发展的要求。因此，我们在构建“智慧”管理模式的过程中，把培养具有创新精神和创新能力的教师群体作为首要目标，这是培养具有同样创新精神和创新能力的学生的前提。创造需要有相对宽松的环境。强行的制度管理，只会扼杀人的创造性。丰富的情感管理，只能赢得短暂的感情支持。唯有展示潜能的“智慧”管理，才是不竭的动力。“智慧”管理重要的一条原则是给予充分的“自由度”，让每一位教师在教育教学中充分展示和发展自己的创新个性。当然，这里的“自由”绝不是指平时说的自由放任，而是创造条件，给教师创设自主发展、获得创新灵感的时空。以我们最近正在进行的课程改革为例，我们根据学校课程改革纲要，把小学的课程分为“强化课程”“开放课程”两大类，然后分成12个专题实验组，用半年的时间，在每一个年级选一个实验班进行大胆实验。在这个过程中，各个专题组有充分的自由度，边学习，边思考，边实验，边总结，不断创新，不断试验，最后形成富有个性的、详尽的课程改革实施方案，从而为方案在全校全面实施奠定了厚实的基础。事实上，在这半年中专题组、实验班的教师们的潜能会自然发掘，他们会开动脑筋，想尽办法，发展创新个性，高质量、创造性地完成这一艰巨的任务。实验获得成功后，学校还奖励他们外出考察学习。

总之，“智慧”管理就是发现教师的价值，使教师的自我价值获得创造性的实现，进而建成“创新”型的教师群体，使学校获得发展的不竭动力。

校长要有坚定的教育信念

执着追求的事业心，国家赋予的责任感，时代要求的使命感，这是校长成功的重要前提和无穷动力。

在我的办公室里，挂着两块特别耀眼的用不锈钢包边的字框，上面写着“牢记宗旨”“坚定信念”八个大字。它时刻激励着我，鞭策着我，使我始终保持着对教育事业的执着追求，有着对工作的强烈责任感和办好学校的崇高使命感。

伟大的人民教育家陶行知说过：“做一个学校校长，谈何容易！说得小些，他关系千百人的学业前途；说得大些，他关系国家与学术之兴衰。”所以对于校长来说，最重要的素质是对人民的教育事业的无限忠诚，有高度的事业心和献身精神。有了这一条，才会有工作的动力，才会有“言传身教”，才能带出一支好的队伍，带出一个好的校风，才能在工作中有所创造，有所成就，有所前进。从自己走过的创业之路中我悟出了一些做校长的道理。

一是时代要求的使命感是成功之源。中国有一种传统观念认为，“家有三斗粮，不当孩子王。”其实非也。做校长就是要不求官，不图名，不为利，爱岗、敬业、奉献，全身心地扑在学校事业的发展上。教育是一块肥沃的土地，需要更多的有志者、有智者、有识者来开发。只要干一行、爱一行、专一行，行行都能出状元。我曾有过很多次改行的机会，但我都拒绝了。我觉得中国的教育太需要一批痴心于教育改革研究的校长，一种强烈的时代使命感让我沉迷于现在的工作，潜心于现代教育改革的实验研究。事业的不断成功使我更加坚定自己的教育信念，我也希望今后会出现更多的对教育痴情的校长。

二是国家赋予的责任感是成功之本。“校长是一校之魂”。一位校长的品德、学识、才能对办好一所学校关系极大。国家赋予校长以权力的同时更多的是赋予了责任。一个没有任何责任心的校长是根本不可能办好一所好学校的。苏霍姆林斯基说得好："对祖国履行义务是人的神圣职责。要使我国的每个青年公民，像诚实人珍惜自己的声誉、自己家族的荣誉一样，珍惜这一神圣职责。"我们的校长对待自己的事业就是要有这种神圣的责任感。在工作中不仅要用自己的人格精神去影响教师和学生，而且还必须用自己的智慧、才能去指导教育实践，真正成为师生之友、师生之师。

三是事业上的执着追求是成功之路。校长是一个专业技术岗位，事业上的成功是校长最高的追求。一个专家型的校长在自己的管理活动中应该是一个勤学博采、积极进取、富有理性思考的人，并在实践中不断探索创造，逐步形成自己的教育思想和教育策略，进而办出有特色的教育。做一名开拓创新型的校长，必须解放思想，敢于改革，高举教育现代化大旗，深入探索实施素质教育的有效途径。在创办学校初期，我们只有四间平房教室，没有资金，困难重重。我紧紧抓住改革开放的良好机遇，大胆探索办学主体多元化、办学体制多样化的道路，通过企业捐资、银行贷款、教师集资等十多种渠道筹措教育资金，把只有三四百万元政府投资的学校办成了具有千万元资产的现代化的全新的学校，使学校获得了超前的发展，为教育的改革和发展提供了厚实的硬件基础。回想过去，没有自己对事业的执着追求，是不可能获得如此巨大的办学成果的。

信念是一种崇高的思想，一种对人生理想目标的追求。校长要善于在对事业的执着追求过程中逐步培养自己崇高的教育信念。首先，要正确认识教育理想，当前特别要正确认识素质教育。其次，要培养自己对教育理想目标的信心。素质教育是关系到整个国民素质的最大的教育问题，国家已经将素质教育列入21世纪教育振兴行动计划，我们必须对此充满信心。校长一旦确立了自己的教育信念，就必须孜孜以求，坚定不移，不达目的不罢休。决不能表面上"轰轰烈烈"搞素质教育，实际上仍然在"扎扎实实"搞应试教育，急功近利，把自己刚建立起来的教育理想抛之脑后。崇高的教育理想应该是我们一辈子的追求。一名成功的校长都会有自己崇高的职业理想，面对21世纪的发展机遇与挑战，必须进一步深化学校教育改革，加快事业发展的步伐。还记得办学第一年招生，来报名的学生寥寥无几，当时我就确立了一个强烈的信念：一定要以最好的教育质量，在最短的时间里，让社会承认我们的学校是真正一流的学校。于是，学校就是我的家，我与老师们克服重重困难，没有休息日，只争朝夕地辛勤耕耘着。是一种“追求卓越”的精神，使我们的学校创办仅四年半就成为江苏省实验小学，如今我们又确立了新的办学目标：要把学校办成全国一流的科研特色鲜明的现代化实验小学。我们正以自己的超前发展，把将来的学校办到了今天，让现在的孩子就能在将来的现代化的学校里，接受现代人的素质教育。为此，我又提出了智能化教室加小班化教育为主体性教育的新模式，加快校园网络化的建设，以全新的现代教育思想来改革学校各个层面上的工作，激活影响改革发展的各种因素，全面提高教育质量，使学校内涵发展之路越走越宽，特色越来越鲜明，以培养一批又一批能主动迎接 21 世纪挑战的发展型人才。

信念使我们能够全面深刻认识和准确把握基础教育的性质和任务，构建了面向 21 世纪的办学新模式，全面深化素质教育，积极推进教育现代化工程，培养出具有现代人基本素质的新型人才，使之成为未来社会发展的积极推进者。而这一切都来自于执着追求的事业心，国家赋予的责任感，时代要求的使命感，这是校长成功的重要前提和无穷动力。

校长要有强烈的终身学习理念

校长要真正成为“师者之师”必须读更多的书，向更多的人学习。不是单纯为了学什么，更重要的是发现了什么。

古今中外无数杰出校长的实践证明，尽管每个人成功的具体途径千差万别，但是，渴望求知，勤奋学习，是他们的共同特点。

苏霍姆林斯基说过：“读书、读书、再读书。”“要把读书当作第一精神需要，当作饥饿者的食物。”“如果没有深刻的科学知识，就谈不上教育素养。”他还说过：“要有读书的兴趣，要喜欢博览群书。”“热烈的学习愿望是一种道德的和政治的情感”，是“学习活动的最重要的动因”。学习是先导，不学习，政治上就不会成熟，思想上就不能清晰，工作上就会束手无策，精神上就会感到空虚。我国一些知名校长也都谈到过学习对校长成长的重要意义，都认为“学”是校长必备的基本素养。

校长成长的速度和水平与校长在学习上的投入成正比，这是已经被无数优秀校长的成长足迹所反复证明的一条基本规律。校长应渴望学习，把学习作为一种“追求”。心理学家认为，人的社会性动机分“交往性动机”和“成就性动机”。把学习动机分为直接的、狭义的动机和间接的、广义的与社会要求相联系的动机。行为科学家则把对学习的需要看成是一种高层次的精神满足。陶行知先生说过：“人出生是开学，死了是毕业。”校长从事的事业是对未来的期待，因而学得越多，对事业就爱得越深，就能创造性地完成时代赋予自己的光荣的历史使命。

校长的学习包含理论的学习，多学科的学习，实践的学习，向同行学习，向前人学习，向社会学习，向教育对象学习，等等，要有强烈的终身学习的观念。

凡是有所作为的校长，他总是不放过任何一个可供学习的机会，从中汲取丰富的营养。

国际21世纪教育委员会在其报告《学习：内在的财富》中提出了一个重要思想，即“终身学习”。这反映了国际教育思潮中的一个深刻的变化：由“教”转向“学”。现代科技信息的迅猛发展清晰地告诉我们：一天不学习，就会落后。校长没有“终身学习”的观念，就会落后于教师，甚至落后于学生。

校长要真正成为“师者之师”，必须读更多的书，向更多的人学习。在学习中不是单纯为了学什么，更重要的是发现了什么。这就告诫校长不但要学习，而且要善于学习，要学会带着问题去学习，善于在学习中不断发现问题，然后要用心去研究问题，在解决问题的过程中提高自己的学习能力。

1997年10月，我带着如何深入实施素质教育的问题去美国考察学习。在美期间，住在美国普通教师的家里，访问考察了近十所中小学，听了许多课，收获很多。我注意积累，潜心研究，对美国的小学教育情况加以集中、概括和提炼，在那儿记下了五六万字的学习日记。回国后，我把美国教育的一些现象与中国的教育进行了多方面的比较，发现美国教育有许多地方是非常值得我们借鉴的，比如说，他们十分重视对学生自主、创造能力的培养，而这些方面又与我们比较重视学生知识的灌输形成了鲜明的对照。同时我也发现美国孩子基础知识学得不够扎实，由于过分放纵学生以致问题不断，甚至出现校警荷枪实弹在校园里维持秩序的现象。于是我认真地进行了中美教育比较研究，写出了10多万字的《美国小学教育考察》一书，由南京师范大学出版社出版，引起了不小的反响。从比较研究中发现我们教育的优势和不足，从研究中明确了我们的发展方向，提升了我们的教育思想。我们应该大胆借鉴美国教育之优点，为我所用，集中西教育之精华，办我们自己的面向未来的特色鲜明的现代化教育。于是我们构建了开放式办学模式，确立了“走自主创新性学习之路”的科研课题。在教育改革实践中我边学习、边实践、边改革，在行动研究中不断发现问题，改进方法，取得了丰硕的成果。我们试行“国有民营”的办学体制改革的新思路，找到了发展现代化教育事业的契合点，明晰了产权关系，实现了真正意义上的“两权分离”。实施校董会领导下的校长负责制，发挥了教育资源的最大效益。教职工的全员聘任制，体现了师资队伍的开放性。我真正尝到了学习的甜头，学校和我一起收获了学习的硕果。所以我们要解放思想，开阔视野，多向书本学习，向别人学习。觉得别人的成功经验好，就可以大胆拿来，为我所用，这是实现教育现代化的一条捷径。就是他人的教训，对我们也有借鉴意义，可以使我们避免走弯路。教育改革可以成功，也允许失败，但是，孩子是失败不起的。作为校长，我们只有确立强烈的终身学习的观念，在学习中改革，在改革中学习，才能获得成功。

苏霍姆林斯基是勤于学习、善于学习的典范。为了深入探索教育工作的规律，他始终坚持边实践，边读书。他酷爱书籍，私人藏书达一万八千册之多，他认为，教师知道的东西应比他要教给学生的东西多二十倍、三十倍、五十倍……校长更应是勤奋学习、博学多识的榜样。因此，他虽为校长，却像一个勤奋的学生一样，利用三年业余时间读完了一年级到十年级的全部教科书，掌握了各年级各门课的教学内容，还把全部数学习题做了一遍。同时，他广泛涉猎国内外的文艺、科学著作和教育著作，分门别类地记了四十种学习笔记。他非常尊重克鲁普斯卡娅和马卡连柯，把他们称为自己精神上的导师，但他对别人的思想和经验并不生搬硬套，他说，“教育经验好比盛开的玫瑰花，如果缺乏关于土壤、植物生长等方面的知识，就不能成功地移植它。即使是非常好的经验，如果形式主义地移植来，也不会有好的效果；必须深入思考，仔细体验别人和自己的教育集体的特点，采用适合自己教育对象的措施与方法。”基于这一指导思想，苏霍姆林斯基不搞“本本主义”，总是从实际出发，创造性地继承和发展前辈教育家的思想。他被誉为“马卡连柯的志同道合者”，但他的有些思想又不同于马卡连柯。马卡连柯只强调通过集体进行教育，忽视个别影响，苏霍姆林斯基的集体主义教育理论却没有这种机械性和片面性。在组织教师集体、培训提高教师等方面，他的教育思想都比马卡连柯丰富得多。

要尊重教育规律

校长管理学校一定要尊重教育规律，按规律办学，按规律管理，按规律教书，按规律育人。

校长管理学校一定要尊重教育规律。按规律办学，可以端正办学方向；按规律管理，可以增强学校管理的科学性和效益性，并减少工作的盲目性和随意性；按规律教书，可以使我们的教育教学健康发展；按规律育人，可以使培养的人才符合新世纪的要求。教育规律来自学校这一事物的内在特性、本质关系，来自学校各类活动的根本特点。

中小学教育是国民教育的基础，它与社会政治、经济密不可分。因此，学校活动要与社会政治、经济相适应。目前，我国正处于以经济建设为中心的改革开放时代，学校教育必须为改革开放服务，为经济建设服务。这就要求学校教育要多出人才，出好人才。为此，校长在学校管理中，一方面要抓好学生基础知识的培养，另一方面要加强各种技能训练的教育。换言之，校长管理学校工作应围绕社会经济、政治的要求来组织财力、物力，配备师资力量。

培养德、智、体等全面发展的社会主义事业建设者和接班人是我国教育的总目标，校长应树立这种全面发展的观点，明确它们之间的辩证关系：德育是灵魂，智育是主体，体育是基础，美育、劳育是不可忽视的条件。因此，在学校教育、教学管理的工作中，无论校内、校外，课上、课后，都应贯彻这种全面发展的思想，为学生提供全面发展的条件。校长应教育全体教职工树立这种观点，不能使之片面强调各自学科的重要性而忽视学生其他方面的发展，使大家认识统一、协调一致、分工合作，促进学生全面发展。同时，学生之间在发展上既有共性，也有个别差异，智力、兴趣、特长的不同，使学生在统一的教学中有不同的表现。就教育者而言，既要统一要求，又要因材施教。对校长而言，更应统筹兼顾，特别要抓好“差异”教育，要努力创造条件，使每一个学生在他天赋所及的一切领域里展示并发展他的个性和才能。

学校是以教育为基本职能的单位，育人的主要途径便是教学，管理工作应突出这一重点，统筹兼顾全局。因此，校长管理学校应突出育人目标，保证完成教学任务，但其他诸如总务、财务、教务等机构也须正常运转，这样才能推动教学顺利进行，因此，要全面妥善安排，既有重点又照顾全局。

学校管理必须坚持社会主义办学方向，集中统一于党的方针、政策下，同时也要从实际出发，对实际工作问题敢于独立负责。这意味着在坚持大方向的前提下，校长必须按实际需要和情况制订工作计划，实施方案，既要坚持原则，又要敢于创新，积极、创造性地完成工作。

尊重教育规律更重在对教育规律的探索。苏霍姆林斯基是苏联当代著名教育家，是国际上享有盛名的教育实践家和教育理论家。他对教育规律孜孜以求的精神是校长们学习的典范。

在几十年的教育工作中，苏霍姆林斯基从来没有脱离教学实践。他提出了三个口号：到教师中去！到学生中去！到课堂中去！并身体力行，一直坚持既当校长又当语文老师，既教书又当班主任。他曾经试办六岁儿童预备班，接着又从一年级到十年级，连续担任这个班的班主任，坚持以不同的身份从各个不同角度出发，全面、细致地考察和研究教育现象，几十年如一日紧张而有序地工作着。他每天早晨四五点钟起床，然后离开住处来到自己窄小的校长办公室，从事研究和写作，一直到八点，才离开办公室，到学校走廊上迎接来上学的孩子们。整个白天都用来做班主任工作，上课或听课，晚上则整理笔记，思考一天工作中遇到的问题，记录教学和教育工作中的实际情况。他亲手记录的教育、教学资料就有两千多本。他认为，每个儿童都有一个独特的、独一无二的世界，教育者应深入研究和充分了解这个世界。为此，在三十年间，他跟踪观察和研究了许多不同家庭（包括工人、农庄庄员、知识分子）的学生在童年、少年和青年期的各种表现。为了研究道德教育问题，他对三千七百名左右的学生做了观察记录。正如他在一篇文章中所写的那样：“三千七百页笔记记载了我的全部教师生活。每一页我都献给一个人——我的一个学生。”他始终亲自带着四五个“最难教育的学生”，对他们进行重点观察和教育。他每学期都要听每个教师十五节课，听每节课都认真地做好笔记。有时因公外出，原听课计划落了空，隔天一定补听、补记。他还有一个小本子，里面记录着全校各种各样的统计数字，无论上级需要什么样的数据，他都能随时做出准确无误的答复。

苏霍姆林斯基一生的教育活动给了我们一个重要启示：理论联系实际的研究是尊重教育规律最重要的保证。校长应当深入教育实际，同时进行一些理论研究，把自己的经验提高到理论的高度，用以指导实践。在苏霍姆林斯基一生的工作中所表现出来的那种尊重教育规律、研究教育规律、热爱儿童、细心研究儿童的精神，尤其值得我们学习。他的这种精神及其科学研究成果，即先进的教育、教学理论，必将对我国的教育实践和教育研究产生深刻的影响。

领导就是创造

教育事业是创造性的事业，现代教育的核心是培养人的创造精神和创新能力。校长领导学校不能因循守旧，要重视研究新情况、新问题，善于利用内部、外部环境的优势，因地制宜，改革创新，不断开创新局面。

人类社会正在从工业化时代走向一个以智力资源为依托的知识经济时代。作为为社会经济发展提供智力支撑的学校必将面临着新的机遇与挑战，这就要求校长进一步转变领导观念，大胆地进行教育改革与创新，以培养出适应现代社会发展要求的高素质、多规格的新型人才。

校长管理学校是一种创造性的社会实践活动，校长在领导学校发展的过程中，必须立足于当前，着眼于未来，在全面深刻地了解学校当前教育现状的基础上，根据未来社会发展对人才的需求，进行大胆改革、开拓创新，谱写新时期学校教育改革的新篇章。

陶行知认为："创造需要广博的基础。解放了空间，才能收集丰富的资料，扩大知识的眼界，以发挥其内在之创造力。"因此，校长要积极为教师、为学生创造广阔的教育、学习的空间，要善于在领导学校的思想、目标、措施手段上有所创造。唯有创新型的校长，才能办出创造型的学校，培养出具有创新精神和创造能力的学生。

管理思想的创新是校长领导学校的首要问题。它要求校长对教育的改革和发展进行超前思考，包括对整个社会的变革与发展具有敏锐的观察力和感受力；还要求校长能用联系和全面的观点来分析与思考当前学校教育改革面临的现状和发展的需要，从而创造性地思考整个学校教育改革的总体思路，保证在思想上领先一步，这样才能使全校教师共同沿着校长的改革思路去思考与实践，达到劲往一处使的良好管理境界。反之，如果校长的思考没有任何创造性，甚至对一些问题的看法还落后于普通的教师，那就可想而知了，这位校长的领导一定不会有任何影响力。

目标创新是校长领导学校的关键。校长要在充分认识和深入研究影响学校改革和发展的综合因素的基础上，创造性地确定适合学校发展的战略目标，并把它分解到部门和教师个人。同样重要的是这个目标本身要具有开放性，能充分调动教师在实施过程中的创造性，激发起教师强烈的参与意识、改革意识，通过目标来增强全体教师的凝聚力，达到全校教师心往一处想的思想境界。

措施与手段创新是校长领导学校的保证。创造性的目标需要创新型的教师去实现，这就要求校长要能创造性地推出一系列的措施和手段来激发教师的创造性。学校管理制度是保证学校正常运行的基本措施，是全校教职工必须共同遵守的行为准则。但是这种制度如果只是具有规范性和约束性，而没有激励性和创造性，那会把这所学校管理成一所没有生机和活力的教条式的学校。因此，校长在制定各种管理制度和措施时，一定要注意它的开放性和动态性，使它有利于学校教育教学的改革和发展，有利于调动全体教职员工的工作积极性和创造性。校长管理学校往往是通过各种制度和措施来实现，所以健全、科学、民主的决策制度，能使校长的领导在程序化、规范化、民主化的基础上实现它的开放性、创造性，从而实现高效管理的目标。比如，为加强教师外出听课学习的管理，我们一方面明文规定教师在报销发票之前必须以上课或作讲座的形式向教师们汇报，还必须写一份心得体会；另一方面，我们把外出听课学习与奖励挂钩，凡是工作成绩显著、表现突出的教师才有机会享受这样的待遇，在汇报过程中如果经常能创造性地把学到的东西运用于自己的教改实践中，学校会重点培养，给予更多的学习锻炼机会。

校长既要全面实现高效管理学校，又要实现管理手段的创新，这是进行学校管理的具体工具和手段，它既有物态的层面，又有操作的层面。就其物态而言，有学校管理的组织结构形式、各种资源配置方式、学校各种建筑的布局等；就操作层面而言，有学校管理的标准、过程、方法、手段、模式等。特别是现代信息技术在管理中的广泛运用，为校长实施全新模式的现代化学校管理提供了条件，所以校长要主动学习，掌握现代管理手段与技术，主动研究，把现代信息技术创造性地运用到学校管理中，探索其促进教育改革和发展的新规律，为学校获得超越性的发展奉献自己。

领导就是创造。这是21世纪教育改革与发展对校长管理学校的呼唤。这种创造，不仅向校长提出了管理学校的思想、目标、措施和手段等方面的创新要求，而且更需要校长根据学校管理内部与外部环境的变化，以及整个社会，整个国家，乃至整个世界的发展情况进行系统、整体的创新。

学校发展的潜力在于不断创新

“创新是一个民族进步的灵魂，是国家兴旺发达的不竭动力。”同样，创新也是一所学校的魂之“魂”，是学校兴旺发达的不竭动力。

“教育就是塑造未来”，21 世纪是知识经济的时代，知识经济最大的特征就是创新。它要求人才不仅具有一般继承性的知识和能力，更要求人才拥有更多的能适应社会高速发展的创新知识和能力。所以，作为承担培养跨世纪人才基本素质任务的中小学校，必须让学生从小就自觉、广泛地学习现代科学技术和信息技术，要非常注重学生的个性发展、自我完善及智能、创造力的充分发展。

学校的发展在于改革，改革的潜力在于不断创新。当前学校教育的各个领域都在掀起改革的热潮，从教育思想，教育内容，教育方法、技术、手段等各个层面上，围绕着素质教育的理想目标进行改革和创新，逐步从以升学型为主转移到重视学生素质的全面提高上。课程设置由单一模型变为统一性和灵活性相结合，以适应不同地区经济、文化发展的需要，课程结构已从学科课程为主向学科课程、活动课程、环境课程相结合的综合类型转变，改变了以往偏深、偏难、偏繁等现象。随着教育改革的深入，我们的学校正努力向负担轻、基础实、能力强、素质高的目标迈进。

学校发展的潜力在于不断地创新，创新的关键在校长。履行“创新职能”很重要的一条途径与方法，是校长创新意识的培养。每个校长都蕴藏着创造能力，同时也都具有自己特有的创新意识、创新见识和创造才能。在一定的内部和外部条件的激励和推动下，创造能力就能被充分地挖掘出来。校长的领导活动，从实质上说，是一种复杂的群体活动。校长的群体领导活动可以撞击出思想的火花，触发创新意识，叠加创造才能，产生共振。互补共振，是开发校长创新能力的一个重要条件。校长还要发散思维，对自己熟悉的事物，也要做出多种假设，使思维的触角达到“意料之外，情理之中”的境地。因此，校长还要克服思维定式，在深化教育、教学以及学校管理工作的各项改革中，最忌的就是心理定式的干扰。良好的创造才能，应该放弃原先的定式，重新进行观察、分析、探索，使头脑一直处于创新的状态。这几年我们学校的发展就得益于敢于不断创新，特别是抓住机遇，创办了国有民营的办学新模式，使整个学校步入了发展的快车道。

创新是对原有秩序的破坏。原有秩序之所以要打破，是因为其内部存在着或出现了某种不协调的现象。这些不协调因素为学校的发展提供了有利的机遇或造成某种不利的威胁，即人们常说的挑战。创新活动正是从发展和利用旧秩序内部的这些不协调现象开始的，不协调为创新提供了契机。作为学校的校长，思维一定要敏感，要善于发现问题和抓住契机，敏锐地观察到了不协调现象出现以后，还要透过现象究其原因，并据此分析和预测未来变化趋势，估计它们可能给学校带来的积极的或消极的影响，并在此基础上，努力将威胁转换为机会，采用现代管理中的各种方法，如头脑风暴法、特尔菲法、哥顿法等，消除不协调，使学校在更高层次上实现平衡，创造性地构想新的改革思路。

校长促进创新的最好方法是大张旗鼓地宣传创新、激发创新意识，在教师中树立“无功便是有过”的新观念，使师生员工都奋发向上，努力进取，大胆尝试。要造成一种人人谈创新、时时想创新的组织氛围，使那些无创新意识、无创新欲望的人，孤立于组织之外。只有这样，才能把教职员工的潜力全部挖掘出来，从而获得学校整体创新发展的合力。

创新需要思考，思考需要时间。如果把每个人每天的工作都安排得很紧凑，实行“满负荷工作制”，这样人们既无时间，也无精力去思考问题，许多创新的机遇便不可能发现，创新的构想也无条件产生。人们都有这样的感受：成天在外面奔走，或整天忙于他的工作，没有清闲的时间可供他去思考，怎么能有创新呢？有人认为：“每天除了必需的工作时间以外，必须抽出一定时间供思考用。”同时，创新需要尝试，而尝试需要物质条件和试验场所。如果要求每个部门或每个人，在任何时间都严格地制订和执行严密的计划，则创新会失去很多机会。因此，为了使教职工有时间去思考，有条件去尝试，学校或部门制订的计划必须具有一定的弹性。学生的学习也是如此，如果整天课排得满满的，教师上课满堂灌，复习参考材料繁多，作业量大、考试频繁，那学生哪里还有时间和精力去独立思考问题呢！

校长要高效地管好教师的无穷的创新“智慧”，要建立科学、合理的评价和奖励制度，来激发每位教师的创新热情。创新的原始动力是个人的成就感和自我实现的需要，这是人的最高层次的需要。但如果教师的创新努力不能得到学校和校长的认可，不能得到公正、合理的奖励，则继续创新的动力就会渐渐消失。

居高声自远

校长办学要有远见卓识，不能急功近利，不能贪图一时的虚荣，要坚持“三个面向”兴校育人。

今天的教育水平就是明天的社会发展水平。几乎每一位校长都十分清楚这个道理，但真正在教学管理过程中，校长们往往首先考虑的是自己任职期间如何使学校迅速办出“声誉”，常常自觉、不自觉地被一些传统教育观念或急功近利的短视行为所支配，而不去考虑学校整体的、长远的发展，特别是从培养未来人才的高度来规划学校，改革教育教学工作。

有这样一位校长，刚刚上任，为了迅速显示自己的能力，改变原先每年学校中考总是处于全市中等水平的现状，他从各班抽出部分优秀学生，拼成了一个拔尖班，选派学校最优秀的教师任教，还要每天早起晚睡，加班加点，其他大部分学生由一般的教师进行放鸭式教学，结果连续几年学校中考成绩达到了上等水平。一些家长向这位校长提意见，他却振振有词地说：“我们的教育质量在全市名列前茅，谁让你孩子不好好学的。”看似这位校长的话很有道理，其实不然。像这样的“应试型”的校长在普通的中小学还广泛存在，这就迫切需要校长们真正转变观念，把素质教育的思想落实到办学的每一个管理环节中，使中国的素质教育理想尽快变为现实，让一代又一代的中国孩子接受现代素质教育。

这几年暑假，我最苦恼的是上上下下的“条子生”。很显然，社会、家长对我校教育质量的期盼值很高。记得学校创办初期，有一个刚工作的教师在学校新开学时发现班上空了六个位置，他发狠地对我说：“要转全转光。”于是，我与他细细地探讨教育的艺术，探讨如何遵循教育规律，不断提高教育质量。我们没有急功近利地去想什么歪点子，而是一步一个脚印地按照教育规律，坚持“三个面向”兴校育人。我们用自己的踏实和勤奋，使这所清一色是年轻教师的年轻学校，与其他百年名校一样吸引着众多的学生。

据某杂志载：有一名美籍华裔科学家回国后，决定将其父的遗产100万元留在国内设立教育基金会。1986年，他又决定每年赠款50万给母校用作奖学金，授予10位学生。

消息传开，全校师生无不为之振奋，首批奖学金奖给哪10名学生呢？经过推荐，最后，10名被认为校中最有资格得奖的“三好”生顺利地获得了提名。一切都像惯常那样，按程序有条不紊地办妥了评议手续。

出乎意料的是，学校接到基金会措词明确的复函：“我们不赞成把有限的奖学金授予‘三好’学生。我们的标准是：品行不坏，考试成绩不一定十分出色，但在某一方面必须有独特长处，能发现并研究别人没有发现的问题。奖学金必须全部用于奖励那些尚未受到重视的有特长的中学生。”

基金会的一声“No”顿时在学校掀起了轩然大波。奖学金到底发给谁？

校级行政会议，一次、二次、三次……

年级组会议，一次、二次、三次……

班主任会议，一次、二次、三次……

师生员工对话会，一次、二次、三次……

校园里很快出现了“教育观”“学习观”和“人才观”等观念的碰撞与反思的热潮。

观念的碰撞，自然会迸发出耀眼的火花。其细节与结果自不待言，无需描述。在这里需要讨论的是“人才观”的问题。中国传统的好学生的评价标准只是体现了它的全面性，而现代社会对人的个性发展已经达到充分重视的程度。现代教育思想应体现在全面发展与个性发展的和谐统一上。这才是指向未来的教育。

教育是未来的事业。“学会求知”“学会做事”“学会做人”“学会共处”已成为未来教育的四大支柱。人类教育的基本目标，是使受教育者对未来生活有所准备，这种准备包括理想的、道德的、心理的和知识技能的等各个方面。因此，校长办学要有远见卓识，不能急功近利，不能贪图一时的虚荣，要坚持“三个面向”兴校育人。

我们在改革学校教育时应培养学生学会学习、继续学习、终身学习的能力，校长要使学校的每一个学生成为“终身学习者”，使他们掌握基本的学习工具和基本的学习内容，掌握完整而非割裂的知识结构体系，培养他们的学习能力、想象力和创造力，有科学的预测未来、构造未来生活的能力。

因此，一个现代化学校的校长应当高瞻远瞩、视野广阔，能从总体上设定学生的培养目标，规划学校的未来；能从时代的高度上经常想一想社会主义现代化建设向学校提出了哪些人才方面的新要求；想一想新的科学技术革命的发展趋势向教育提出了哪些新课题；想一想自己学校的教育教学工作还有哪些不适应社会主义市场经济建设和发展需要的薄弱环节；等等。由此去寻求有效的教育对策，深化教育改革，克服只顾眼前、不顾长远的“急功近利”思想，从而使学校教育工作真正纳入“三个面向”的正确轨道。

润物细无声

校长管理学校的最高境界应是“用心来管理学校”“用法律来管理学校”，更要“用感情来管理学校”，以达到“润物细无声”的境界。

我们学校是一所办学时间不长的新学校。全校128名教师，有一半是直接从师范学校挑选来的新教师，还有一半是来自20多所农村中心小学，其中有经验的中老年教师仅4人，35岁以下的青年教师占95%。如何将来自四面八方的教师捻成一股绳，如何使青年教师早日成才，早日形成优良的教工群体，是摆在我们面前的头等大事。几年来，我们在教师管理中，在建章立制的同时运用了情感管理，收到了良好的管理效果。

对一所新学校来说，凝聚力是十分重要的。强大的凝聚力的形成关键在于校长。校长要率先垂范，以德服人，用廉洁奉公的奉献精神、埋头苦干的实干精神、雷厉风行的工作作风来影响教师，成为教师的榜样，从而形成强大的向心力。

六年来，我带领大家艰苦创业，哪里最艰苦，就在哪里带头干。在办学初期，为了解决经费上的困难，我们自己填沟、铺路、栽花、种树，真是吃尽了苦头。这些活只有校长亲自带头干，行政人员跟着上，教师们才会抢着干。几年来为了建设这所新校，我几乎放弃了所有的休息日，是校长强烈的责任感、事业心感动了全体教师，调动了教师们的工作积极性和主动性，大家都以一个创业者的精神和风范在铸造一所崭新的现代化的名校。

教师管理是人的管理，也是制度的管理，更是情感的管理。几年来，我就是坚持以情感管理来增强教师的凝聚力的。关心教师，是情感管理的关键。教师工作十分辛苦，做校长的必须做到全面地关心他们的学习、工作和生活，特别是要抽出一定的时间帮助他们解决生活中的实际困难，如，当教师生病时，及时到病床前探望；当教师住房有困难时，学校尽量为他们解决问题；家里要搬迁，学校马上派人帮忙，并为他们腾出搬迁时间；家里有喜事，派代表去祝贺；家里闹矛盾，立即去帮助调解……学校有50多位青年教师住校，我们收回了已出租的门面房，为他们改善了生活条件，创造了温馨舒适的环境，让他们感受到家的温暖，使他们无后顾之忧，能全身心地投入到工作中。校长如果把教师当家人，教师也一定会把校长当作自己的亲人，把学校当成自己的家。

关心教师最重要的是关心教师的事业成长，关心教师的学习、教育教学工作。对教师来说，事业的成功一样是自己最幸福的事。所以，我们帮助青年教师正确定位，让他们拜特级教师为师，给予他们外出进修学习的机会，并且给他们压担子，让他们接受磨炼，促使他们迅速成长。这样的关心，让教师在情感上获得了一种事业上的成功与满足感，获得了自我价值的提升，校长的管理逐步达到“无为”和“润物细无声”的境界。教师们会自觉地为学校忘我工作，无私奉献。我校有一位自然课专职教师，由于工作需要，学校让她临时从教自然转教语文并担任班主任，她没有半句怨言。为了工作，她常把自己年幼的孩子寄放到乡下母亲那里，孩子得了肺炎，她顾不上管，等拿到病危通知书才匆匆赶到医院。她满含热泪对孩子说：“妈妈对不住你，可班上这么多住校的学生，我不放心啊。”此时，校长及时了解了此事，请来了专家，使孩子转危为安。几年来，她在教育工作中成绩显著，先后多次在市里基本功或优课比赛中获奖，还被评为省里的德育先进工作者。还有一位教师，患了慢性疾病，白天上班晚上打点滴，这样坚持工作了半年。青年教师每晚坚持学习、备课，常常忙到深夜，一大批青年教师在锤炼中脱颖而出，有许多已成为市级教坛新秀，有的已成长为市级学科带头人。

尊重教师，是情感管理的基础。当教师的自尊得到满足，当教师的劳动成果得到肯定，当教师能以主人的资格参与学校管理，他们就会视领导为知己，充满满腔的工作热情。在学校管理中，我们把教师当作学校的主人，凡事同教师商量，大到学校重大问题的决策，小到校园景点的设计，都征求教师们的意见。办学几年来，学校所有规章制度的出台，都是经过教师们的反复讨论后才颁布施行的。可见，执行自己拟订的章程效果肯定是最佳的。

另外，我们每年召开一次教代会，进行民主评议干部，发动每位教师对校长及其他行政领导的工作进行大胆批评，并提出自己的建议，最后对领导工作进行打分。这样，增强了教师对校长的信任，保证了学校各项工作的顺利开展。我们还每月举行一次沙龙，请教师为办学出金点子，以充分激发教师们的主人翁意识，把教师的爱校情感融入对学校发展的热切关心和对事业的执着追求上。

办事讲实效

不搞形式主义，讲究效果、效率、效益。

学校中最忙的当数校长，教学、后勤，党、团、工会，样样要抓，事事要管。校长工作怎样才能做到忙而有序、多而不乱呢？我们咨询了一些有经验的校长。他们在学校管理工作上有一个共同的体会，就是：管理、管理，要管先理。具体说，就是一要理正教育思想，二要理顺管理规程，三要理清工作思路，工作讲实效，不搞形式主义，讲究效果、效率、效益。

黑格尔有一句名言，他说："一个人在特定的环境内，如欲有所成就，他必须专注于一事，而不可分散他的精力于多方面。"所以，理正了教育思想，理顺了管理规程，理清了工作思路，就能使校长的工作忙而有序、多而不乱，就能有效地提高自己工作办事的效率。不过，各种繁杂的学校事务有轻重缓急之分，我们应当合理安排先后次序。对此，一些校长往往感到困惑，也往往会由于安排不合理，而丧失了时机，影响了效率。那么，究竟应当如何安排轻重缓急的先后次序呢？

国外有这样一个故事：美国有一位企业家查尔斯·史瓦，他在担任伯利恒钢铁公司总裁期间，曾向管理顾问艾伦·莱金请教，说："请你告诉我如何能在工作时间内做好更多的事，我将支付给你顾问费。"艾伦·莱金把一张白纸给他并说："请写下你明天必须做的事，并按其重要性排列先后次序。第二天当你走进办公室，先从最重要的那项工作做起，并持续进行到完成此项工作为止。然后，你再重新检核你的办事次序，着手进行第二项工作，即使着手进行的那项工作花掉你整天的时间，也不用担心，一定要这样坚持下去，养成自己每天做最重要的工作的习惯，而且，还要让你的下属也这样做，并养成习惯。当你觉得这样做效率高的时候，你再付给我报酬。”果然，试行效果明显。几周后这位企业家付给了艾伦·莱金顾问费25000美元。这便是著名的“莱金原则”，即把时间用到最为重要的事情上去。

轻重和缓急是两对矛盾。在实际工作中常常是有些事情重要，但并不急；有些事情并不重要，却很急。因而，处理学校事务时，有些校长很容易犯按缓急程度而不是轻重程度去安排工作顺序的毛病，造成“头痛医头，脚痛医脚”的低效管理。管理学上的“八·二定律”告诉我们：事物百分之八十的价值，往往来自于百分之二十的目标上，抓好了这重要的百分之二十，就容易获得百分之八十价值的管理效果。因此，在工作安排上，要按照首先考虑事情的轻重，然后再考虑缓急的思维顺序，运筹自己的时间和力量的投入。要把主要精力集中到抓好最重要的工作之上，不要忙于应付急迫的琐碎事务，这样才能提高自己的工作效率。

为了有效地提高自己的管理效率，应当灵活运用“莱金原则”。学校需管理的事务很多，一天内不可能件件办完。所以，要将事情分成三类。一类的事情最重要、最急迫；另一类次之；第三类就是可从缓处理的，暂时放一放。如果把前两类事情办好，就完成了领导职责工作事项的80%；如果有人电话催问暂缓类的事，就可以把此事划入第二类；要是有人亲自找来，并催促处理，就可将这事划入第一类。莱金把从缓处理次要工作的办法称作“有计划地拖延”。这样，校长就可以把有限的时间和精力安排到最为重要的事情上面，免去许多不必要的时间浪费。

校长要提高工作效率，还可应用“前馈”方法寻找工作捷径。具体方法是在你进行任何工作以前都要问三个“能不能”，即能不能取消它，能不能与别的工作合并，能不能采用更简便的方法去完成？经过这“三问”，能取消的取消了，能合并的合并了，能简化的简化了，校长就能把主要精力放到最为重要的事情上，从而提高了工作效率。比如，有一个双休日，我们学校同时承办市级年会和智能杯小巧手比赛，接待了外地小记者考察团，接受了电视台记者的采访。我亲自安排这一天的工作，与此同时将另外两个活动的组织方案布置给部门负责人，并交代清楚自己将去参加这些活动的时间，在开展这些活动的过程中，让电视台边观摩边采访。这样，就可以把有限的时间和精力巧妙地安排妥当，既保证了重点又照顾到了全面，大大提高了办事效率。

授权是校长的分身术。它是让校长将主要精力集中于重大事项，提高管理效率的重要方法。授权法是指凡是可以授权给他人做的工作，校长自己可以不必样样去管。当校长发现自己忙得不可开交，下属事事请求之时，就要考虑自己是否做了下属能做的事，就要把一些权项分授下去。

授权是科学。欲要有效授权，就需自觉遵循授权的科学原则。如：授权对象应是自己的直接下属，不能越级授权；因事择人，授权予能者，方能使受权者有效地完成所受的任务；授权时要使受权者明确自己的职责权限；还要注意授则不疑，疑则不授。

授权是艺术，要讲究方式。校长作为学校的最高领导，在授权时应注意到，既然是授权就必须保留授权于何人，授权至何种程度，授权至何时等以控制授权的决定权与主动权。

总之，提高工作效率既是科学又是艺术，校长要善于科学安排，方能奏效。

千头万绪抓决策

不要眉毛胡子一把抓，事无巨细样样干，当“1+1>2”时，活力才能产生。

早在两千多年前，就有哲学家提出过“整体大于部分相加之总和”的命题。但是，直到现代系统论问世才弄清了原来整体活力来自于部分与部分之间关系的整体交叉效应。

现代学校是一个多层次、多结构、多因素的有机集合体。校长应该很好地应用这一系统原理大胆地进行学校管理改革。千头万绪的工作，校长重在抓好决策，千万不要眉毛胡子一把抓，事无巨细样样干，只有当“1+1>2”时，活力才能产生。

校长的决策直接影响学校的教育方向，影响学校全体成员的积极性和创造性的发挥以及学校内部凝聚力、活力的增强，影响教育质量和办学效益的提高。我们学校教育的根本目标是为祖国培养有理想、有道德、有文化、有纪律的现代化建设的“四有”新人。作为一校之长，首先要按照这个目标，还要根据学校的办学现状，研究学校的发展前景，最终确定整个学校的科学的办学目标。为了实现这个目标，还必须把它分解到每学年的工作中。所以我们认为每学年的总目标一定要校长亲自制订，而且要很仔细地指导好各个部门、各科教学、各项工作计划的制订工作，要求他们都要围绕学校总体目标制订出协调一致的具体目标。事实上，任何一所学校在其发展过程中，由于受到内外环境的影响，它的办学目标总是要沿着教育大目标、国家的教育方针政策产生一定的波动。校长的责任就在于能把握住目标发展的方向，消除各种影响办学目标实现的干扰因素。比如，在由应试教育向素质教育转轨的今天，仍然还有许多学校把片面追求升学率作为办学的主要目标，狠抓智育，忽视德育和体育，只抓尖子生，不去真正关心后进生，这就严重地干扰了教育方针的全面贯彻执行，这样的学校是不会有生命力的。

就学校内部管理来说，要实现学校管理的整体最优化，就要从学校这个系统的整体功能出发，选择最优的管理方案以实现学校目标。我们知道在实现学校目标的过程中，必然有多种途径、多种方法，做出管理决策时必然有多种方案，于是就出现了一个可选择性的问题。根据系统论的观点和方法，应当选择最佳方案，力求整体最优。比如，我所在的学校规模比较大，既有小学部，又有幼儿部、全托的实验部，还有对外开放的少年宫，为提高管理效率，我大胆改革学校内部管理体制，改革常规的管理模式，使整个学校形成了五个层面的管理网络。从党支部、校长室、少年宫主任室的决策中心，到教导处、教科室、少先队总部、总务处、实验部主任助理室、幼儿园主任助理室、工会、团支部等执行中心，到年级主任、少年警校军训部、东东电视台、分大队部、图书馆、档案室、电教室、兼职教科员、后勤总管、经理、司务长等操作中心，再到教科研组、学科备课组、导护组、工会组、团小组等工作中心，最后到教职工的教育、教学、服务的实践。整个网络在决策中心的统筹协调下，从校长到主任都深入教育教学第一线，亲自兼课，做教改实验的排头兵，以自己良好的工作作风影响带动部下。校长室的同志每学期听课不少于 60 节，教导处、教科室同志要将分管学科或分管课题的课至少轮听两遍。每月一次大办公例会，对校聘中层干部进行培训，落实五个管理层面的责任制，各部门负责人要在自己的职责范围内尽心尽力，为广大教职工提供一流的服务，在学校的各项活动中起先锋模范作用，为教职工树立榜样。从而使整个管理网络在决策中心的统一领导下高效率运转，共同朝着办学总目标不懈地努力。

系统论的奠基人贝塔朗菲提出了一条“整体功能大于各个部分功能之机械总和”的著名定律。这条定律如果用一个数学公式表示，就是“1 +1 >2”。那么，整体功能怎么会“1 +1 >2”呢？系统论原理认为，任何系统的各个组成部分都是互相联系、互相作用的。如果各个部分孤立存在的话，那只是一个单质，只有一种功能，而一旦按照一定的方式合理组合起来，就能产生整体交叉效应，获得“1 +1 >2”的效果。

在上面所举的例子中，这么多的管理层面，而且有许多还是互相交叉的，所以从我们整个网络运转一开始，就非常注重校长在整个网络中决策和协调能力的发挥，在管理过程中，通过对人、财、物的合理分配与组合，充分发挥了各种潜在的积极因素，使整个网络高效运转。可以想象，这么复杂的管理网络，如果组合不合理，是很容易发生扯皮现象，产生内耗的，甚至会力量相互抵消以致出现负值，这种例子是屡见不鲜的。有人认为只有系统内每个个体最优，才能有整体功能的最佳。而我在组合网络过程中是以个体最优为核心，配以与之互补且有特长的助手组成各个层面的管理中心。就是在教师的使用上，我也是这样的管理思路，从整个学校来说，有的教师擅长上课，有的教师擅长撰写教育论文，有的教师擅长带兴趣小组，我们在提出整体发展的最高目标外，就某一方面特别突出了学校的骨干教师，这一决策思想大大增强了全体教师工作的自信心，让他们自己准确地定位，合理地安排好进修学习的计划，一步一步地去实现最高的目标。我们就是这样根据系统论原理，把握住学校管理的基本点，着眼于研究学校中各层次、各结构、各因素之间是怎么相互关联的，把它们合理地组合起来，按照客观规律管理，通过科学的决策，把学校教育的各个因素激活，把所有教职员工的工作积极性充分调动起来，从而促进了学校管理的整体最优化，达到了“$1+1>2$”的理想境界。

学校要有深厚的文化底蕴

校长要善于在教育实践中把校园文化逐步积淀下来，形成一种教育的影响力，一种孕育着巨大潜能的教育资源。

学校文化就是指一所学校在长期的教育实践过程中积淀和创造出来的，并为其成员所认同和遵循的价值观念体系、行为规范准则和物化环境风貌的一种整合和结晶，表现为学校的“综合个性”。它包括物质文化、制度文化和精神文化等底蕴，一所有深厚文化底蕴的学校，一定能很好地塑造师生真善美的理想人格。

学校文化建设的关键人物是校长。校长的理想、价值观、行为准则等都会渗透到学校管理的各个方面，所以校长不仅要有办学个性，要有自己的办学思想，要有创造力，还要善于在教育实践中把校园文化逐步积淀下来，形成一种教育的影响力，一种孕育着巨大潜能的教育资源。

学校的物质文化主要指以校园建筑、文化设施、景点、花园、草坪、竹林等为载体的校园文化。它既是学校物质文化建设的成果，又是学校精神文化建设物质的表现形态，是学校教育教学及其管理的基础。美丽的校园方能塑造美丽的心灵，只有建设好融童趣、个性、艺术性于一体的校园环境，学校的物质文化才会成为一种有生命力的文化，也才能真正发挥“育人”之作用。

校园是学生学习、活动、游戏的天地，在设计校园景点时，首先要考虑该景点是否符合儿童的身心发展、兴趣需要，是否“像伊甸园一样引人入胜”（苏霍姆林斯基语）。为此，我们设计了由各类棋盘组成的极富童趣的“快乐园”。现代科技奥秘无穷，深不可测，对孩子们具有强烈的吸引力。为此我们在大门口设计了一个主景点：近 10 米高的不锈钢火箭（仿照捆绑式火箭制造），周围是 200 多平方米的双层大喷泉，从四个捆绑式火箭上可以向下喷水，类似火箭发射时的情景，喷水时会给人以无穷的想象，此景取名为“箭腾泉”。边上配有“探索原子的奥秘”“追寻科学的真理”“计量智慧的体积”三个小景点加以衬托，组成一个带有明显科技特征的景点群，以激发学生不断追求科学真谛的热情，增强探索科技奥秘的信心和力量。

校园景点对学生的影响不同于生硬灌输，它创造了一个无形的潜移默化的有助于学生求学上进、形成良好道德品质的心理场，通过文化因素的暗示，渗透于学生的心灵，让学生自觉自愿而又不知不觉地接受其影响，受到熏陶、启迪和鞭策。我们在中心花园里设计了一组雕塑群，由三个中华优秀传统文化的成语故事组成，分别是“不耻下问”“牧羊读书”“铁杵磨成针”。讲究艺术性就是讲究美。任何一个景点的建设，如果没有艺术性的话，那么它就失去了美，也就失去了欣赏的价值。我们专门请名师为学校设计了一个吉祥物：形象类似米老鼠。她头戴小博士帽，脚穿一双很夸张的大鞋子，一只手举示着“V”（表示胜利），另一只手拿着一束鲜花，满脸笑容，活灵活现地向你走来。

每个学校都有特定的内外部环境，谁都想把自己的学校办成有特色的学校、有个性的学校。校园景点建设也不例外，也应该有自己的特色、有自己的个性。同样是一个水塘，有的用曲桥，有的用假山、喷泉，也有的用亭子等。我们在构思学校里“水”的景点时，在科学宫的前面设计了两个半球（东半球、西半球），两个半球的池边均用石头垒起，陆地、高山等均按地图的曲线垒好。地球上有70%是水，用铜牌把四大洋分别标明，陆地上的七大洲也均有牌子标明，还注明一些名山大川，如世界最高的喜马拉雅山用假山垒成，世界最大的撒哈拉沙漠用沙子堆成等。站在科学宫上可以放眼世界，展望未来。此景点有一种强烈的感染力，给学生以开阔的思维、博大的胸怀，其隐含着的深刻的教育内涵在这里终于发挥了全部的德育功能，坚定的人生目标就会由此而确定。同样是水池，我们这个有着独特个性的“地球”自然是更有教育意义。

同样是墙壁，我们跳出了只是布置名人画像的框框。以教室为例，在开学初我们就把一学期各门学科所要学习的知识要点全部上墙，还固定了“文章园地”“每月星座”“我进步了”等栏目，真正让墙壁“说起话来”，以达到育人之目的。随着这种物质文化的积累增多，它会逐步成为丰富的校园文化资产，其价值是不容小觑的。

许多学校一般要编《教工手册》《学生手册》等。实际上一所学校制度文化建设的内容远不止这些，有了制度不等于有了文化，更不能说有了底蕴。学校制度文化的积累需要一个长期的磨合过程，要通过一代甚至几代师生的共同努力，日积月累，相沿成习，形成传统，进而才能成为一种真正的文化。

我曾听过新加坡莱佛士书院陈德辉院长讲的校园礼仪方面的报告。莱佛士书院是以发现这块大陆的英国爵士托马斯·斯坦福·莱佛士的名字命名的，也是他亲自创办的一所中学。这所被誉为“培养领袖的摇篮”的学府，至今已有将近200年的历史。创办之初，他郑重宣布：“如同我毅然地授予这块土地以生机活力一样，我也将倾注一部分精神与灵魂于这个书院。”鉴于此，这所著名的传统“英校”一直完好地保留“西方”传统的校园礼仪，而这些礼仪又为书院有效地培养出一代又一代的名家伟人。

接着这位院长详细地向我们介绍了他们校园文化中的基础礼仪、集会礼仪、庆典礼仪、“五大家族”等方面的内容，并自豪地说：“优雅的礼仪不仅能在学生求学的阶段帮助他们养成端正、严谨的作风，也有助于形成良好的校风。”

校园精神文化是校园文化的内核，属观念层文化。缺乏了精神文化的建设，校园文化便只具有形式上的价值。良好的校园精神文化具有催人奋发向上、积极进取、开拓创新的教育力量，能帮助广大师生树立远大的理想和坚定的信念，培养科学的态度、开拓的精神和高尚的品德，建立团结、和谐、融洽、民主、合作、友好的人际关系和客观、公正、理解、抑恶扬善的集体舆论环境，其中学校精神又是精神文化的灵魂，它包括了良好的校风、教风、学风、师生精神面貌、集体舆论、心理环境等多种因素。

我们学校的精神是追求卓越。它是在智慧和勤奋的基础上，对教育理想的高扬。它需要我们用辛勤的汗水焕发生命的光彩，以卓越的智慧折射生命之光的璀璨，这种精神同时又是对人的本质的弘扬和价值的升华。一名追求卓越的教师，必定是充满自信、勤奋忘我、拼搏进取的人。只有这样的教师才能培养出同样具备这种精神的学生。唯有这样，我们的民族才能成为朝气蓬勃、奋发图强、充满生机活力和希望的民族。在塑造这种精神的同时，我们形成了这样的校训：自主、创新，确立了学校的培养目标：使学生获得生动活泼的发展。以培养“四有”新人为核心内容的、内在的、信念化的、积极向上的群体意识，是全校师生的精神支柱和共同奉行的价值准则，是学校办学特色“文化品质”的最集中的表现。这种精神文化的塑造还需要通过多种形式来实现，如，我们实施的教师“塑形”工程，校旗、校徽、校歌的制作，校树、校花的确定，各种活动的开展，均把这种精神文化在校园内积淀下来，形成一种精神力量，来激励全体师生员工，在共同孕育学校文化的过程中形成一种具有持久的影响力的“学校行为场”。

记录一路的思与行

创造新生活　获得新生命

2004 年，我作为江苏省“333”工程新世纪学术技术带头人培养对象，成为江苏省公派留学历史上第一个来自小学一线的学者，在澳大利亚做了一年的留学访问。

我访问的大学是南澳大利亚大学，访问的目的是进行澳大利亚教育与课程改革跨文化比较的实地研究，检验在此领域的一些现代教育理论以及这些理论实践在澳大利亚和中国的应用情况，并与南澳大学教育学院的教师合作制订一个学校教育创新实验计划。

在澳大利亚工作期间，我一半的时间在大学办公室搞研究，写下了 50 万字的论文与报告，另一半的时间则深入澳洲的中小学课堂进行实地考察。我先后访问了南澳大利亚州的 30 所中小学，听了 500 节课，写了 300 篇课程教学和文化学习的故事及 50 封给学生们的信。此外还拍摄了 5000 多张照片和 10 多个小时的教育录像资料。与导师合作完成了澳洲教育与课程改革的跨文化比较研究报告，以及学校的未来教育创新实验计划。

我访问的中小学中有公立学校、私立学校和教会学校，其中有男校、女校和混合校，不仅有城镇学校还包括乡村学校。这些学校中有普通教育、职业教育，甚至还有特殊教育学校等，包含学前班到高中 12 年级各个年级的课程，课程门类涉及：语文、数学、外语、科学（物理、化学、生物）、艺术（美术、音乐、戏剧）、信息技术、社会与环境、设计与技术、体育与健康，以及中学的木工、金工、烹饪、缝纫等选修课程，访谈了不少澳大利亚中小学的校长、一线教师和普通学生，还进行了一些专题调查。在南澳大学还有机会旁听了教育学院研究生的一些课程，主要有基础教育理论、信息技术与教育、信息技术与课程等，还系统学习和研究了南澳大利亚州最新颁布的《南澳课程进展标准及学习评估框架》，以及各门课程的新的课程标准，还与中国的《基础教育课程改革纲要》和各门课程的标准做了一些比较。通过比较，发现两个国家的新课程的理念有着许多异曲同工之处。但由于两国的文化、经济、社会背景的差异，澳洲教育在实践中对人本主义、建构主义等最新理论的运用更为广泛。以学生发展为本，以能力为最终价值导向和主导思想的教育方式很值得我们学习与借鉴，特别是做中学、自主探究式、任务驱动式、小组式学习等模式在平时的课堂中得到普遍运用，效果明显。澳洲新课程中提出的为每一个学生设计他们所需要的课程的思想，在基层学校得到了比较全面的实践。

我采用的研究方法主要有：现场研究、观察研究、访谈研究、文献研究、比较研究等，重点用叙事研究法和比较研究法来呈现研究成果，写下了60多万字的教育笔记。在学校的网站上开辟了澳洲教育在线，每天为学校传去一篇“澳洲课程故事”，天天与教师们讨论课程与教学问题。此外，我还每周给全校的学生写一封信，周周与孩子们在网上交流；每月与全体学校行政人员开一次网络视频会议，月月与管理人员保持密切沟通，成功地实现了跨国、跨洲、跨半球进行网络管理的构想，使自己的开放教育思想和智慧管理理念达到了一个崭新的境界。现在，一个未来的“新生活教育行动”计划已经出笼，它将是一个与南澳大利亚大学合作的教育创新计划。用大胆创新思维以及实际行动去构筑一栋走向世界的教育大厦将是一件激动人心的事。虽然其中的付出与困难是可想而知的，但“大厦”的价值与影响力是值得我们为它奋斗的。

经过系统整理，我把多年的研究成果拿出来与同行分享，期望达到以下一些目的：第一，让中国的一线教师从细微处了解澳大利亚教育与课程实践的具体状况。第二，探讨一些值得中国新课程改革实验借鉴的教育思想及行动策略。教师们在新课程改革实验中遇到困惑时，希望能从中得到一些启迪，找到一些答案。第三，向一线教师证明：叙事研究是开展教育研究的有效方式之一，它可针对一线教师的操作和反思，使实践向理论升华，使理论与实践互动。第四，想借澳洲课程故事来表达自己的教育思想，表达自己在课程领域的新认识、新想法，并提出自己的新策略、新行动。第五，提出在基础教育阶段，规模办学虽然有时也能体现外在的成功，但是“精致化教育”才是成功教育的最终发展走向。

朝向幸福完整的教育生活

靠江靠海靠上海，新人新事新教育。素有“江海门户”之称的海门与新教育有着深厚的渊源关系。早在2003年3月，江苏教育报刊社组织的“弘謇杯”全省第三届新世纪园丁征文颁奖活动就在海门举行，时任苏州市副市长的著名教育家朱永新教授应邀作学术报告，报告的内容就是“新教育实验”，这是朱先生第一次较为系统地阐释新教育理念。“让师生沐浴新教育的阳光雨露”，令我及海门的教师们怦然心动，热血沸腾。受清末状元张謇“父实业，母教育”思想熏陶的海门教育人迫不及待地牵手新教育，痴情地投入到新教育实验中。2005年9月，在我的推动下海门以区域的形式整体加入“新教育实验”。从此，新教育就像一条奔腾不息的河流，在海门大地上穿行，改变着海门师生的生活方式，也演绎了一个又一个海门新教育的成功与传奇。

一、让每个孩子拥有相似的阅读背景

2005年底，我在海门组织了一次小学生课外阅读情况调查，孩子们的阅读现状令人尴尬，村办小学的情况尤其让人不安：12%的小学生家里没有一本图书，78.8%的家长没有给孩子买过书，68.9%的小学生家里仅有的一两本课外读物也只是作文选。由于受到学校经费的制约，村办小学无法提供足够孩子们阅读的图书，农村的孩子很难找到他们所需要的读物，阅读量的普遍不足严重影响着儿童良好阅读习惯的形成，追随教育梦想的海门新教育人为此寝食不安。

阅读是教育中最本质的一项活动，那些最伟大的教育思想家毫无例外地都推崇阅读。通过阅读可以获得终身自我学习的能力，更重要的是拥有了终身学习的兴趣和习惯。朱永新教授首倡“营造书香校园”等新教育“六大行动”，就是要为孩子的精神打底，为孩子的人生奠基。拯救儿童阅读，被我提上了决策的议事日程；推广阅读成了海门新教育人共同的使命。

海门当时有60多所村办小学，怎样让村办小学的孩子们也有好书读，也能读好书，让每个孩子拥有相似的阅读背景，成了我时时挂念的大事。

经过一段时间的酝酿，我亲自牵头研制的“书香童年计划”于2006年初正式在全市范围内启动，让好书陪伴孩子的童年，成为海门小学教育的一项重要工作。作为“书香童年计划”的一个组成部分，首先开始实施的，是面向全市所有村办小学的“图书漂流”行动。

由教育局统一承担经费，教研室组织人员精心选定书目，统一购买了适合学生阅读的中外名著75种1875册、适合教师阅读的书籍20种420册，分成5个流动书架，从2006年2月开始，以“片”为单位，在村办小学之间有序漂流。图书在每所村办小学停留的时间是4个星期，随图书漂流的还有统一设计的资料夹，内有“图书漂流行动简介”“给教师的信”“给家长的信”“读书倡议书”“班级读书会介绍”“6个不同年龄段学生的阅读指导方案”“漂流图书目录”“书友记录单”等，既供漂流学校相互学习、分享，也让教育局了解各校的学习情况。

每一所村办小学的孩子都热切地期盼着图书“漂”来。流动图书室到达的那一天，各个村办小学都要举行简短而隆重的启动仪式，“好书伴我成长！好书伴我飞翔!”“我读书，我快乐！我读书，我成长!”的行动口号响彻校园。孩子们的阅读视野开阔了，《西游记》《安徒生童话》《草房子》《时代广场下的蟋蟀》《窗边的小豆豆》等最新版本的书籍，对孩子们充满着强烈的吸引力，生生共读、师生共读的情景随处可见。4周之后，书架漂走了，但阅读的热情、读书的习惯保留了下来，阅读活动还在持续开展。据统计，2006年上半年，全市图书漂流经过了30所村办小学，惠及9799名学生、180位教师；学生人均读书4.3本，教师人均读书3本。150余名学生被评为“三星级小书迷”。

2006年9月，我们又启动了第二轮图书“漂流行动”。这一次主要采用班级共读同一本书的方式，即在一个“漂流”期（两周）内，教育局向全市各村办小学提供2种图书，图书数量大致按照相应班级的学生数确定。这一轮的“图书漂流”行动，要求教师带领全班学生共同精读同一本书。停留期满，该图书即向下一所学校“漂”去，又有新的图书“漂”来。如此循环，在整个图书“漂流”

期间，全市所有村办小学每天均有 2 个班级在共读同一本书。

怎样让学生养成良好的读书习惯，让他们爱阅读的同时会阅读，读出效果和味道来，这是海门市“书香童年计划”深入实施过程中各个学校都在研究的课题。东洲小学精心筛选了适合各个年级学生阅读的书目，逐步构建起了综合精读、泛读、品读、诵读的阅读课程体系。每周一次的整本书阅读课，学生都是在图书馆度过的。他们在教师的带领下，共同精读一本书，一个学期下来，每个班级一般可以精读 4 本学校统一推荐的好书。“小学阶段完整地精读 48 本书，对学生来说这是一笔可贵的精神财富啊！”东洲小学校长祝禧感慨万千。

不仅仅是一般地读，他们还设计了“阅读手册”，进行系列化的阅读指导和训练。比如，四年级阅读《夏洛的网》，“阅读手册”设计了“分享感人片段”“仿写摇篮曲”“写给主人公威尔伯的一封信”“与好朋友分角色朗读”等听说读写综合训练，阅读活动变得更加丰富、生动。用主体化阅读把精读、泛读串联起来，阅读的内容从儿童文学作品扩大到更多的科学人文书籍，阅读的对象从汉语书籍扩大到简单的英语作品，从传统的平面印刷物扩大到网络和影视作品，东洲小学孩子们的阅读世界变得更加精彩。

海门实验附小强调的是儿童文学作品的经典阅读。他们挂牌成立了“儿童阅读研究中心”，要求各班级每学期选定一本优秀儿童文学作品作为班级共读书，进行深入研读。为此，学校还要求每位教师重点钻研一部优秀作品，通过对一部作品的理解带动对儿童文学整体的理解，然后从孩子的视角对这一作品编写阅读建议菜单。以师生共读为基础，教师再组织孩子们编写属于自己的书，为他们的童年生活留下美好的记忆。

倡导深度阅读，让阅读真正渗透到孩子的情感和智慧深处，这是海门市“书香童年计划”深入实施中的一个导向。正是为了这个目标，我提出要让“阅读课程化”，要读“整本书”，要进行鉴赏性的“师生共读”，要围绕阅读书目展开系列化活动。我积极倡导“晨诵、午读、暮省”的新教育儿童生活方式，并组成了晨诵课程与午读课程的研发团队，建立资源共享平台。每年的书本剧展演是深度阅读向纵深发展的一个明证，学生们把自己的阅读所得用形象的舞台表演呈现出来。还要组织“阅读与作文”，命题都是围绕新教育黄书包的必读书目，如，四年级试题要求学生展开想象，为《时代广场下的蟋蟀》续写结尾，五年级试题要求写下与《假如给我三天光明》的主人公海伦·凯勒进行的一次心灵“对话”，六年级试题要求评说《西游记》中的两个人物。没有真正意义上的整本书阅读，这样的“大动作”是谁也不敢轻易搞的！

把学校办在图书馆里，是我在海门倡导新教育的一个重要理念。我们的“图书漂流行动”共实施了五年，全市每一所农村学校都拥有了丰富的图书资源，确保了农村的孩子与城里的孩子拥有相似的阅读背景。从激发学生阅读兴趣的“自由阅读”，到引导学生学会阅读的“师生共读”，再到把阅读当成生活方式的“深度阅读”渐次推进。“文学阅读”“经典阅读”“快乐阅读”“科学阅读”“主题阅读”成为一些学校精心打造的特色品牌。

由“图书漂流”引起的“蝴蝶效应”远不止于此，读书活动轰轰烈烈地开展，2007 年已经延伸至初中。全市范围的“书香学生”“书香教师”“书香班级”评比如火如荼地展开。每年的 4 月 23 日都要举行海门市新教育阅读节，至今已连续举办了八届阅读节，每次都要隆重表彰“书香学生”“书香教师”“书香班级”。读书活动还辐射到了家庭、社区，家长被孩子读书的热情所感染，“亲子阅读”成了海门一道独特的风景线；社区阅读成了居民业余生活的首选。从 2007 年开始，海门将每年元月的第一个周末，确定为海门的“家庭教育日”，这在全国属首创。开展“书香家庭”评选活动，在全市积极营造和谐的亲子共读氛围；开展“亲子共读”专题讲座，指导亲子科学阅读……2011 年又成立了新教育萤火虫工作站，一批志愿者以公益的方式全身心地推广亲子共读项目。由学校到家庭再到社会，海门的每一寸土地上都弥漫着浓浓的书卷气息，空气中散发着清新的油墨芳香。

为了使学校阅读常态化与课程化，教育局专门下发文件，要求学校从地方课程中每周拿出一节作为校本阅读课，确保学生每天有 1 小时的自由读书时间，使广泛阅读有了固定的时空。根据《语文课程标准》的教学建议，我组织了一批骨干教师梳理了中国的古典诗词、现当代诗词和中外名著，编辑出版了《小学生诗词诵读》《初中生古诗赏读》和《初中生名著导读》，创造性地开展诗词、名著诵读活动。为期一个月的学校阅读节每学期如约而至，教室、图书角、阅览室随处可见如痴如醉的阅读身影，阅读行动壮大了“小书虫”队伍。在“世界读书日”与“孔子诞辰日”推出的全市性的阅读节以及诗词诵读展演——《春天诗会》《我爱诵读》《我与经典同行》等将诵读活动推向一个又一个高潮。书香校园建设与行政推动紧密结合，让海门的校园尽飘书香；书香，赠与孩子一身的灵气。

“让读书成为生活方式，让童年伴随书香成长”“读书吧，让好书伴随我们快乐地成长”。在海门各中小学，读书活动如火如荼地开展。各校还开展“聆听窗外声音”活动，邀请著名作家走进校园，让孩子们有机会零距离接触他们，聆听他们的报告，与他们面对面地对话交流，持续激发孩子们的读书热情。近5年来，曹文轩、郑渊洁、梅子涵、秦文君、黄蓓佳、冰波、杨红樱、祁智、沈石溪、周锐、童喜喜等知名儿童文学作家应邀前来，在轻松愉快的气氛中进一步点燃了学生阅读和思考的激情。见面会的结束，又意味着新一轮阅读、写作热潮的开始：描述跟作家亲密接触的情景，给拍摄的相片写段文字纪念，阅读作家推荐的好书……

朱永新教授曾指出：“阅读不能改变人生的长度，但它可以改变人生的宽度。阅读不能改变人生的物相，但它可以改变人生的气象。”我坚定地认为：我们应该无限相信书籍的力量，倾情用一身书卷味唤醒儿童的阅读需要，用一路书香温润儿童精神成长。新教育让孩子们与书为友，与经典同行，“营造书香童年”增强了海门孩子的人生底蕴，搭建了他们伟岸的精神“骨架”。

二、让每位教师拥有共同的精神家园

没有教师生命质量的提升，就很难有教育质量的提升；没有教师对美好生活的向往和追求，就很难有学生对美好生活的向往和追求。让教师和学生共成长，以教师的成长带动学生的成长，让教师直接享受教育带给他（她）的快乐和幸福，让全市教师拥有共同的精神家园，这是我倡导的海门新教育实验一个重要的价值取向。

2005年9月，“海门新教育共同体”成立。成立之初，决策者们就将其定位为一个研习共同体、一个研修共同体、一个研发共同体。研习共同体为全市教师提供了专业阅读书目与地图，让教师们在反思自己阅读史的基础上绘制适合自己发展的阅读地图；研修共同体为广大教师，尤其是青年教师们围绕课堂教学提供了展示、磨砺、修炼、合作、互动的专业成长平台；研发共同体为全市教师从“教教材”到“用教材教”，做国家课程的二度开发者、地方和校本课程的研发者搭建了一个又一个富有挑战的项目平台。从研习到研修再到研发，形成了海门教师专业发展的独特路径，在这一路行走的过程中，新教育共同体成了大家共同的精神家园和成长舞台。

新教育共同体不仅是教育科研的一个桌面，更是一种教育文化的内存。2006年，海门申报的“区域教育共同体建设与研究”被正式批准为江苏省教育科学“十一五”规划立项课题。我在开题报告中这样表述：海门新教育共同体就是在海门区域范围内，以新教育的基本理论为指导，以“为了师生的共同发展”为价值追求，打破各自为政、自成一统的办学格局，整合校际优质教育资源，形成一个合作、互动、分享的教育协作组织、教育互助组织、教育发展组织，从而实现海门教育的均衡、持续、高效发展。

海门新教育共同体作为一种“实践共同体”，它构建起新型校际合作横向与纵向双轨制教育发展平台，即在市区学校高位发展层面上，打破学校界限，以学科建设为任务，以特级教师、学科带头人为核心，组成“高位发展平台”。另外，在城乡学校联动层面上，由教研员牵头，建立一个城区学校带动多所乡镇学校的联合体，通过整体联动，依托“高位发展平台”，全面提升乡镇学校教育发展水平。城乡教育共同体不只是一个“输血”平台，不只是简单的城市支援农村，强势支援弱势，而是着眼于完善各校的“造血”功能，是双向的互动与联合，是城乡间因地制宜、各具特色基础上的优势互补与合作共享。

新教育共同体活动首先在小学展开。海门城区的7所小学，全部是省级实验小学，各有特色，旗鼓相当。在教育局的组织协调之下，一所城区小学带一个“片”，校长带校长，学科带学科，教师带教师，城乡学校结成了共同体，制度化的校际合作搞得轰轰烈烈。2007年9月，共同体建设又延伸到了全市的初中学校。

海门新教育共同体有一个重要平台，就是“海门新教育在线”。通过新教育在线构建了“特色活动”“书香校园”“师生随笔”“理想课堂”“幼教特教”“习惯养成”“名师在线”“教育博客”等版块栏目，充分发挥了现代信息技术对教师专业成长的引领作用。海门“教育在线”在校本研修、网络教研、学科共同体联动等方面发挥了得天独厚的作用。一方面为广大一线教师提供了各种共享资源，丰富了教师的资料库；另一方面为教师提供了即时交流的平台，教师可以围绕教材教法、学案设置、学程安排、作业批改、文本解读等任何一个方面或对话，或请教，或商榷，或质疑，或争辩，甚或“炮轰”，可以不留情面地畅所欲言，真正达到“百花齐放，百家争鸣”的效果，在比较中知优劣，在争论中明是非，在碰撞中长智慧，在坚持中共成长，在合作中求共赢。

汤家中心小学在校本研修的实践中，积极探索“网络教研”：分学科、分年级，以教研组为单位组成学习型团队，在分单元充分研读教材、教参的基础上，依托网络建立备课家园，上传教学设计，进行互动反思，而且借助网络还吸引了不同区域的教育同仁的热情参与，极大地提高了学习型团队的教研能力。2008年11月，教育局在汤家中心小学召开网络教研现场推进会，“共享基于网络教研的幸福”主题沙龙讲述了他们团队研修式网络备课的故事，这一“网络教研”经验引爆了全市教师的教研革新。现在的网络信息平台，成了共同体学校教师之间快捷的“空中通道”，既缩短了共同体学校之间的空间距离，也缩小了他们教研能力间的距离，共同体学校的教师可以就教学计划、备课、上课、教研活动、教学随笔、专业阅读、作业设计、试卷编制、课题研究、案例反思等进行广泛而深入的交流。

海门新教育网站还建立了教师博客群。许多教师建立了自己的博客，利用博客叙写教育故事，反思教学细节，进行教育科研。许多学校都建立了学校博客群，如海南小学整体加入南通教育博客群，学校采用制度引领、考评激励等机制，要求每位教师在博客上每周至少完成一篇教育随笔和一篇学习跟帖，让写博客成为教师彰显教学个性、反思教学成效、促进专业成长的阶梯。“子夜星空”“笑颜如花”分别是临江中心小学和平山中心小学的语文教师，她们都是“读写绘”项目组的成员，虽然两人在不同的学校，带着不同的孩子在做项目，但网络让她们走到了一起，她们经常在“毛虫与蝴蝶”上交流、切磋，她们拥有了共同的生活、共同解读学生的“密码”，海门镇中心小学的“紫藤物语”，原本是一个人搞“读写绘”的，后来利用“教育在线”将她们联系了起来，这三人在海门的三个学校，各自带着几十个学生，但是，她们彼此间对各自的研究熟悉得如同姐妹。

我在推动新教育共同体建设中，善于抓住一些核心项目，如“每月一事”“理想课堂”“阶梯阅读”等，采取项目联动的方式，在分享与合作中全面提高共同体学校教师的组织能力和协调水平。

在新教育实验倡导的“教给孩子一生有用的习惯”理念指导下，我重点推进了“每月一事”项目，即每月重点培养学生一种良好的习惯。为此，全市每学期都要举行一次全市性的新公民教育行动“每月一事”项目现场推进会，形成了“每月一事”项目的基本操作流程，即“主题阅读，实践活动，展示交流，评价反思”，为全市小学、初中提供可供借鉴的范式。教育局还多次举办全市“习惯养成教育”现场研讨会，进一步引领全市各小学科学运作“每月一事”，形成有效机制，培养儿童良好的行为习惯。

共同体学校在“每月一事”项目的主题引领下，结合各校实际，不断丰富完善“每月一事”项目。一是构建主题性校本诵读课程。每月围绕一个重点习惯，开发并丰富诵读内容，真正让阅读成为孩子日常的生活方式，也使先行的阅读为孩子的习惯养成奠定扎实的知识背景基础。通过共同体学校的努力，已开发了多部校本诵读教材。二是创设多元的实践情景。共同体学校结合日常的学科文化、传统节日文化、主题教育文化、班级文化、社区文化等内容，创设情景、营造氛围，提供给学生多样化的体验平台。围绕“我们的节日——清明节”主题活动，常乐中心小学开展了“心祭常乐烈士”调查活动，能仁中学开展了“走近王陈烈士”社会调查活动，瑞祥、国强、王浩、刘浩等中心小学利用烈士命名学校的有利条件，开展“寻访烈士踪迹”活动。三是注重反思性评价。面对千差万别的生命个体，共同体学校在合作中不断优化操作流程，及时记录典型个案，组织有效的反思研讨，不断提高习惯养成的针对性和实效性。市教育局以征集习惯养成教育故事的形式，借助海门新教育网站，展示交流各共同体学校在“每月一事”项目推进中的具体做法、实践体会和成功经验等。

各学科共同体的工作核心是围绕课堂效率的提高，探索“理想课堂”实施的路径。大家抓住教学的基本环节，注重联校研修，全面推进“学程导航”教学范式。新教育共同体成立了跨校校本研修小组，有计划地组织优秀教师、教学能手到对口学校紧紧围绕我倡导的“学程导航”教学范式开展集体备课、现场研修、同课异构、专题讲座与点评活动等，积极、有序地打造具有海门特色的理想课堂模型，在教学的有效性上实现了突破。具体策略有：一是加强对共同体学校重点学科研究与实践的反思、总结，结合专题研究活动和探索思考的成果，构建各学科的基本教学范式，确立推进思路，集中学科团队核心组成员深度研讨，认真研究范式的实施路径与着力点，确保推进的有序性和实效性。二是明确逐层、分段推进的路径，谨慎、有序地实施推进策略，即以大型现场会的方式分学科全面推进，教研员、共同体学校教学骨干示范引领，细述、解读各科范式，明晰方向，有效指导；以区域学科共同体的研修方式深度推进，加强区域化、校本化的落实。三是强化分段过关程序，深化“以学定教”的教学思想。一方面改变备课的基本流程，从三维目标、教学资源、学程预设、导航策略、作业设计、调整反思等环节来构建“学程导航”的基本备课范式，为课堂实施奠定基础；另一方面改变课堂的组织和管理方式，明确课堂组织流程，用有效的课堂管理机制和教学范式确保课堂效率的全面提高。总之，“学习为魂，反思为智，研究为脉，实践为体”成了海门新教育共同体的鲜明特征。

把“人才强教”作为核心战略，精心打造卓越校长群体，充分发挥校长作为一校之魂的堡垒作用。这是海门新教育共同体的又一道亮丽风景。

2006 年，在我的精心组织下成立了校长俱乐部。校长俱乐部以自由、开放、分享、合作为共同价值取向，以每月一次活动为基本制度，努力将其办成思想者的俱乐部，旨在让俱乐部里的每一位校长都拥有自己独特的办学理念与风格，从经验型、管理型走向智慧型、文化型。至今，校长俱乐部已推出 80 余次活动，校长俱乐部彰显了其独特的魅力。

沙龙、论坛是校长俱乐部的主要活动方式，每次活动都有一个明确而集中的主题，“思想碰撞”是每次俱乐部活动的重要环节。俱乐部先后举办了“学校特色与学校文化建设”“习惯养成与公民道德”“理想课堂构建与‘学程导航’范式研讨”“课题申报与课题研究”等专题沙龙、讲坛。比如，针对“十一五”“十二五”发展这些热门话题，校长们交流了各校发展的基本思路，有百年老校实验小学的文化传承与创新，有新办学校的文化立校，也有农村中心小学期望成为当地人民有口皆碑的学习型学校的务实定位。他们基于学校的发展现状，立足海门教育的发展要求，放眼整个教育的发展态势，主动思考、积极探索、自主创新，分别编制了各校的发展规划。俱乐部组织了由专家、教育行政、校长代表组成的论证组，以区域共同体学校为单位，分别进行了现场论证。这为校长明晰学校发展愿景、提升学校办学理念、确定学校发展特色、优化学校发展策略等提供了最直接有效的帮助。

校长俱乐部的研究很实在。每次围绕一个主题，这个主题往往是某个时段学校工作的重点、难点，在分享、碰撞中集聚众人智慧，共同破解教育教学工作中的难题。

校长俱乐部的探讨很深入。往往是一个思想引发另一个思想，一个火花点燃另一个火花。比如，围绕学校文化建设，校长们通过沙龙，达成了这样的共识：学校文化是学校特色的集中体现，是学校的生命所在，是催生教师专业成长和学生生命发展的深厚土壤，也是学校的核心竞争力。在学校文化建设中，必须自觉做到整体规划与分步实施相统一、继承与创新相统一、共性与个性相统一、显性与隐性相统一、动态与静态相统一。

校长俱乐部的观念也很前卫。学生学业水平评价历来被视为最难啃的“硬骨头”，但海门的校长们就敢于动真碰硬。校长们对此问题进行探讨，由此掀开了海门中小学生绿色学业评价改革的序幕。

校长俱乐部还善借“他山之石”。我积极争取承办省级以上的教育研讨活动，千方百计借助省内外优秀校长的丰富经验和独到的管理智慧为“我”所用。2006 年 5 月，《学校管理》编辑部举办的“江苏省示范初中校长论坛”在海南中学举行，海门的初中校长们如饥似渴，虚心听取专家报告，观摩校长论坛，主动取经。2008 年 12 月，全省初中教育论坛暨江苏省教育学会初中教育专业委员会第五届年会在东洲中学举行，江苏百所初中校长和上海、浙江等 5 省市教育专家云集海门，校长们围绕“加强校本建设，促进内涵发展”展开了深入的探讨，为海门初中校长提供了极为珍贵的学习借鉴机会。

校长俱乐部活动在分享经验的基础上，逐步走向了项目合作研究的状态。俱乐部安排了一些校长们最迫切需要的合作项目，比如，围绕“如何使学校实现理想的校本发展”这一话题，分成“校本管理”“校本教研”“校本课程开发与实施”等专题，进行合作性研究。校长们共同组建开发小组，开发了系列地方课程资源，供全市的所有学校分享。特别是在校长们的积极参与下，构建了学生学业多元评价体系，在俱乐部活动中，大家达成了共识。如在小学阶段要充分发挥评价正向激励、确立信心、体验成功等功能，而不只是甄别、选拔功能。校长们在一起探讨了即时性评价、展示性评价、竞技性评价、累积性评价、目标性评价、成果性评价、奖励性评价等各种评价类型，充分认识到评价的主体是教师和学生，关键在学校和校长，特别是关于建立成长文件夹（档案袋）的研究，这对让学生在多元评价中学会自我反思、认识自我、建立自信，具有鲜明的引领价值。

校长俱乐部不同于以往的校长会议。每次活动都到一所不同的学校，都有自由论坛的机会，每次活动都有共同的话题，都能有与专家进行对话的机会，每次活动都有合作研究的项目交流，都有集体的反思。通过这样的平台，海门中小学校长队伍的整体素质在不断提高，而这正是海门教育均衡发展的一个重要前提。

新教育，让海门的每一个教师都拥有了共同的精神家园。正是沐浴着新教育的和风细雨，海门的教师笑脸灿烂，心态阳光，专业成长，教书育人的师德师能得到了升华。这里，有必要在“海门市名师发展中心”上再花些笔墨。

2006 年暑假，经过我的反复沟通协调，我们成功与南京师范大学教科院联合打造了“海门市名师发展中心”，旨在通过专家的引领，共同培育一批海门的名、特、优教师。南京师范大学的杨启亮、吴永军、叶浩生、李如密等教授多次来海门面对面、一对一地指导，并对“名师发展中心”成员作个性化设计。如今，东洲小学祝禧校长的“文化语文”、东洲中学陈铁梅老师的“审美人生教育”等都已实现了从经验到理念再到概念的飞跃，在省内外产生了广泛影响，南通市教育局还专门为他们安排了规模宏大的教学展示活动。新教育实验更使一大批教师成长为南通市名师发展第一梯队成员、学科带头人和骨干教师。在此基础上，2011 年我推动组建了 20 个名师工作室，每个工作室都有一名特级教师或市级以上学科带头人领衔，有一群优秀教师作为成员，围绕一个共同的教育教学主张，推动一系列的教育实验项目。这个平台已经成为海门的“卓越教师”成长俱乐部，以帮助更多的教师从优秀走向卓越。

《行走，不要忘了一路的风景》，这是朱永新教授为江苏教育出版社出版的“走在成长的路上”丛书所写的丛书总序。这套丛书由海门的十位一线新教育实践者撰写，内容涉及教育、教学、科研等多方面，它不仅是海门教师专业成长的里程碑，也展示了海门新教育实验在师资队伍建设上的丰硕成果。

三、让每所学校拥有自己的发展跑道

朱永新教授倡导的新教育实验提出了“为了一切的人”的教育理念，目标是为每个人的发展提供良好的教育环境。每一所学校都应努力形成自己的特色，为学生全面而具个性的发展提供理想的、可能的教育生活。

至2005年底，海门市已有11所小学、9所初中通过了省教育厅组织的“江苏省实验小学”“江苏省示范初中”的评估验收，并呈现出良好的发展态势。为了实现区域教育优质均衡发展，2006年起，我提出以“达标创特”作为有效抓手，引领学校走内涵发展之路，彰显特色个性，提升学校发展品位，让每所学校拥有自己的发展跑道。

“达标创特”，即所有乡镇中小学必须达到江苏省现代化学校办学标准，并创建成海门市特色学校，旨在以此为载体全面提高农村义务教育的整体办学水平，进一步加强素质教育，提高教育质量，深化教育改革，促进教育公平，实现城乡义务教育的优质均衡发展。通过五年实践，海门的“达标创特”已取得阶了段性成果，全市所有初中、小学基本达到江苏省现代化学校办学标准，都成了海门市特色学校。

充分挖掘和利用身边资源发展教育是新教育的根本理念之一。我在引领特色学校创建的过程中，要求学校充分立足于身边资源，走个性化发展之路。从学校的实际出发，立足学校的传统，坚持做到把“创特”过程变成一个把原先学校的特长项目做大做强的过程。在“创特”中充分利用已有资源，形成学校品牌。如六匡中心小学的“乒乓文化”、悦来中心小学的“排球文化”、瑞祥中心小学的“围棋文化”、国强中心小学的“书法教育”、天补初中的“戏剧教育”、海师附小的“童话教育”等，都是源于学校的传统项目。他们的特色项目原先在县内外、市内外乃至省内外已小有名气，在“创特”过程中学校更加注重内涵提炼，努力使之成为体现学校办学方向、彰显师生气质、具有旺盛生命力的学校文化。海师附小十多年来，虽然校长换了五六届，但致力于童话教育特色建设的步伐没有停止。《江苏教育报》以《童话教育：焕发蓬勃的活力》为题全面报道了该校童话教育特色办学的历程和经验。

一些学校在“创特”过程中还能尽力挖掘和利用独特的社区资源。比如，三和中心小学的“社区教育”源于三和发达的经济、淳朴的民风和独特的人文资源，形成了“社区·人文”“社区·产业”“社区·责任”为三条主线的社区教育课程体系。三星中心小学的“绣品文化”依托于闻名国内外的叠石桥绣品城的优势资源；常乐初中和常乐中心小学的“弘謇文化”，充分利用状元故地的品牌效应，从学謇、知謇、弘謇中把张謇精神植入学校内核；四甲中心小学的“军校教育”，借助于南京军区驻海某部坐落在四甲镇的有利条件，开展军事教育；余东中小学的“风城文化”，就是因为位于历史古镇风城而起步的；东灶港中小学的“海洋文化”“海港文化”凭借了濒临黄海的得天独厚的地理优势……丰富的社区人文、历史、地理资源为学校提供了丰富的校本研究资源，为学校特色文化建设提供了有利条件。

一些学校的特色品牌则是通过借助一个或几个与学校有关的要素，从这些要素中提炼出某种教育思想或是精神特质，并把它辐射到学校的整体层面和各个领域，在此基础上综合提炼而生成的。比如：三阳中心小学的“感恩教育”源于台商薛氏兄弟为母校捐款造楼的感恩之举；万年中心小学的“砺志文化”源于社区名人、中国著名创业成功人士戴志康先生的奋斗经历；麒麟中心小学的“责任教育”源于知名校友、残奥冠军得主李春花自强不息的感人事迹；海门镇中心小学的“展示教育”，则源于该校南通市级“十五”课题《小学“展示教育”的研究》……这些特色文化正在内化成全体师生的共同价值取向和精神追求。而实验小学的“品质教育”、东洲小学的“新生活教育”、通源小学的“新生命教育”、育才小学的“绿色教育”、平山中心小学和王浩中心小学的“儿童诗教育”、正余中心小学的“新父母教育”等则是他们在学校传统文化继承中的创新与变革。

通过“达标创特”，海门学校的整体办学水平提高了，办学特色彰显了，呈现出了“姹紫嫣红”“百花争艳”的局面，每所学校都有了属于自己的“跑道”，每所学校都有了师生引以为荣的特色品牌。走在大街上，你甚至能从某个学生或教师的谈吐中判断他（她）来自哪所学校。你不能武断地说哪所学校好，因为各校都正在致力于把他们的特色品牌浸透到学校管理、学校教育、学校生活的方方面面，使之成为散发着独特魅力芳香、沁人心脾的文化品牌。

“达标创特”工程为学校的硬件建设也提供了机遇，在当地党委、政府的大力支持下，各校生均占地、生均建筑面积、绿化面积都达到了省现代化学校办学标准。许多学校还利用“达标创特”的契机改善、完备了各项教学设施，使学校面貌发生了根本的变化。更重要的是在“达标创特”的过程中，各个学校的师资队伍正在悄然发生着改变。经过创建的磨炼，不仅学校中层干部创新超越、独当一面的能力大大增强，而且全校教师的奉献意识、科研意识和驾驭课堂教学的能力有了明显提高。示范课、随堂课、比赛课一波接着一波，学校的研讨氛围浓郁了，大家把打造理想课堂、提高教育教学质量看作是在提高自己的生命质量，教师们深切感受到了在创建过程中专业成长的快乐，教师的愿景追求和精神状态不断提升，展现出无限的生机和张力。

新教育是一个培育生命的精彩过程。每所学校都拥有自己的发展跑道，既动静相宜，其乐融融，让孩子们拥有了成长的乐园；又内练硬功，外塑形象，让每一位教师拥有了互动体验、追求卓越的展示平台；更使每一所学校找到了个性化、特色化办学的科学路径。

千百年前，扬子江与南黄海牵手拥抱，共同搭起了海上金门。海门，滨江临海的特定地域优势，使海门人既拥有“海纳百川”的雍容气度，又有了“强毅力行”的壮美行动。迎着新世纪的朝阳，新教育赐予了海门彼此的缘分，赋予了海门教育生命的绿色。新教育，将在海门大地继续穿行，吾将上下而求索，演绎更美的华章和更新的精彩！

走出学校的围墙

只有开放的教育，才能成为现代教育；只有开放的教育，才是回应“知识经济”挑战的教育；只有开放的教育，才称得上是为21世纪培养优秀人才的教育。

如今是开放的时代，开放时代的教育是面向世界、放眼未来的教育。瑞士教育家查尔斯·赫梅尔博士，在他为国际教育局写的研究报告《今日的教育为了明日的世界》一书中指出，“当代世界教育共同关心的价值准则和新的目标是：自治、平等、生存。”

我国的学校教育要能适应世界教育发展的潮流，校长首先要有走出学校院墙，极目远眺世界的气度，使自己的教育思想从狭窄、封闭的区域中解放出来，建立起开放的办学模式。

我们抓住政府鼓励进行办学体制改革的机遇，进一步探索以政府办学为主，社会各界积极参与办学的新体制，通过政府、社会、企事业单位、个人共同投资合股，兴建了一所新的国有民营的全托制学校，这是社会各界共同参与办学的一次有益尝试，也是我们借鉴市场经济理论的合理内核所进行的一次深度探索，切实解决了学校发展过程中已显露的矛盾，使学校的发展更具有生机和活力。

我们利用民办体制可以更好地面向全市少年儿童、面向社会、面向家长的优势，推出了一系列全新的举措，使学校更好地面向全体少年儿童，促进少年儿童的素质全面发展。如举办全托制小学实验部和兴趣项目，给农村儿童提供了发展的条件；成立家教辅导中心，使家长既成为教育的主人，也成了教育的对象；我们还加强了与社区之间的联系，使我们的教育对象面向社会的方方面面，形成全社会共同关心、培养高素质的少年儿童的氛围。

我们按照社会的需要及21世纪对人才的要求进行教育内容开放化研究，在

1—6年级全部开设英语与计算机课，增设信息课、交往课、家政课等，设长短课、微型课等，并加强各学科之间的联系。课程内容不断融进社会发展、科技进步的新信息。组织每月一次的“你我同欢乐”活动，每两年一届的音乐节、英语节，还定期举办“小巧手”、小发明比赛，乒乓球、围棋、象棋擂台赛等。这些全开放的活动从全新的21世纪人才素质需求出发，培养素质全面、个性鲜明、富于创造、适应发展的儿童，这些开放式活动的开展，真正使孩子的潜能得到充分挖掘，智力得到充分开发，个性得到充分发展，素质得到全面提高。

在教育模式的改革上，我们大胆进行了学科课程的教学模式改革，把“活动化”教学作为主体性教育的基本模式来研究，形成了“活动化”教学的模式框架，即在课堂教学中通过“小班化”“分组式”的基本教学活动形式，使学生主动参与学习的全过程，动眼、动耳、动口、动手、动脑，最终达到动智、动情的最高学习境界。与之相应，还以现代教育技术促进教育模式的开放，使每个人掌握了多媒体软件的制作方法，大大优化了课堂教学模式，缩短了课堂与外部世界的时空距离，增加了信息量，提高了教学效率，促进了现代学习过程的多样化、社会化、主体化和开放化。

我们的教育资源是面向全市少年儿童的。专业教室和近百万元的设备，星期一到星期五全部提供给小学、幼儿园使用，双休日、节假日对社会开放。积极开辟教育的新天地，社区、家庭均是教育的好场所，可以把课堂搬到部队、工厂、新村、田野等，让学生走向大社会，接受更全面的素质教育。我们与驻海部队、消防大队、交警大队共同举办了“勇敢夏令营”“吃苦冬令营”等活动，把孩子们带到部队过军营一日生活，到江边野营，参观灭火演习，上马路学做交警，组织学生下工厂参观，去农村实践考察……这样整合、拓展和充分利用了少年宫的资源，优化配置，提高了办学的整体效益。

我们还通过聘请教学专家顾问，外聘兼职特长专家，把社会、家长中的能人请进学校，担任特殊的老师，让学生接受更全面的素质教育。

现代学校必须是开放型的学校，现代教育也必须是开放型的教育。开放式教育就是要立足于儿童的未来，着眼于全面提高学生素质和促进个性的最优化发展，教育不仅要追求有，更要追求好，不仅要追求量的扩充，更要追求质的提高。随着素质教育在教育改革实践中的不断深入，它已逐步在全社会形成共识，人们的教育观念也在发生着深刻的变化，大家越来越感受到未来社会人才竞争的激烈，于是更多的人已经把眼光投向孩子的全面素质的发展上，特别是对生存、合作、交往、创造等能力的关注和培养尤为突出。开放式办学模式的研究使我们深深体会到：1. 面向全体、全面发展是开放式教育的本质。开放式教育就是要面向学生的终身，从而使人的成长与发展中的理性与非理性，认知与情感，科学、人文及社会因素协调发展，达到身心全面、自主、和谐发展的境界，以充分展示人类的创新智慧。我们应该给全体学生都创造一个民主、宽松、有利于学生自由发展的环境，调动起丰富多彩的学习中介，积极推进“全面发展”“全脑发展”。2. 学生的主动发展是开放式教育的关键。开放式教育，就是要培养学生对待事物的发生、发展有一种强烈的参与意识，为了共同的目标与他人互相合作、交流，并能引导学生为面向未来而学习，使他们对一些问题能做出自己独立的判断，主动去选择自己应该学习的内容，形成自主创新性的学习观和人生观。3. 培养学生的创造性是开放式教育的核心。创造是人类的天性，现代社会更需要的是创新性学习。开放式教育就是要带领儿童走向自主创新性的学习之路，通过开放式的学习提高发现问题、提出问题的能力，培养对未来社会的应变能力。这将使他们终生受用，并可为整个国民素质的不断提高奠定坚实而牢固的基础。

学校特色文化的品质提升

证大小学是海门的涉农街道学校，又处于国家级开发区科教城，这次全市的“特色文化品质提升”校长论坛放在这里，有着特殊的意义。证大小学在特级教师仇丽君校长的带领下，在短短三年多的时间里，把当初只有六个班七八十名学生的农场小学变成了如今已有500多名学生的现代化学校。在办学过程中，她把城区品质学校的办学理念与思想融于学校建设与发展中。从刚才生动的展示与仇丽君校长的讲述中，让我们看到了一所品质学校的基本雏形，值得为你们点赞。

同时，刚才东洲小学教育管理集团的几位校长的讲述也让我眼前一亮，每一位校长都结合学校自身的发展实际，又有了许多独到的、有深度的探索。回顾海门小学教育发展的历程，从标准化、特色化建设，到学校文化，再到现在提出特色文化品质提升，每一个阶段我们都有区域性的顶层设计蓝图，更有各所学校的创新实践探索，刚才集团总校长吴建英的点评精准、精彩，深度阐述了特色文化提升的核心要素，相信大家一定深受启发，我完全赞同。下面结合证大小学的现状，以及海门学校的实际，就学校特色文化品质提升谈几点思考。

一、让文化，为学校立魂

新教育认为，文化为学校立魂的核心问题是学校的愿景、使命、价值观。愿景，表达了我们要办怎样的学校；使命，表明我们要培养怎样的人；价值观，是学校的办学理念、学校精神、校训、儿童观、课程观、教学观、教师观，以及校风、教风、学风等一系列的价值理念体系。仇丽君校长刚才已经用证大小学的生动实例给了大家非常经典的回答。证大小学的办学理念是：“我来擦星星”。朱永新教授倡导新教育实验经常用一首诗来表达我们新教育人的文化使命，那就是“总得有人去擦星星”，那是美国著名诗人谢尔·希尔弗斯坦的经典诗：

总得有人去擦亮星星，
它们看起来灰蒙蒙。
总得有人去擦亮星星，
因为那些八哥、海鸥和老鹰
都抱怨星星又旧又生锈，
想要个新的我们没有。
所以还是带上水桶和抹布，
总得有人去擦亮星星。

就是从这首诗里受到启发，仇丽君校长用非常精彩的语言“让我来擦星星！”不仅回应了这首诗歌，而且让其成为学校独特的办学理念。同时，由此生成出学校的愿景是办“省内科技教育示范校，全国新教育实验窗口校，未来地球村概念特色校”；使命是“珍视每一个，发展每一个，让每一颗星星都闪亮”，校训是“我还可以更闪亮”，整个理念系统相互辉映，内涵丰富，独具特色。让文化，为学校立魂，就是让学校里的愿景、使命、价值观，弥散在学校的章程、制度和师生的行为中，弥散在学校的课程、课堂的建设，以及育人的过程中。唯有这样的学校，才是有特色、有文化、有品质的。证大小学今天为我们提供了一所特色文化品质提升的生动范本，也让我们看到了新教育文化最终是融于学校自身发展需要与特点的教育生活。

二、让课程，为学生创造伟大的机会

看一所学校的课程是否有特色、有品质，不仅要看它是否有非常好的顶层设计与课程体系，更要看它是否体现丰富性、多样性、可选择性、可操作性，并已经有生动的课程实践活动。同时，还要看学校课程设计与实践是否与学校的办学理念、愿景、使命、价值观等高度切合、一致。证大小学这一点做得很好，整个学校课程的架构图，相互之间都是融通的。这里还有让我们深受启发的是，一个在马路边摆摊做铝丝工艺品的人，可以请回来做工艺课程；可以请轮滑培训的青年小伙子到学校里做合作课程；可以请有舞蹈专长的家长，担任学校舞蹈课程的辅导老师。虽然学校只有 26 名教师，除每位教师须带 1—2 个社团活动外，还聘请了校外的社团辅导老师。这就是校长的运筹力与创造力，有了丰富的教师资源，才能开设丰富的校本课程，学生才有更多的选择机会。学校课程的品质，首先是课程的多样性、丰富性和可选择性，而不是高大上；其次，看课程在实施过程中孩子能否得到生动、活泼、自由的发展。证大小学能做到的，在座的每一所农村学校都可以做到，而且可以做得更有特色。因为我们身边拥有无数的资源，只要我们愿意去挖掘，愿意去做，课程资源就在身边，课程就在校园里，课程就在社区里，课程就在所有的孩子、家长和周围熟悉的人群中。所以，我们在这一点上，还可以做更大的努力。只要你愿意付出创造性的劳动，学校课程的品质就能不断得到提升，就能为学生不断创造可以成为伟大的机会。

三、让校园，成为汇聚美好事物的中心

在学校特色文化的品质提升中，校园环境的品质是重要的组成部分。如何让校园成为汇聚美好事物的中心？我们要从校园环境育人，走向一个新的高度、新的境界，即走向场所、场景育人，走向课程育人。我们要把校园建设成一个个具有课程意义的场景和场所。证大小学有那么多以“星”为单位的场所与场馆，星瀚书院、星光电视台、北极星科学院、启明星艺术团等，这些主题场所与场馆，都是从“我来擦星星”的办学理念延伸出来的。仇丽君校长发挥了自己是科学学科特级教师的优势，把校园里的每一种植物都用二维码标识出来，家长们进入校园也可以一起参与这些课程的建设。我们在校园里，每到一处，不是看它漂亮不漂亮，是应感受到它的力量，一种向上的教育力量，一种知识的力量，成长的力量。这就叫美好事物。我们每一所学校里面有很多值得汇聚的美好事物，如何去汇聚这些美好事物，有太多值得我们去努力的地方。许多学校都在进行校园环境改造，希望大家在改造的设计中，一定要有强烈的课程意识、育人意识。刚刚听到汤家小学要建家乡诗人卞之琳馆，我建议从一个人走向一群人，从大诗人走向一个个小诗人，使之成为拥有丰富儿童诗资源的诗社。我们的馆、舍、场景、场所，最终都是为了人，为了孩子，为了孩子的成长。让校园成为汇聚美好事物的中心，就是为立德树人创造适合的教育资源。

四、让行动与坚持，收获师生生命成长的奇迹

行动就有收获，坚持才有奇迹是新教育实验的行动哲学。刚才，东洲小学教育管理集团吴建英总校长深刻地阐述了这一观点，讲得太好了。这么多年来，我们从特色发展到文化立魂，都是做出来的。坚持做，就能创造奇迹。“十三五”我们提出了品质提升的愿景，施健斌科长带领大家扎实行动，教育局的专业引领

团队已经在全市所有小学走了一个轮回，开展了深度的研讨，每一所学校形成了初步的顶层设计。我想说，品质提升，重点在做，关键取决于在座的各位校长。一是校长要有思想，刚才吴建英校长也讲到，我非常认同她的观点。有思想的前提是要有思考。没有思考就不可能有思想。要做思考型校长，再做思想型校长。二是校长要有追求，有追求就要不懈地努力，为了学校的建设与发展，持续不断地寻找政府与社会各界的支持。只要我们有好的蓝图，有坚持不懈的行动与坚持，就一定能赢得更多的支持。三是校长要有境界，不仅要有思想，要有追求，更重要的是要有境界。要有一定的高度，有大视野，甚至国际视野。我们经常有机会到外面的学校学习、交流，要善于把学到的思想融于学校的建设思路中，不断丰富与完善学校的内涵，提升学校品质。

今天，我们走在学校特色文化品质提升的路上，在这里遇上了美好。新教育认为，只要上路，就一定会遇到庆典。今天的校长俱乐部算一个小小的庆典。“十三五”才刚刚起步，相信再过三五年，海门的小学，无论是学校文化价值体系，还是课程体系、校园环境，以及师生生命的品质，都会得到全面的提升，到那时候，我们一定会遇到隆重的庆典！

新教育：导向素质教育的理想家园

由中国教育学会副会长朱永新教授（民进中央副主席、苏州大学博士生导师）主持的《新教育实验的研究》与《新教育实验与素质教育行动策略的研究》系中国教育学会“十一五”全国重点课题与全国教育规划“十一五”教育部重点课题。新教育实验是一项综合性、整体性、长期性的改革实验，从2000年萌发至今已经十年。目前，实验范围遍布24个省、自治区、直辖市，拥有32个实验区、1148所实验学校，130多万师生参加了实验。由课题组创办的教育在线（www. eduol. cn）网站论坛的注册会员已超过36万人。2007年新教育研究院在苏州注册成立，是新教育实验的组织和管理机构。中国教育学会常务副会长郭永福先生于2010年7月在河北石家庄桥西区课题现场结题会上高度评价：“这是学会‘十一五’课题中参加人数最多、影响最大的课题之一。它不是自上而下的改革运动，而是由一批专家和一线教师组成的追梦人的自觉行动；不是‘要我搞’，而是‘我要搞’，有很强的主动性，很高积极性和创造性；不是破字当头，立在其中，而是在继承借鉴基础上的改革创新，因此不是废墟上的重建，不是零起点，因而能根深叶茂。它已经成为我国素质教育的一面旗帜。它的团队成了我国教育研究和改革的一支生力军。”

一、新教育实验研究的背景与价值

新的时代总是要呼唤新的教育，一个时代理应有一个时代的教育特征。进入21世纪，中国的教育如何发展，如何建构具有时代特征的“新教育”，已成为众多有识之士深切关注的重大论题。在西方教育发展史中，从19世纪末到20世纪50年代，占据主导地位的便是新教育思想，其代表人物有被称为“新教育之父”的英国教育家雷迪，以及怀德海、沛西·能等，此外还有德国教育家利茨、法国教育家德摩林、比利时教育家德可乐利、瑞典教育家爱伦·凯、美国进步主义教育家杜威等。他们主张建立符合现代社会需要的教育，在各自的国家建立“新学校”。其中最著名的便是雷迪创建的“阿博茨霍尔姆学校”。雷迪认为，“学校的任务主要是促进儿童个人的自由发展，即身体和心灵的健全发展，而不是用书本知识去压抑儿童的发展。”

在我国，陶行知先生也曾明确提出“新教育”的概念，他在1919年发表的《试验主义与新教育》中讲了这样一段话：“夫教育之真理无穷，能发明之则常新，不能发明之则常旧，有发明之力者虽旧必新，无发明之力者虽新必旧，故新教育之所以新，旧教育之所以旧，则视其发明能力之如何耳。”和他同时代的很多人，对新教育和旧教育也都有他们自己的认识。蔡元培先生就曾经写过《论新教育和旧教育之起点》一文；陈鹤琴先生把活教育作为旧教育的对立面，他虽然没有明确提出“新教育”的概念，但是活教育实际上就是一种新教育；黄炎培先生也在他的很多论著中多次使用“新教育”的概念。全国教育工作第一次会议根据毛泽东的指示精神决定：建设新教育要以老解放区新教育经验为基础，吸收旧教育某些有用的经验。

纵观中国教育近几十年的发展历程，在肯定教育获得巨大发展成就的同时，我们不得不遗憾地承认，中国教育，尤其是基础教育中理想主义的色彩还是较少，缺乏应有的对现实目标的批判和超越；中国教育片面追求与现实的适应和协调，在一定程度上削弱了教育引领时代、提升社会的功能。正是从这样的思考出发，朱永新教授的《新教育之梦》对新世纪中国教育进行了沉思和理性观照，建构了具有时代特征、中国特色的“新教育”，为更好地发挥教育理论的指导作用，2002年正式开展了以教师专业发展为基点，以“为了一切的人，为了人的一切”为核心理念，以“五个观点”（让师生与人类崇高精神对话；无限相信学生与教师的潜力；重视精神状态，倡导成功体验；教给学生一生有用的东西；强调个性发展，注重特色教育）为基本思想，以“六大行动”（营造书香校园、师生共写随笔、聆听窗外声音、培养卓越口才、构筑理想课堂、建设数码社区）为具体途径，以“四大改变”（改变教师的行走方式、改变学生的生存状态、改变学校的发展模式、改变教育的科研范式）为主要目标的“新教育实验”。实践证明，新教育实验是通向素质教育理想园的一条可靠路径。

素质教育的特质是面向所有人的教育，是全面发展的教育，是可以持续发展的教育，是帮助教师和学生获得终身自我发展能力的教育。新教育实验正致力于促进素质教育思想行动化、具体化、系列化、大众化，打造素质教育的经典个案，形成系列的可操作的实验主题、实验内容和实验方法，推进素质教育有效实施，从而成为中国素质教育的一面旗帜。

二、新教育实验研究的核心追求与主张

新教育实验的核心追求是“过一种幸福完整的教育生活”。朱永新教授认为幸福完整的教育生活有四层意思：一是教育就是生活；二是教育同时是一种特殊的生活；三是教育生活应该是幸福的；四是教育生活应该是幸福完整的。这是新教育人共同追求的理想境界。可是，现实的教育生活对大多数师生来说，也许还不是一种幸福完整的教育生活。教育者常感到无奈、迷茫、困惑，并不断追问“教育是什么”“教育为了什么”“怎样进行教育”，等等，重新从教育哲学的视角思考这一系列基本问题就显得尤为必要。“过一种幸福完整的教育生活”这一命题，从本体论来说，教育是一种特殊的生活，即所谓的教育生活。从价值论来说，我们所追求的教育生活，它应该是幸福而完整的。从方法论来说，“新教育实验”是主张通过“营造书香校园”等六大行动，以及一些具体的项目来实现过一种幸福完整的教育生活。

教育生活是一个人整个生活的重要组成部分，因而教育生活是否幸福，将影响其整个人生的生活质量和幸福指数。人总是追求有价值的、幸福美好的生活。“生活本意在于创造幸福感”。教育生活也是如此，幸福的教育生活是人生幸福现实化的重要体现。孔子说：“学而时习之，不亦乐乎！”教育不仅给人幸福，它本身就充满了乐趣。只有在愉悦、快乐的情景中，教育才能取得良好的效果。追求幸福，是人的天性或本能。所以，新教育实验强调过一种幸福完整的教育生活，不仅仅有对教育终极意义的思考与追求，当然更有对当下某些教育问题的担忧与不满。应试教育是单向度的，是畸形的，是片面的，是唯分数的教育，其中最大的问题是缺乏作为人的教育，缺乏德行的教育。人应该是完整的，让个体的“人”成为“自己”，一个完整的自己，这才是哲学意义上的“人”的“个体”，才是教育的最高境界。

教育生活的主体是儿童，儿童是“发展中”的人，在其不同的年龄阶段，

有多种需要：生存、享受和发展的需要，而且，还会不断产生新的需要，只有通过教育才能不断满足儿童的各种需要。“把一个人在体力、智力、情绪、伦理各方面的因素综合起来，使他成为一个完善的人，这就是对教育基本目的的一个广义的界说。”儿童作为完整的人，理应过完整的生活。“儿童的生活是一个整体，一个总体……”教育不仅要满足人的需要，还要引导人的需要，促进受教育者“身、心、灵”的完整。新教育实验试图通过自己的努力，能够实现人的“全面和谐的成长”。著名儿童教育家、原中国教育学会副会长李吉林老师说：“朱永新先生在‘新教育’中从教育的终极目标提出的让老师和学生享受‘幸福完整的教育’，引起我极大的共鸣，唤起我对教育更多的美好的憧憬，深感‘完整幸福的教育’是顺应人性的，是对教育本质的一种高度概括……因此，从这个意义上讲，‘新教育’鲜明地提出的‘完整幸福’是切中当代教育时弊的。正是教育的不完整，成为国家一直想推行的素质教育的极大障碍。因此，我禁不住要赞美‘新教育’，它是解放学生、解放老师的教育，是真正的‘新教育’。”

在这么多年的实验中，逐步形成了以下四个鲜明的新教育主张：

（一）共读、共写、共同生活。

“营造书香校园”是“新教育实验”最重要的行动，阅读推广成了全体新教育人共同的使命，“儿童阶梯阅读”是其中的一个研究项目。它的主要任务是为每一个儿童寻找到此时此刻最适当的阅读书籍，为每一位教师探求到此时此刻最适合的指导方式，为每一所学校营建起此时此地最适宜的阅读情境。新教育认为：共读、共写、共同生活，是过一种幸福完整的教育生活的必由之路。共读，是一个班级、一个家庭、一所学校、一个社区、一个国家乃至于整个人类通过阅读继承共同的文化遗产，拥有共同的语言和密码，从而能够共同生活的最重要的途径之一。共写，是指同学之间、师生之间、亲子之间乃至于整个社会通过反复交互的书写，彼此理解，并在不断的自我反思中加深认同，体认存在的过程。共同生活，是指同学之间、师生之间、亲子之间、社区成员之间乃至于东西部之间以及所有公民之间，通过共读共写共做（行动）等途径彼此沟通、相互认同，在保持差异性的同时不断地消除隔阂，并逐渐拥有共同的愿景、共同的未来。

书是我们共同的语言、共同的密码，通过共读共写，师生、亲子拥有共同的语言、共同的生活，共同编织幸福完整的教育生活。朱永新教授认为：“共读、共写、共同生活，意味着这样一种文化上的努力，即恢复书香传统以及书写传统。在现代生活背景下，通过对传统文明以及人类文明的反思继承，逐渐形成新的价值观，将班级、学校、家庭、社区、国家重新凝聚起来，冲破个人主义屏障，打破人与人之间相互隔离的状态，恢复生活的整体性和人与人之间的联系，从而不断地创造新的更加美好的未来。”

站在更高的哲学与人类学的层面，新教育提倡“共读、共写、共同生活”有着更为深远的意义。正如杜威所说：“共同生活的过程本身也具有教育作用。”“人们因为有共同的东西而生活在一个共同体内……为了形成一个共同体或社会，他们必须共同具备的是目的、信仰、期望、知识……”只要一个社会不想通过仅仅培养个体残酷的竞争力而使社会充满着冷酷和暴力，而想在竞争和合作之间形成一种平衡，形成一个拥有共同愿景与语言的有机共同体，那么家庭与学校中的“共读、共写、共同生活”就值得大力提倡。

（二）知识、生活与生命共鸣。

构筑理想课堂，是新教育实验“六大行动”之一。经过多年的实验探索，项目组认为，课堂可以从教学活动基本框架的落实、知识理解抵达的深度、主客体之间及主体间的对话质量这三个层次来考察其成败。新教育提出了理想课堂的三重境界：第一重境界是落实有效教学框架——为课堂奠定一个坚实的基础；第二重境界是发掘知识这一伟大事物内在的魅力；第三重境界是知识、社会生活与师生生命的深刻共鸣。

朱永新教授认为，“理想的课堂就是要不断发掘知识这一伟大事物内在的魅力。”他说，“课堂，是真理呈现之处；教学，是知识散发出魅力之时。在静态的教材下面，蕴藏着人类最伟大的奥秘：发现宇宙与人类，书写宇宙与人类的整个过程。课堂教学，是这一发现与书写的重温，是这一发现与书写的延续。”“发掘知识这一伟大事物的魅力，重新经历此一过程的，不应该只是教师，而更应该是学生——全体学生。这样，课堂教学上的三个元素：知识、教师、学生，就不应该是教师隔在知识与学生之间，用某种手段，将现成的知识转交给学生。优质的教学应该是师生共同围绕在‘问题—知识’的周围，来进行一次艰苦的探索。”新教育所构建的课堂生活是师生围绕“问题—知识—文本”（由教材、考试所提出，与背后深广的学科及更为深广的人类生活相联系），展开一段发现问题、理解问题、解决问题的旅程。在这段旅程中，将充满着怀疑、困惑、挑战，但是，它的核心永远是智力挑战、思维训练，是知识作为解决问题的工具而涌现时的惊奇与喜悦，是对复杂问题形成新的理解时的豁然与顿悟。

在此基础上，走向新教育理想课堂的第三重境界：知识、社会生活与师生生命的深刻共鸣。朱永新教授强调，“如果我们错误地、片面地理解了上面的表述，忽略了‘知识这一伟大事物’背后有个‘共同体’的概念，忽略了从后结构主义的角度，用主体去重现、重写知识与真理的意义，而把教学的全部重心都放在认知这一维度，那么有可能我们会达不到预期的目标，而犯下另一种错误。”对这种错误，早在多年之前，叶澜教授就进行过批判：“把课堂教学目标局限于发展学生认知能力，是当前教学论思维局限性的最突出表现。这一方面是近代以来理性主义哲学和主智主义教育主流思想的反映，同时也是习惯于把原本为整体的事物分割为部分、方面的思维方法的表现。具体地说，就是把生命的认知功能从生命整体中分割出来，突出其重要性，把完整的生命体当作认知体来看待。”“课堂教学蕴含着巨大的生命活力，只有师生的生命活力在课堂教学中得到有效发挥，才能真正有助于新人的培养和教师的成长，课堂上才有真正的生活。”无疑，理想的课堂不会停留于人与知识的对话这一维度。依据建构主义教育学的观点，可以把学习视为一个同时展开的三重对话：人与知识（世界、文本）的对话；人与他者（教师、学生、其他读者）的对话；人与自己的对话（反思的、历史性的、生长性的）。也就是说理想的课堂生活，在实现人与知识、人与他者、人与内在的灵魂深刻共鸣的同时，还需要实现课堂与社会生活的息息相通，课堂与人类命运的息息相通。

当然，如果从教育思想发展的历史来看，对于知识、生活、生命的侧重，本身也可以视为整个教育观念的三重境界。以赫尔巴特为代表的传统教育学，相对重视知识传授的精致与效率；以杜威为代表的现代教育学，相对重视的是生活，认为学校只是社会生活的一种形式，不仅仅是一个传授知识、学习课业、养成习惯的地方；而以人本主义与后现代教育学为代表的当代教育学，则把知识、生活、生命的高度融合与深刻共鸣，作为教育的重要使命。毫无疑问，这是一种最高的境界。问题是，在急功近利的教育现场，这样一种理想有多大的生存与发展空间呢？新教育人所要做的，就是在这样的教育现实中，去寻求空间，这需要勇气与智慧。

（三）书写教师的生命传奇。

教师的幸福是教师在自己的教育工作中实现职业理想的一种教育主体生存状态，教师的快乐感是教师幸福的应有之义，教师的创造力是教师幸福的最高境界。教师的生活在于以创造性的劳动去实现自己的生命价值，享受教育生活本身带来的幸福。教师生活的幸福与完整，并不表明只有快乐，没有痛苦，并不意味着完美无瑕，而是承认教师原本是一个真实的整体，教育生活是一种真实的生活。所以，教师生活不单单来自外部的融合，最终必须是来自教师内心的呼唤，真正的教师生活解放源自于教师的自身认同与自身完整。所以，新教育主张要不断探寻教师的内心生活，教师的生活应当是源自心灵的教育生活，源自“我们自己是谁”的认识。当我们唤回了自身认同和自身完整时，才能把自己整个心灵献给孩子们，也才有机会在学生们的内心获得默契的回应、共鸣，才会把快乐与痛苦看作是一种完整的教育生活。

朱永新教授从子贡倦于学“愿有所息”与仲尼“生无所息”的答复中，教导新教育人应该秉承儒家修身齐家，进而改良社会的传统，担起教师职业之天命；从洪堡特“每一种语言里都包含着一种独特的世界观”的论述中，希望教师能成为民族语言的转译与承载者，成为中华文化自觉的传承者；从雷锋、张海迪、孔繁森、袁隆平等英雄的身上，告诉人们教师的生命应该是一首诗，不能失去崇高感，要永远超越与追求；寄望教师能让学生，也让自己，在跨越重重困难以及怀疑之后，仍然能够建立起对于世界，对于人类，对于自我，对于存在的根本信任乃至于信念。朱永新教授希望所有的教师能以孔子为职业榜样，为人生典范，在危机前，选择挑战，选择坚持，自觉地将自己的生命与学生的生命编织在一起，把自己的生命汇入由孔子开创的伟大的传统之中，汇入正在形成的新教育传统之中，真正地摆脱种种虚无与倦怠，书写自己的职业传奇、生命传奇，过上一种幸福完整的教育生活。

（四）文化，为学校立魂。

现代学校文化建设的问题主要表现为三个方面，即物表化、文本化和标语化。许多学校有豪华的建筑，但没有深刻的文化内涵与教育意蕴；有精美的制度手册和成堆的台账资料，但没有成为师生的行动力量与生命记录；有满墙的标语口号，但没有成为师生的自觉追求。学校文化偏重了物的形态，导致千校一面，特色不鲜明，个性不突出。说到底，学校没有灵魂。

如何让学校真正拥有灵魂？新教育认为，一种成熟的学校文化，应有一个明确的理念统摄着学校生活的一切领域。这个理念就像一轮太阳，照射到学校生活的每一个角落，学校的各种生活总是这个灵魂的体现，是朝向这个灵魂的一种努力。新教育强调，校风是学校已经形成的文化；校训，是学校想要拥有的文化，是学校借一句警言，把自己带向一个理想之境。新教育发现，仪式、节日、庆典是新教育学校的文化“节气”。基于新教育理念，开学日、师生生日、毕业日、阅读节以及学校自己的节日，才是教育生活中最重大的日子，郑重地对待这些日子，擦亮它们、装点它们，将使得教育生活不再平淡，却充满神奇。新教育希望，学校作为师生共同建筑、装点生活的世界，它的设计，它的粉饰，它的绿化、美化，都应该由师生们来共同完成。真正美妙的教育场所，就是师生亲自创造的空间，一棵树，一棵草，一堵墙壁的粉刷，一个标志的设计，都是师生共同创造的结果。新教育相信，学校文化就是讲述一个关于我们自己的传奇故事。我们应该让那些优秀的师生个体成为学校的英雄与榜样，成为最有力的教育力量，成为学校叙事中的绝对主角。

朱永新教授指出，“应当坚持学校文化建设的价值追求，以追求卓越之精神为动力，以富有最高价值指向的文化精神为引领，努力促进学校文化的国际性、现代性与民族性的高度协同，挖掘一切可以利用的文化资源，将它的精华融注到学校文化中来，建构一种积淀厚重、情理交融、充满活力、风貌独特的学校文化，为学生、教师和学校的长久发展打下坚实的基础。”新教育实验所倡导的“过一种幸福完整的教育生活”，是新教育学校文化之魂，是要在学校生活的方方面面体现出来，换言之，应该努力把新教育之魂“活出来”。新教育人愿意用文化的自觉，打造群星璀璨的学校文化景观。

三、新教育实验研究的“因变量”

新教育让教育回归于人的生活方式，回归于幸福完整的教育目的价值论，通过多年的实验，不仅提出了鲜明的新教育主张，还形成了“晨诵”“午读”“暮省”的新教育儿童生活方式，“毛虫与蝴蝶”的儿童阶梯阅读课程，教师专业发展的“三专”模式，“每月一事”的德育课程等，正在逐步实现教育生活的“四大改变”。

（一）改变教师的行走方式。

新教育实验最根本的逻辑起点在于教师的专业发展，基本路向就在于进行“教育共同体及其生活世界改造”。“专业阅读＋专业写作＋专业发展共同体”是新教育研究团队摸索出的教师专业发展的“三专”模式，通过“三专”模式来实现：专业阅读——站在大师的肩膀上前行；专业写作——站在自己的肩膀上攀升；专业发展共同体——站在集体的肩膀上飞翔。新教育实验这几年的最大成果就是涌现了一大批在实验中成长起来的优秀教师。山东临淄的常丽华，河南焦作的张硕果，山西运城的高丽霞……教师行走方式的转变与快速成长，是新教育实验亮丽的风景。

（二）改变学生的生存状态。

新教育实验是通过教师的发展带动学生的成长，让学生一起在新教育实验中成长。新教育儿童课程，“晨诵”“午读”“暮省”的儿童生活方式，让儿童每天用诗歌开启新的一天，用美丽的童书滋润童年，学会经常反思生活，养成终身受用的习惯。新教育实验学校的学生都因读书而改变了自己的精神状态和气象，许多学生在“教育在线”开设专栏，出版个人或班级著作，有的学生性格由孤僻古怪而变得开朗活泼。学生生存状态的现实改变是新教育实验最重要的成果标志。

（三）改变学校的发展模式。

新教育实验的“六大行动”是学校发展重要的一条路径或者说是一个模式，新教育实验的每一个行动背后，都有它非常重要的人类几千年最伟大教育思想和教育智慧的积累，也有着无数成功经验的模式。如果学校真正抓住了教师发展这个基点，抓住了书香校园这个关键的行动，抓住了“六大行动”创造性的发展，学校发展模式自然就会产生。通过新教育实验，一大批名不见经传的学校如今已经成为国内颇有影响力的学校，如山东临淄金茵小学、浙江萧山银河小学、江苏常州湖塘桥中心小学，等等。

（四）改变教育的科研范式。

执着坚守的理想主义、深入现场的田野意识、共同生活的合作态度和悲天悯人的公益情怀是朱永新教授倡导新教育人必须发扬的四种精神。新教育希望创造一种科研范式，一种能改变教育生活、能推动学校发展的科研范式。新教育开展的是一种行动科研，是行动的研究，是校本的研究，这是科研的一种新的范式。这种范式，被中央教科所原所长朱小蔓教授称为“草根运动”。北京理工大学杨东平教授认为：“（新教育实验）最吸引我的，当是它的平民教育价值，以及行胜于知的探索精神。它是从解决中国教育的实际问题出发的，而不是源自学术化的教学实验、为满足学科建设或课题的需要。它是面向农村、面向基层、面向大多数普通学校的，而不是面向少数重点学校、满足它们锦上添花的需要。它是面向普通教师的，它明确地将教师的专业发展、专业成长作为主轴，从而抓住了提升教育质量、改善教育品质的核心。不仅如此，应当说新教育实验远远超越了提高教育质量这样稍嫌功利主义的目标，而直抵教育的真谛：为了孩子的健康成长和终身幸福，给教师一种充实、美满、有尊严的生活，从而走向了崇高的人道主义。”

新教育实验才刚刚上路，新教育人相信种子，相信岁月，愿意如犟龟一样为着理想和信念，执着前行并坚守到底。新教育人坚信，只要上路，一定会遇到庆典。

行走在路上

起点

行者，是理想主义的实践者，是行走田野的思想者。几年前，我写作《做新教育的行者》时，想以富有个人色彩的和所处地域特征的行动诠释新教育的精神世界，想以不断跋涉的脚步涅槃为新教育的一道风景。在行进的道路上，新教育研究会对我和研究会团队而言是一道别样的风景。

2007 年 2 月 2 日，江苏省新教育研究专业委员会（以下简称“新教育研究会”）经省教育学会和省民政厅正式批准成立。

在角色定位上，新教育研究会是江苏省教育学会领导下的二级学会，同时，由于新教育实验是全国性的研究活动，所以，研究会将与新教育研究院密切合作，发挥其“孵化器”的作用，及时推广研究院对新教育的最新研究成果，并邀请研究院的研究员深度参与相关项目的研究，形成研究合力，共同推进新教育发展。新教育研究会的各种活动、研究进展、取得的成果也及时通过“教育在线”和《新教育》杂志与新教育同仁分享。

受朱永新教授的委托，由我负责筹建新教育研究会理事会，并把秘书处设在海门教育局。为此，我们成立的筹备组于 2007 年 6 月到 7 月向省内各新教育实验区与新教育实验学校发出了发展会员和推荐理事会成员的通知。之后，陆续收到回执。经过与新教育实验部分核心团队成员的多次磋商，初步确定了新教育研究会的理事会成员。与此同时，筹备组向省内各新教育实验区和实验学校发出了优课评比和论文评比的通知，秘书处也陆续收到各地报来的录像课和优秀论文。

2007 年 11 月 16 日，第一次研究会成立预备会在我的工作室召开了，我、储昌楼、李宜华、吴勇等围桌而坐，研究会的工作就这样以完全务实的姿态拉开。我们详细讨论了新教育研究会成立的议程，论文评比的规则、数量和评委成员，优课评比的规则、得奖数等。那段时间，紧张而忙碌。秘书处成员每天加班，编印了《研究会会员手册》《论文集》《会务指南》等，落实了会议中的优课评比安排、新教育论坛等重要工作，制作了理事聘书、论文获奖证书、优课获奖证书等，海门新教育团队还为大家编印了《2007’海门新教育拾粹》，拍摄了海门新教育专题片，各实验区为论文和录像课的选送也做了大量工作。

2007 年 11 月 23 日晚 7 时，江苏省教育学会新教育研究专业委员会预备会召开。我记得在第二天的成立大会上朱永新教授出口成章，将多年来对新教育精神的思考第一次作了较为全面、完整的阐述。

在这次大会上，也明确了新成立的研究会的主要工作内容：

1. 组织理事会议。定期召开理事长会议、常务理事会议和理事会议，研究新教育研究会的具体工作和行动策略等。及时总结全省各新教育实验区和实验学校的研究成果，及时推广实验的最新成果。不断壮大新教育研究会的力量，秘书处将继续接受会员申请，以便让更多的一线教师加入到新教育实验的队伍中来。

2. 组织论文评比。组织每年一度的论文评比，以选送最优秀的论文参加省教育学会的论文评比。2007 年论文评比的主题是“理想课堂”，2008 年新教育研究会的论文评比主题是“每月一事”。

3. 组织优课展示。每年组织优课展示或评比活动，把“理想课堂”的研究作为一个永恒的主题。对课堂教学的研究，决不能仅仅停留在技术方案上，要从价值观和教育思想的层面研究课堂教学，要把素质教育的要求和新课程的理念融入课堂教学，使理想课堂的建设始终处于动态生成和发展的过程中。

4. 组织主题论坛。主题论坛将作为新教育研究会展示和交流的重要平台，根据新教育实验“六大行动”的进展和“十大理想”的构建，不断形成研讨的主题，并通过论坛，分享思想、经验、设想等，通过对话，碰撞智慧，生成智慧，不断加快新教育前进的步伐。

5. 组织成果分享。组织各种形成的成果分享活动，建立成果年度报告制度，要求参加新教育研究会的各实验区和实验学校于每年的 12 月 31 日前，向新教育研究会秘书处，以电子文档的方式，报送一年的新教育实验研究报告，并附一年的各种活动的剪影和图片。研究会秘书处将编写简报，发送至全省各实验区和实验学校进行交流。另外，将根据各实验区和实验学校研究进展的程度，确定一些专题性展示研讨活动，组织相关的学校一起参与交流、展示、研讨。

6. 组织项目联盟。理事会将通过项目联盟的方式，推动新教育实验区和实验学校之间建立起相互协作的共同体，科学地进行项目攻坚。比如，新教育儿童理想生活方式；新教育理想德育、新教育学校文化、新教育理想课堂、新教育书香校园等，以后根据研究进展，不断丰富项目内容。凡是对其中一个或几个项目，有志于进行深度研究的实验学校，通过填写项目联盟申请，确定项目联络人，采取轮值主席制的方式，推动项目联盟的活动，以及研究活动的深入展开。每次项目联盟活动情况，以及形成的共识和成果，研究会秘书处将及时通过“教育在线”及简报的方式发送至各实验区和实验学校分享学习。

在路上

（一）

对于我和我的团队而言，一块巨大的试验田正在眼前铺开。

教育科研是一切教育改革和实验活动的灵魂，而开展课题研究又是其中最富挑战性、最具操作性、最有推广性的实践活动。从 2008 年开始，研究会正式负责管理、研究、实施和推广朱永新教授主持的中国教育学会重点课题《新教育实验的研究》及其相关成果。当年 5 月，课题管理中心申报了全国教育规划课题，11 月《新教育实验与素质教育行动策略的研究》正式被批准为全国教育科学规划“十一五”教育部重点课题。该课题的系列成果被评为第四届全国教育科学研究优秀成果二等奖。2011 年，该课题的后续性研究《新教育实验促进师生成长的行动研究》又被确定为中国教育学会“十二五”重点课题，并顺利开题。我们迎来送往着各种开题和结题的大会，这些来自田野实践的结晶，正在汇聚成新教育宝贵的财富。

我知道，我们的团队承担着怎样的工作量，每年数百份论文汇聚到我们的桌前，由特级教师、各实验区负责人和知名教师组成评审组分学科对论文进行评审，从中选出优秀的上报省教育学会参评。我们说，新教育人有深入现场的田野精神，新教育实验者是一群不做官人和学人，而是把两条腿深深扎到泥土里的人，而这些在幕后忙碌的身影，就是一群“颗粒归仓”的“农人”。

举办多层面多学科的现场展示、论坛研讨，也让研究会忙得不亦乐乎。有全国小学数学研讨会、江苏省初中教育论坛、新教育学校文化展示活动，等等。让我们心潮澎湃的，绝不是四周的彩旗猎猎，而是那些来自生命的精彩展示，源自灵魂的智慧碰撞。

研究会的另一个发力点，就是促进“专业成长”，让每一位教师体验幸福完整的教育生活。新教育研究会成立之初，决策者们就将其定位为一个研习共同体、一个研修共同体、一个研发共同体。研习共同体为教师提供了专业阅读书目与地图，让教师们在反思自己阅读史的基础上绘制适合自己发展的阅读地图；研修共同体，为广大教师，尤其是青年教师围绕课堂教学提供了展示、磨砺、修炼、合作、互动的专业成长平台；研发共同体为教师从“教教材”到“用教材教”、做国家课程的二度开发者、做地方和校本课程甚至班级课程的研发者搭建了一个又一个富有挑战的项目平台。从研习到研修再到研发，形成了新教育人专业发展的独特路径，在这一路行走的过程中，各种形态的新教育共同体，以及“教育在线”网站成了教师专业发展的共同精神家园和成长舞台。

此外，我们还利用“教育在线”建立了实验学校课题管理信息平台，要求各个实验区都要建立课题信息专题帖，以及时交流各个实验区和实验学校的课题实验进展情况。到目前为止，已经整理了20个专题帖在信息平台上交流。课题管理中心还利用这一平台，为各个实验区提供了挂牌校的样牌和协议样本，并且通过这一平台，及时收集各个实验区和实验学校的新教育实验年度计划和总结等。

行走，是新教育的生态。2008年，山东威海，浙江嘉兴、平湖；2009年，河南焦作，山东临淄、诸城；2010年，河北石家庄、云南楚雄、重庆长寿；2011年，四川北川、安徽霍邱、山东日照……在与全国各地实验区和实验校的互动中，研究会成为一个经验流通的有效管道。

（二）

当然，江苏及至海门，是我们直接践行新教育的田野。

忘不了那些在教室里的静悄悄的革命。朱永新教授说，“‘教室’就是一根扁担，一头挑着课程，一头挑着生命。缔造‘完美教室’，就是要让每一个生命真正地在教室中开出一朵花来。”记忆最深的，是江苏省特级教师俞玉萍，她以十余年一贯的坚守成为缔造“完美教室”的领军人物，2010 年，俞玉萍成为海门市完美教室名品教育项目工作室领衔人，她率领团队为全市班主任义务培训近 10 场，培训教师达 2000 余人次，并赴安徽、河南、山东等地的新教育实验区做培训，2011 年该工作室升格为南通市级名师工作室，并在 11 月举行的全国新教育海门开放周活动中以“教室开放”“活动展示”“工作坊研讨”等活动与来自全国的 400 余名新教育同仁分享研究和实践成果。

“教给学生一生有用的东西”是新教育实验的核心理念之一，而开展“每月一事”项目是实现这个理念的重要方法。江苏海门实验区的“每月一事”项目在全国各新教育实验区（校）中效果最为显著。2008 年 3 月举行的新教育行动“每月一事”项目现场推进会，提出了“每月一事”项目的基本操作流程，即“主题阅读、实践活动、展示交流、评价反思”。实验区所有学校每月围绕一个重点习惯，从面上发动，到具体行动，以及评价反思，都尽力做到位，形成了初步的实施模式。海门的“教育在线”，设置了“每月一事”方案交流区、案例交流区、反思交流区，定期举行了网上优秀案例评比和年度“习惯养成示范班级”“优秀小公民”的评选活动。“每月一事”项目的特色主要体现在从小处、从身边和孩子的实际出发确定培养学生一生受用的十二个好习惯，通过广泛的主题阅读、主题实践、主题研究、主题随笔等形式开展活动，将公民教育、生命教育贯穿其中——1 月，让我们学会吃饭；2 月，让我们不闯红灯；3 月，让我们一起去种树；4 月，让我们去踏青；5 月，让我们学会扫地；6 月，让我们学唱一首歌；7 月，让我们去玩球；8 月，让我们笑着和别人打招呼；9 月，让我们每天阅读十分钟；10 月，让我们给爸爸妈妈写一封信；11 月，让我们做一回演讲者；

12 月，让我们每天记录自己的生活。导引的故事和设计的活动亲切动人，绝无面目可憎之虞，然后再根据实际情况在更高的层面随即生成、不断完善。据此而集的成果《一生有用的十二个好习惯——新教育实验“每月一事”项目操作手册》于 2009 年 7 月由天津教育出版社出版，成为全国各实验区推动“每月一事”项目的重要蓝本。

“只要行动，就有收获，只有坚持，才有奇迹”，这就是新教育人行动哲学的高度概括。阅读，在海门 2005 年 9 月整体加入“新教育实验”后，一直在坚持。2007 年，海门的“图书漂流”读书活动已经延伸至初中。全市范围的“书香学生”“书香教师”“书香班级”评比如火如荼地开展。读书活动还辐射到了家庭、社区，家长被孩子的读书热情所感染，“亲子阅读”成了海门一道独特的风景线；社区阅读成了居民业余生活的首选。从 2007 年开始，海门将每年元月的第一个周末，确定为海门的“家庭教育日”，这在全国属首创。开展“书香家庭”评选活动，在全市积极营造和谐的亲子共读氛围；开展“亲子共读”专题讲座、指导亲子科学阅读等由学校到家庭再到社会，海门的每一寸土地上都弥漫着浓浓的书卷气息，空气中散发着清新的油墨芳香。甚至教育局下发文件，要求学校从地方课程中每周拿出一节作为校本阅读课，并确保每天给学生 1 小时的自由读书时间。

此外，还启动了“儿童写作课程”项目。2010 年 9 月，江苏省特级教师管建刚、高子阳，海门市童化作文名师工作室领衔人吴勇以及新教育研究会核心团队成员齐聚一堂，进行了激烈而富有成效的思想碰撞，决定正式启动“新教育儿童写作课程”项目，建立项目专题帖。专题帖总的定位是找到新教育儿童写作课程的制高点，弥补结构化、系列化教材作文课程的不足，填补新教育实验在这方面的空白。会议决定充分整合管建刚、高子阳、吴勇等三个工作室的力量，在“教育在线”论坛上建立九个主题帖：“我的作文革命”“让儿童百分之百地喜欢写作”“童化作文”“中外著作的阅读”“儿童写作的三大系统”“课外写作课程创新设计”“儿童写作课程点评”“儿童整本书写作”“写作教育故事”。由吴勇撰著的《童化作文：浸润儿童心灵的作文教学》已由西南师范大学出版社出版。由高子阳、管建刚、吴勇共同打造的《写作教学“铿锵三人行”》发表在《教育研究与评论》。目前，新教育儿童写作课程的系统建构正在进行中，并将成为今后一段时间研究的重点。

新教育人，心中有理想，扎扎实实植根于田野之中，怀抱着一种合作的精神，努力作公益的事业，去成就我们的孩子，去成就我们的人生，去成就我们的教育，去成就我们的民族。这就是我们的共同使命，这就是新教育实验的本真追求。

而我们，新教育研究会，一直在路上。

“新体育百分百”实践研究

体育是教育的重要组成部分。全国亿万学生阳光体育运动从启动至今已经过去六载，许多地区和学校也从阳光体育运动当初的彷徨、迷茫和犹豫中走出来，正以不同的方式行走在阳光体育运动实践的道路上。随着十八届三中全会的胜利召开，《中共中央关于全面深化改革若干重大问题的决定》提出：强化体育课和课外锻炼，促进青少年身心健康、体魄强健。阳光体育运动也从当初的浅滩试水转入深水探索，承担着新的历史责任。面对新的历史使命和机遇，需要全体学校体育人相互真诚地分享、反思、讨论阳光体育运动六年的成长经验与果实，汲取精华，纠正错误，扬长避短，开启阳光体育运动新征程。本文以海门市中小学“新体育百分百”实践为主要研究对象，细致、系统地阐述“新体育百分百”的内涵、结构、目标、条件、行动策略以及实践成效，为推动阳光体育运动的深层发展提供一种全新的视角。同时，作为新教育实验中新生命教育行动的核心组成部分，试图通过这一项目研究，形成比较系统的新体育实践经验与成果。

在海门市中小学“新体育百分百”实践研究中，我们主要使用了以下几种办法。一是行动研究法：以实践、研究、总结的方法，因地制宜地进行创造性探索。二是文献资料法：查阅相关的理论和资料，较全面地研究本课题的研究现状以及研究成果。三是实地考察法：以现场考察等形式，把握“新体育百分百”的创造性推进举措以及效果。四是总结归纳法：归纳总结“新体育百分百”的实践策略，使之系统化、理论化，最终上升为经验的一种方法。

在理论上，我们的依据主要如下：

从内涵来说，“新体育百分百”是由市教育主管部门主导并在全市中小学推行的阳光体育运动的行动策略，其有五个方面的内涵：①义务教育阶段学生每天锻炼时间（含在校和在家）不少于100分钟，高中不少于60分钟；②百分之百的学校运动场地器材达标；③百分之百的学生参与体育锻炼；④百分之百的学生掌握1—2项运动技能；⑤百分之百的学生达到《国家学生体质健康标准》（以下简称《标准》）测试“合格”以上等级。

从结构来说，“新体育百分百”内部结构如图1所示。其中，“运动参与”既是“新体育百分百”的核心，也是实现“体能与技能目标”的主要方式，主要包括：跳绳、踢毽、跳橡皮筋，球类俱乐部和闲暇体育三项。

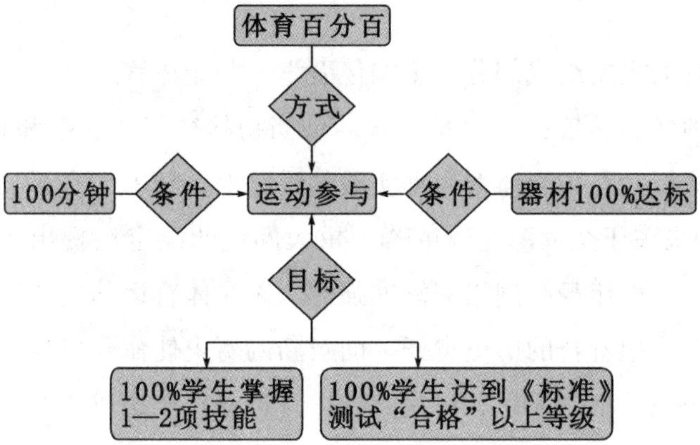

图1 “体育百分百”内部结构图

从目标来说，我们从2010年起，用5年左右的时间，全市中小学100%的学生能掌握1—2项技能和100%的学生达到《标准》测试“合格”以上等级。

对整个实施过程的分析，我们首先保证立体监测驱动“新体育百分百”正确行走。“立体监测”是整个“新体育百分百”的黏合剂，也是确保“新体育百分百”顺畅、高效运行的推进剂。

“立体”就是时间、空间、内容和对象的四位一体。

从时间方面，每年的9月、12月、3月、6月对全市范围内所有中小学进行四次体能与技能监测。9月和12月，3月和6月基本是第一、第二学期的开学和放假时间，通过测试可以有效地检验一所学校一个学期、一个学年体育课、课外活动实施的成效，是确定一所学校阳光体育运动实施成效的一种方式。

从空间方面，涉及全县所有中小学。

从内容方面，根据各年龄段学生的身心特点，确定不同的监测项目，监测项目分三类：体质类、技能类和健康项目类（见表1），体质类监测项目包括速度、力量、柔韧、爆发力、耐力等反映学生体质的核心项目；技能类监测项目与全市的球类俱乐部建设等紧密结合，健康类项目包括视力、身高和体重。

从对象方面，监测对象的选取为全县所有中小学，其中各校每一个年级各抽取一个班级进行测试，每次抽测学生约占全市总学生数的15%。

表1　海门市中小学体能与技能监测项目一览表

<table>
<tr><th rowspan="2">年级</th><th colspan="3">监测项目</th></tr>
<tr><th>体能项目（必测）</th><th>技能项目（选测其中一项）</th><th>健康项目（必测）</th></tr>
<tr><td>小学</td><td>①坐位体前屈
②1分钟跳绳
③跑
25米×2往返跑（一、二年级）；
50米跑（三、四年级）；
50米跑×8（五、六年级）</td><td>①原地拍球
②足球踢准
③乒乓球颠球</td><td>①视力
②身高
③体重</td></tr>
<tr><td>初中</td><td>①坐位体前屈
②立定跳远
③ 50米
④ 800米（女）、1000米（男）</td><td>体育中考项目</td><td>①视力
②身高
③体重</td></tr>
<tr><td>高中</td><td>①坐位体前屈
②立定跳远
③ 50米
④ 800米（女）、1000米（男）</td><td>教学内容</td><td>①视力
②身高
③体重</td></tr>
</table>

注：体质类和身高、体重评分标准参照《国家学生体质健康测试标准》，技能类标准自定。

“监测”则是一种双重的评估，其中，“测”是对“体能与技能”结果的评价，借助“测”查看学生的体质状态和技能水平的结果究竟如何；“监”是对“体能与技能”形成的生态过程的监控，查看学校针对结果有没有干预措施，执

行效果又怎样。“监测”既指向结果，又指向其实现过程。（具体的运行组织结构如图 2）

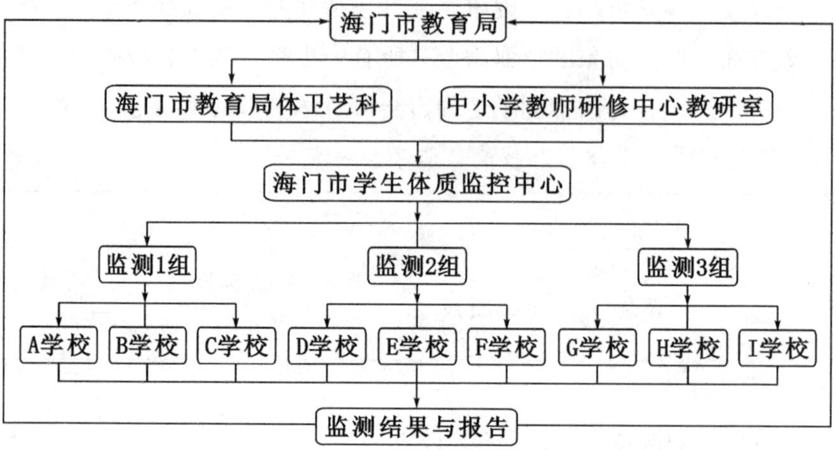

图 2　海门市中小学生体能与技能监测组织结构示意图

因此，“立体监测”通过持续的数据追踪、精确的问题诊断，以及严格的数据反馈和结果公告制度，把“目标”与“过程”完整统一，注重“目标”对“过程”的导向与干预，实现对“新体育百分百”的持续推动。

其次，我们以刚性条件保障“新体育百分百”顺畅运行。

运动时间和场地器材是学生体育锻炼的基本条件，也是“新体育百分百”顺畅运行的前提条件，但在目前的各项有关阳光体育运动的文件中对这两个内容的表述并不明确，因此，“新体育百分百”对此做出了详细的规定，为学校体育运动的扎实推进提供保障。

第一，确保体育时间。海门市教育局从规定各年级体育课、体锻课和课外活动时间的具体安排方式入手，每一学期开始，每一所学校向教育局体育科报送三份表：课表、作息时间表、课外活动安排表，任何单位不得违反，这三份表是市政府教育督导组督导的依据。明确体育锻炼时间的构成，义务教育阶段学生每天锻炼时间（含在校和在家）不少于 100 分钟，高中每天在校锻炼时间不少于 60 分钟，从运动时间的约束着手，为“体育百分百”的落实提供足够的空间。

表2 每周锻炼时间构成

年级	体育课（周）	体锻课（周）	大课间（日）	在家（日）	每天平均锻炼时间
1—2年级	4节	1节	40分钟（上下午各20分钟）	20分钟	≥100分钟
3—6年级	3节	2节	40分钟（上下午各20分钟）	20分钟	≥100分钟
7—9年级	3节	2节	30分钟	30分钟	≥100分钟
10—12年级	2节	自定	30分钟	30分钟	≥60分钟

第二，确保场地、器材。以实施农村中小学“六有”工程和“四项配套”工程为契机，制订了适度提高的《学校体育设施设备建设标准》，并借助行政力量，强势推进，使每一所学校的体育设施设备都基本达到省级体育器材配置合格标准。目前，海门市学校的体育硬件的均衡化水平较高，实用性、实效性较强，包括村办小学在内各校都有符合条件的设施设备，确保了每一所学校都能按照《课程标准》正常开展体育活动。政府部门积极支持、鼓励体育传统学校、重点项目学校等建设较高标准的体育场馆设施。10%左右的学校已经建起了体育馆和游泳馆，有近10所学校的体育场馆已经列入规划，正处于筹备建设阶段。全市正掀起中小学操场塑胶化的高潮，仅2013年暑假全市中小学便一次性修建20个塑胶操场。据统计，从2010年起，我市每年投入学校体育设施设备建设的资金不低于2500万元，充足的资金投入为学校体育工作扎实、有效地开展提供了良好的保障。

从操作方式上，我们以品牌项目支撑“新体育百分百”深入开展。

“新体育百分百”的不断前行，除了“体质监测”的驱动与调控，以及“运动时间”和“场地、器材”的条件保障，更为重要的就是学生“运动参与”的方式，这是实现“双百”目标的重要途径。市教育局以实用、便捷、兴趣等为基本原则，以行政推动、项目引领的方式在全市推进“跳绳、踢毽和跳橡皮筋”“球类俱乐部”和“闲暇体育”三大品牌项目，并成为“新体育百分百”中学生运动参与的基本框架，也是推动“新体育百分百”不断向前的滚滚车轮。

从操作方式上，我们让跳绳、踢毽和跳橡皮筋等传统项目旧貌换新颜。

跳绳、踢毽和跳橡皮筋是传统的运动项目，随着新兴体育项目的兴起与发展，这类项目正在远离学生的锻炼视野，但由于此类运动项目所具有的经济性、实效性、便捷性以及趣味性，致使其存在的价值不能被低估，为此市教育局专门组织骨干教师对这类传统项目进行开发与创新，确定一批项目为全市课外活动必选项目。跳绳系列中包括单摇、双摇、集体跳长绳、8 字穿梭跳和花式跳绳；踢毽系列中包括盘踢、跳踢、磕踢和花式踢毽；跳橡皮筋系列中包括“节节高”和花式跳橡皮筋。具体的执行安排由各学校自主落实，学校也可以在这些必选项目的基础上进行二度开发和创新，在全校推广和普及。

学校每学期组织各种跳绳、踢毽和跳橡皮筋比赛。教育局搭建平台，每年 12 月举办全市花样跳绳、踢毽和跳橡皮筋比赛，比赛以花式跳绳为主，单项技术比赛为辅，为学生们提供展现自身才华的舞台。

从操作方式上，我们让球类俱乐部成为激活校园运动生命的“达·芬奇密码”。

球类项目一直是学生运动兴趣的集聚区，但由于缺乏科学的组织和必要的技能指导，学生的运动往往显得杂乱无序。市教育局意识到了存在的问题，提出了“让每一个学生参加一支球队”的体育锻炼建议，在全市中小学推动各种球类俱乐部建设，强化球类俱乐部的组织、管理和技能指导。各学校根据自身的办学条件因地制宜地组建排球、篮球、足球、羽毛球、乒乓球、手球等球类俱乐部，球类俱乐部不分班级和年级，学生根据自己的兴趣爱好报名参加俱乐部，各俱乐部成员可以为自己聘任教练，为自己的球队命名、设计队旗，提出自己球队的口号（一些规模较大的学校一个俱乐部可以组建多支球队），参加俱乐部组织的各类活动（球类俱乐部组建示意图见图 3）。学校每学期组织球类俱乐部联赛，市教育局也启动全市的各项目球类俱乐部联赛，保证全校每一个学生一学期至少能有一次机会代表自己的球队参加比赛，以培养学生的自信心、进取心和合作精神，锻炼他们的意志力。目前，全市中小学共组织篮球、排球、足球、羽毛球、乒乓球市级俱乐部联赛 100 余场，先后有 30000 多人次参加市级比赛。

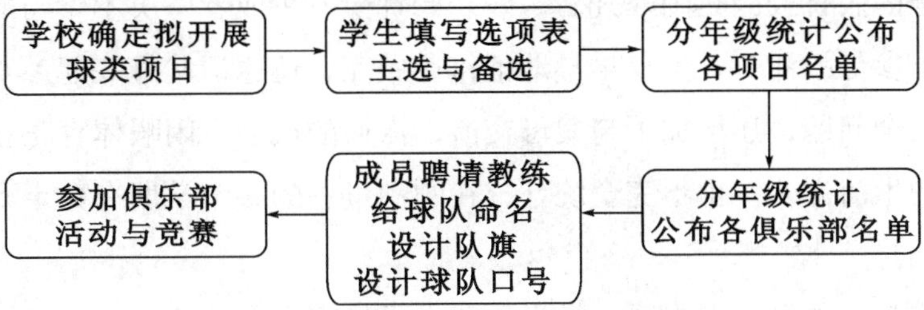

图3　球类俱乐部组建示意图

从操作方式上，我们让闲暇体育——校内外一体成为生活方式。

学校体育从校内走向校外、走出校园、走向终身是不可回避的历史必然。这里的“闲暇体育”主要是指双休日学校体育场地、器材向学生开放，学生们自主到校参与体育锻炼。目前，双休日是学生体育锻炼的真空，没有了学校、教师的管理束缚，学生有了更加自由的支配的权利。许多学生选择上网、看电视、玩游戏，还有一些被迫走进各类辅导班。不健康的闲暇生活正在改变学生的生活方式，让学生在青少年时期就形成一种健康的生活方式无疑会令学生受益终身。为此，市教育局发出了“双休日运动场地向学生开放”的倡议。双休日学校场地、器材向学生开放的基本组织框架如下：

参与原则：自主参与

参与对象：学生、家长、亲朋好友

参与地点：就读学校运动场

运动时间：周六，周日上、下午

运动内容：①自主活动；②兴趣项目培训（有指导教师）

运动器材：自带或向学校借取

运动管理：学校安排值班人员

学生参与运动完全是出于自愿，不过，许多时候不仅学生来了，而且他的父母亲或者爷爷奶奶也来了，每一次参与就像是一次亲子运动，尤其是市区家庭参与率更高。在运动中，学生们可以自主选择自己喜爱的运动项目，例如，打一场篮球、踢一场足球或者进行羽毛球、乒乓球练习；有些学校聘请有特长的教师担任教练，提供了免费的运动项目培训，例如，武术、跆拳道、街舞、乒乓球等，一些本来要去参加社会培训班的学生纷纷参加了学校的免费运动项目培训，让原本相对寂静的假日校园热闹非凡。一些开始犹豫不决或者坚决不参与的学生，慢慢地尝到了参与的甜头，不仅早早地把作业做完，还邀请父母一起参与，不仅解决了交通安全问题，还增加了与父母交流、沟通的机会。闲暇体育正在逐步成为学生假日的生活方式。据不完全统计，在刚刚过去的一个学期有数十万人次参与了该项活动。

从实施效果的第一点来看，学生体质水平呈现上升趋势。

表 3　海门市 2010—2013 年学生体能与技能调研统计

年级	时间	项目①		项目②		项目③		项目④		四项均分
		男	女	男	女	男	女	男	女	
一年级	2010	86. 29	85. 8	53. 77	63. 43	59. 99	64. 59	95. 73	96. 29	75. 74
	2011	85. 17	84. 71	55. 34	65. 12	64. 41	68. 95	97. 89	99. 05	77. 58
	2012	81. 43	82. 17	57. 72	68. 63	67. 11	67. 34	98. 81	99. 53	77. 84
	2013	89. 78	91. 11	59. 14	70. 12	75. 82	75. 63	99. 87	99. 98	82. 68
二年级	2010	86. 74	86. 99	69. 13	76. 35	76. 27	78. 07	93. 85	94. 29	82. 71
	2011	85	83. 97	72. 67	78. 44	76. 49	78. 99	99. 17	99. 75	84. 31
	2012	83. 91	85. 33	72. 15	79. 85	75. 89	75. 55	99. 68	99. 17	83. 94
	2013	90. 45	91. 46	72. 77	79. 48	82. 88	82. 61	99. 94	99. 87	87. 43

（续表）

年级	时间	项目①		项目②		项目③		项目④		四项均分
		男	女	男	女	男	女	男	女	
三年级	2010	86.54	87.83	72.21	75.84	70.95	72.53	62.7	65.71	74.29
	2011	82.12	84.28	69.74	75.02	68.06	67.52	72.4	69.4	73.57
	2012	82.94	85.93	72.78	75.25	72.01	73.38	78.46	79.3	77.51
	2013	87.94	91.06	72.72	75.92	78.68	79.29	86.89	86.77	82.41
四年级	2010	85.38	87.57	70.98	80.22	75.8	77.39	69.99	71.78	77.39
	2011	82.86	85.39	71.41	78.12	73.74	77.87	92.97	77.82	80.02
	2012	82.59	85	73.08	80.52	78.48	80.55	81.82	80.29	80.29
	2013	87.5	89.84	73.48	80.65	83.73	85.18	87.98	88.87	84.65
五年级	2010	84.13	88.9	74.32	80.1	71.89	70.45	79.06	81.54	78.8
	2011	82.33	85.42	74.57	79.28	70.6	69.2	82.39	84.41	78.53
	2012	80.24	87	74.92	80.7	73.31	71.62	84.74	87.17	79.96
	2013	85.74	91.15	75.17	81.28	78.08	75.73	89.51	91.12	83.47

（续表）

年级	时间	项目①		项目②		项目③		项目④		四项均分
		男	女	男	女	男	女	男	女	
六年级	2010	83.14	89.51	79.09	80.03	74.96	73.27	78.27	78.93	79.65
	2011	82.16	87.76	78.52	80.02	74.14	70.99	85.18	84.56	80.42
	2012	81.52	88.73	79.19	82.03	79.94	75.81	82.89	84.88	81.87
	2013	86.57	92.31	79.52	81.72	82.76	77.54	89.34	90.12	84.99
初一	2010	60.95	61.46	65.25	67.4	71.2	57.63	50.04	58.89	61.6
	2011	63.15	65.33	72.79	70.86	71.6	56.47	60.11	63.48	65.47
	2012	76.64	67.08	74.55	70.1	75.49	61.29	67.96	69.31	70.03
	2013	79.13	67.94	75.7	71.32	79.71	66.3	74.35	78.18	74.08
初二	2010	63.23	56.59	69.17	69.26	74.46	63.64	67.18	73.06	67.07
	2011	66.57	59.51	73.69	70.67	73.55	61.96	69.96	74.35	68.78
	2012	76.15	67.41	73.92	80.91	77.64	65.73	71.47	76.54	73.72
	2013	78.4	69.26	74.79	80.04	80.41	66.96	80.94	81.3	76.51

（续表）

年级	时间	项目①		项目②		项目③		项目④		四项均分
		男	女	男	女	男	女	男	女	
初三	2010	64. 66	68. 98	74. 08	81. 49	74. 18	59. 34	65. 54	73. 34	70. 02
	2011	67. 12	70. 34	74. 97	79. 58	75. 48	56. 91	69. 83	74. 82	71. 13
	2012	70. 13	70. 24	76. 04	81. 25	77. 25	65. 21	72. 97	76. 13	73. 65
	2013	72. 33	72. 04	77. 74	83. 15	79. 22	70. 14	76. 37	78. 23	76. 15
高一	2010	73. 74	80. 13	67. 57	57. 1	80. 39	63. 79	53. 33	66. 05	67. 76
	2011	77. 51	2. 14	68. 49	68. 85	80. 86	66. 71	65. 13	67. 74	72. 18
	2012	77. 05	82. 13	68. 74	73. 11	81. 21	69. 77	64. 42	70. 82	73. 41
	2013	78. 24	83. 11	72. 36	73. 23	82. 46	71. 85	70. 64	74. 56	75. 81
高二	2010	76. 05	80. 54	68. 69	50. 72	73. 52	50. 4	54. 69	54. 73	63. 67
	2011	75. 9	78. 2	70. 62	69. 38	78. 68	56. 69	65. 72	68. 38	70. 45
	2012	76. 01	81. 2	66. 36	66. 01	79. 34	56. 08	71. 01	66. 53	70. 32
	2013	77. 15	83. 04	71. 43	68. 98	81. 68	59. 55	73. 55	72. 45	73. 48

（续表）

年级	时间	项目①		项目②		项目③		项目④		四项均分
		男	女	男	女	男	女	男	女	
高三	2010	70.74	74.06	68.89	69.02	70.15	49.48	49.09	63.83	64.41
	2011	69.35	75.3	70.58	60.33	78.5	52.49	60.13	61.38	66.01
	2012	71.74	76.46	72.51	60.43	73.14	60.56	69.63	73.66	69.77
	2013	72.68	78.68	73.11	62.35	73.14	65.33	70.55	75.68	71.44

注：表3中类别项目对应表1中的各体能类项目，小学阶段项目④对应表1中的技能项目。

从纵向看，通过2010、2011、2012、2013年度学生体能与技能调研统计结果（见表3）可以看出，无论是单项成绩还是总成绩均呈现明显增长态势。特别是一直备受社会诟病的耐久跑能力也呈现出可喜的增长趋势。这样的结果显然与学生参与运动有密切的关系。结果说明，“新体育百分百”项目对学生体质增长具有明显作用。

从横向看，市级教育主管部门的学生体质抽测的排名结果：2010年列第7名，2011年、2012年、2013年分列第5、第3、第2名，不断提升的学生体质综合排名也表明全市中小学学生的体质正处于上升态势，并且在同类县市中正愈发具有竞争力，这显然与“新体育百分百”的普及与推广，以及所产生的效益是不可分割的。

从实施效果的第二点来看，学生运动技能水平日渐提高。

随着球类俱乐部以及跳绳、踢毽项目的推广与普及，学生的运动技能水平突飞猛进，其中，大批学校已经成为球类俱乐部建设的典范。从2011年起，海门市举办了国际足球邀请赛，邀请韩国、日本、泰国等国际青少年球队来华参赛，海南小学足球俱乐部连续三年参赛，2011年问鼎U11冠军；2012年，摘取U11亚军、U13冠军；2013年获U11、U13季军。全市一批中小学的乒乓球、篮球、排球、手球、羽毛球等球类俱乐部项目在省、市运动竞赛中捷报频传，屡获冠军。从2011年起，海门市连续三年代表市参加省级阳光体育运动会，两次获得冠军、一次获得亚军。运动成绩的取得与运动项目的广泛普及密不可分，与学生运动技能的提高息息相关，体现了“新体育百分百”的强力效益。

我们用“新体育百分百”整合了阳光体育运动的“目标、条件和方式”，采用区域行政推动，项目主导的方式，系统构建了阳光体育运动的推进策略。目标明确、路径清晰、方式新颖，对学生体质与运动技能的提高具有显著作用，是学生阳光体育运动的一次有益的、成功的探索。实践表明，基层教育主管部门要切实转变工作方式，实现从空洞的宏观指导向切实可行的实践操作指导转变，从为学校“指路”向为学校“铺路”、带领“走路”的转变，把责任、使命的担当转变为有形的、可执行的方案，减少基层一线学校探索的弯路和错路，提高推进的效率。对基层学校而言，在基层教育主管部门设计的框架基础上，不断研究、实践、充实和完善本校的阳光体育运动内容与形式，逐渐呈现出既有区域共性，又有学校个性特点的阳光体育运动面貌，上下联动，敢于作为，才能共同推动阳光体育运动向更高层次发展。

新教育实验“每月一事”的起点、定位和朝向之思

今天，借新教育开放周活动的机会，我想就新教育“每月一事”的开展抛出三个基本问题，与各位一起来好好思考、梳理一下。这三个问题，是与本次海门开放周主题息息相关的重要问题。

第一个问题，我们在哪里？如果用一句富含哲学的话来回答，很简单，我们在这里，我在这里，我们所有在座的人在这里。什么是在这里？简单的解读，就是生命在场，就是与之相关的每一名教师与学生乃至家长的生命在场。

我们新教育的“每月一事”从哪里出发？我希望从“这里”出发，从我们每一所学校所在的那个地方出发。山东诸城就从诸城现在的状态出发。也就是说，当我们“在这里”的时候，首先想到的是，我、我们、你、你们。“在这里”首先是教师的生命在场，儿童的生命在场，还有教育的在场，新教育的在场。新教育的“每月一事”，从2009年正式全面推进算起，到今天，已经整整走了7年。在这7年中，新教育“每月一事”已经有了许多非常成功的案例。这两天，无论是海门的团队，还是我们来自全国各地的校长和教师，你们呈现的，就是“在这里”!

知道所处的位置，才知道我们要从哪里出发。新教育“每月一事”的在场是什么？经过这么多年的探索，新教育“每月一事”的基本定位逐步清晰。12个月，12个主题，分成了三大板块，第一是“自我发展”板块，有五大主题；其次是社会交往的板块，有四个主题；第三是文化学习板块，有三个主题。这12个主题，把它分成3大板块，是基于什么理由？逻辑是什么？每一个“主题”为什么在这里？每次在讨论这12个主题时，我总会回想起2007年我在苏州大学读博士的那段时光。朱永新老师召集我们十几个博士生，用了近一年的时间，甚

至经常用晚上的时间讨论，哪些习惯培养对学生来说是一生中最重要的习惯？我们对每个主题都不断地这样追问，这 12 个主题，是幼儿园、小学、初中、高中乃至人的一生发展过程中最最重要的习惯吗？是最最核心的素养吗？

我们把 12 个主题分成 3 大板块，是受到教育部前期发布的中国中小学生核心素养征求意见中分类的启发。核心素养的分类和新教育“每月一事”主题相类似。其实，习惯养成的主题恰恰就是核心素养的一部分。所以，我们从儿童成长的三个基本角度来分类：第一是自我发展的角度；第二是社会交往的角度；第三是文化学习的角度。

“在这里”，是我们出发的地方。当我们现在来讨论核心素养的时候，发现新教育做了那么多年的“每月一事”，恰恰正是核心素养的重要组成部分。当我们来讨论社会主义核心价值观的时候，发现新教育“每月一事”的主题中，有那么多与社会主义核心价值观一模一样的词，比如爱国、敬业、诚信、友善等，它与习惯养成紧紧地融合在一起。可以这么说，当我们在这里讨论新教育“每月一事”时，不就自然而然解决了社会主义核心价值观进校园、进课堂、进脑袋的问题了吗？新教育“每月一事”成了社会主义核心价值观教育的重要途径。

“在这里”，从唯物史观来解释的话，应是一个时代的话语，也是具有历史意义的话语。这意味着我们得把自己定位清楚。新教育“每月一事”是在当下的中国教育背景下，十年前的“在这里”，今天的“在这里”，十年后的“在这里”，都是不一样的。中国教育发展背景还有如中国梦，十八届三中、五种全会精神，有五大发展理念，教育领域综合改革等等，都包含在“在这里。”

再来看看新教育实验所探索的道路和中国教育改革的方向是一致的吗？新教育扛起素质教育的大旗，不就是希望解决中国教育存在的问题吗？我们中国面临着诸多的社会问题，比如环境、诚信问题。这背后虽然有着极为复杂的原因，但是，价值观教育的缺失，或者说不作为，不见成效，教育自身该不该作深刻的反思与检讨？各位新教育同仁，如果我们仅仅为了分数而教，不为完整的人而教，那教育还有什么意义呢？如果我们教育出来的一代孩子只是考试的机器，没有国家认同、诚信缺失、体质低下、实践能力全面弱化，我们这个民族还有未来吗？未来的中国梦由谁来实现？可以说，中国教育需要从中国梦的高度作全面、深刻、系统的检讨。可以说，这么多年，新教育“每月一事”触及的每一个主题，都在积极地回应上面的问题，新教育人正在主动作为，为中国教育改革探路。这就是“在这里”。“在这里”，包含了很多值得去梳理的东西。新教育“每月一事”在这里，也同样值得我们去好好梳理、反思。

在昨天的生命叙事中，无论是来自全国各新教育实验区的代表，还是海门的校长与教师，都有了较为丰富的探索和思考，但是，思考深度与视野还不够，这次的开放周活动就是为年会进行主题研讨的，特别是海门提供的活动现场，就是给大家一起来思考与研讨的，这是年会准备的重要组成部分。希望诸城的新教育同仁，能够在海门的基础上，在“在这里”这个问题上，作更系统的梳理，作更加深入的研究，拿出更高质量的展示现场。

第二个问题，我们要到哪里去？我们到那里去，那里是什么地方？2006 年，在清华大学礼堂，新教育实验倡导人朱永新先生已经给全体新教育人高高挂起了一盏明灯，那就是“过一种幸福完整的教育生活”。那就是我们要去的地方，去那个幸福完整的地方。再追问一下，我们是在奔向那个地方吗？我们的展示活动，我们的生命叙事，是奔向幸福完整的那个地方的吗？再来追问新教育“每月一事”是要到哪里去？“每月一事”，只是为了习惯养成吗？新教育有一句基本理念，就是“教给学生一生有用的东西”。这是“幸福完整”的下位理念。上位的核心价值追求是“幸福完整”。在新教育实验的五大基本理念中，对应“每月一事”的就是“教给学生一生有用的东西”。当我们把下位和上位的理念摆在这里讨论的时候，首先考虑的是“教给学生一生有用的东西”，其次，一定要再往上看，朝向“幸福完整”，也就是说，我们做“每月一事”的时候，必须抬抬头，再抬抬头，才可以找到更加正确的方向。当我们从这里出发的时候，如果头都不抬的话，往往会走错方向；如果只是平视或者头抬得不够高的生活，往往会走不太远。反思这两天的展示活动与生命叙事等，我们有没有非常明确“要到那里去”呢？我们是不是朝向了“幸福完整”呢？我以为，这次研讨必须要带给山东诸城新教育同仁清晰的方向，当然还有在座的来自全国各实验区的老师们，我们的讨论不仅仅是为了年会。每一个实验区如果想要脚踏实地去做“每月一事”，我们就要分析“在这里”的现状，要清楚地知道去哪里？只有当校长、老师们都清楚了，学生、家长也清楚的时候，那我们去做“每月一事”，我们就有清晰的方向。

第三个问题，我们如何去那里？或者说我们如何抵达那里？这两天的讨论，已经有了很好的答案。我首先想到的是“融合”。这是昨天的沙龙中现场生成的一个重要的观点，我非常同意。我们走在新教育的路上，如何朝向幸福完整是我们必须思考的问题。新教育实验有十大行动，也就是说十条道路。实际上，还不止十条道路，比如教师发展、文化立校等。用心做新教育的人都知道，这十条路是交织在一起的，正所谓条条道路通罗马。也就是说，新教育的十大行动和新教育“每月一事”的主题是相互联系着的。所以，我们做“每月一事”，不是为“每月一事”单独造一条高速公路，而是首先要用“融合”的方式，让“每月一事”与其他九大行动产生深刻的联系，发挥整合的强大效应。

比如，书香校园、共写随笔中的“晨诵、午读、暮省”，阅读与自省本身就是“每月一事”的两大主题，其他主题也需要通过晨诵、午读、暮省来认知与省悟。“卓越口才”与“每月一事”的“演讲”主题也一致，“每月一事”和“完美教室”，看起来是两件事，但交织、融合在一起才能相得益彰。明年新教育年会的主题是“家校合作共育”，这与“每月一事”也有密切的关系，儿童的大部分生活习惯，其实在家已经基本养成，学校里倡导的许多习惯，一定需要家庭合作共育。当然，“每月一事”还要和儿童生活相融合，和核心价值观教育相融合，和核心素养要求相融合。不过“每月一事”首先需要与新教育的各大行动之间深度融合，只有这样，做出来的“每月一事”，才是新教育的“每月一事”。

昨天孙云晓在这里认真听了一天的生命叙事、沙龙研讨等，他听了以后，对新教育有了更新的认识。他发现，新教育的“每月一事”不同于平时提倡的习惯养成，平时学校里开展习惯养成教育，主要是规训，进行反复的行为训练，这是行为主义的理论基础下的习惯培养路径。新教育不是简单地理解习惯养成，新教育是通过“每月一事”来培育习惯，每个月都有主题，每一个主题不仅指向一种行为习惯，而且指向一个完整的人，指向完整人格的培养。所以，我们不是围绕主题进行简单、重复的行为训练，而是要开展丰富多样的教育活动。新教育“每月一事”不仅要教给学生一生有用的好习惯，还要教给学生一生有用的完整的素养和人格等。昨天海门教师的“每月一事”生命叙事，都在努力地指向一个完整的人，这正是“每月一事”的路径朝向。

其次是主体。谁是主体？班主任，教导主任，校长，还是孩子？当我们去判断的时候，我们要清晰地知道“每月一事”教育活动中参与的人有哪些？如果不清晰思考，很容易误解成“每月一事”是班主任的事情。其实，新教育“每月一事”在实施中一定是整个班级的所有任课教师、所有学生、所有家长共同深度卷入的过程。校长、教师、学生、家长都是主体，只是卷入的方式与程度不同。当然，孩子的习惯养成甚至还与社会环境密切联系着，教育带着文化传承的使命，应主动与社会建立密切的沟通关系，让社会的大小环境更有利于学生的习惯养成与人格成长。

再次是课程。“每月一事”最终要形成课程，形成不了课程，它就可能流于活动，尽管活动也是课程，但还无法体系化、固定化。课程的结构直接决定了学生素质的结构，课程的形态决定了孩子生存的状态，课程在学校的存在方式决定了学生和教师生命的基本状态。我觉得，“每月一事”的每一个主题就是一门课程，是一门关于习惯养成、人格培养的综合性课程。同时，新教育“每月一事”，要与学科整合，既是主题性综合课程，又与学科课程有机结合，并且是处于动态生成的课程，是不断被创造、丰富和完善的课程。所以，我觉得，在“每月一事”实施过程中，需要停一停。我们在路上停一停，看一看，思一思，是快还是慢，由什么来决定？主体来决定、课程来决定，更重要的是朝向来决定。你做的是新教育的“每月一事”，走的是新教育的大道，必须朝向幸福完整。

最后是反省。新教育实验从一开始的“六大行动”到现在的“十大行动”，有的是理念、行动的方向，还没有现成的课程。它需要我们在探索中不断反省，在反省中继续创造。在实施“每月一事”的过程中需要不断进行反省。即便我们走在路上，也必须边走边反省。这三天的开放周活动，来自全国各地的新教育团队共同在活动的过程聆听、观察、交流、沙龙、研讨等，这就是在反省。新教育就需要这样一种品质。“每月一事”同样需要这种品质，不断地完善、修正，再往前走。只有通过这种反省，我们才有可能梳理得更加清晰，方向把握得更准确，路径设计才能更精准。新教育“每月一事”研究的道路才能越走越远，越走越宽。

这是我在开放周期间形成的一些思考，不一定很成熟，与大家分享的目的就是希望带着这些思考再出发。我坚信，有全国新教育同仁的共同努力，新教育实验的每一条道路都会通向幸福完整。

提升“五力”，书写传奇

书写精彩传奇，不仅需要干正确的事，而且需要正确地干事。

什么是卓越？

卓越就是比别人更为执着；卓越就是比别人敢于创新；卓越就是比别人更富于梦想；卓越就是比别人有更高的期望；卓越就是比别人更加充满激情！比别人高出一点点，别人就会嫉妒你；比别人高出一大截，别人才会仰慕你。只有对所从事事业历经不断学习、创新、积淀的过程，才可能在别人的眼中绽放出耀眼的光芒，才可能创造出奇迹。从优秀走向卓越的美好瞬间，背后都包含着艰难的涅槃、艰辛的磨炼和艰苦的登攀过程，而这一切恰恰应该是海门教育的幸福之旅。

怎样的教育才算是卓越呢？一句话：必须有卓越的品质。卓越的品质是由卓越的校长、卓越的教师、卓越的课程、卓越的管理等支撑的，最终是要培养出一批批卓越的学生。这些都必须通过以下“五力”的提升与突破。

一、课堂变革的教研力

基础教育已进入由全面普遍提高转向以强化内涵发展和提升教育教学质量为重点的新阶段，教学改革已成为课程改革的重心，而教学改革的一个重要抓手就是课堂变革。教研力就是教师的“教学力”、校长的“办学力”、学校的“发展力”、区域的“教育生长力”。要以先行之见求先见之明，以先见之明得先见之行，始终走在教学改革的最前沿，引领课堂变革，把理念和行动融入到教学过程中。

二、学校发展的文化力

文化是有力量的，一所学校，即便是拥有良好的文化元素，也并不等于它就一定拥有了良好的文化力。学校文化建设的关键并不在于文化形式本身，而在于努力提升学校文化力，真正使文化成为展示学校独特形象、凝聚学校成员心志、推动学校创造性发展的巨大能源。以缔造“完美教室”为抓手，深度推进学校文化建设，努力让文化为每一所学校注入发展的活力。从“完美教室”价值系统的建构、班级课程的研发、课堂文化的打造、共同生活的营建、节日庆典与社团活动的组织、班级博客建设等方面全面推进“完美教室”建设，让教室成为学校文化的核心地带，成为学生健康成长的精神家园。

三、科学研究的生产力

干事创业既要“善谋”，也要“敏行”。“善谋”是“敏行”的前提和条件，若要“善谋”，必须“眼界宽、思路宽、胸襟宽”。只有眼界宽，才能把握大势、把握全局、把握规律；只有思路宽，才能站得高、看得远、想得深；只有胸襟宽，才能凝心聚力、风清气顺、和谐奋进。事实上“善谋”“敏行”都来源于科学规划与战略思考。必须改进教育科研的方式方法，树立“问题即课题、行动即研究、成长即成果”的科研理念，坚持教育科研贴近课堂、贴近实际、贴近生活的“三贴近”原则，不断提高教育科研对提高教师队伍整体水平和教育质量的贡献率。

四、团队行动的执行力

一个团队的执行力决定着一个组织转变发展方式的成败。没有执行力，就没有竞争力。执行力不是简单地完成任务，而是在解决困难的行动中提高自己，在创造性的工作中实现自我。教育是过程的艺术，需要精细管理，需要关注细节，最根本的是校长与教师的执行力。在我们的教育教学常规管理中，有时候并不缺乏战略，缺少的是精益求精的执行；不缺乏制度，缺少的是对规章条款的不折不扣的执行。学校的执行力应落脚在教育教学管理上，特别是教学常规管理制度的落实上，这是教学工作高效有序运行的基本保障。海门教育成功的重要秘诀是团队行动，以及一个个团队坚定的执行力与创新的行动力。无论是高中学科教学工作室每周研制出来的一体化讲义、双休日任务驱动型自主学习单，还是各名师工作室、名品项目工作室开展的一个个扎实有效的项目研究，以及各所学校各种形态的共同体组织的高效运作，都充分证明了团队执行力的巨大效应。

五、辐射引领的影响力

以海门为例，随着海门教育品牌的逐步打响，来海门考察学习、挂职锻炼、专题培训的省内外教育同行络绎不绝。这种影响力要进一步放大，既要立足海门，还要走出海门，通过省内、省际、国际等合作办学新模式，为海门市教育的深层次发展开通新的渠道，对促进省际范围内的教育均衡发展提供有益的尝试与经验，促使海门教育国际化进程稳步推进。这种影响力既传播了美好，又强烈激发起自信，激发人们不断创造美好。

以此“五力”，伴随着强化事在人为、事由人兴、事随人成的责任感，进取为先、创新争先、素质领先的使命感，路径多元、举措多样、结果多赢的成就感，就能引爆潜能，让教育立于卓越的高山之巅。

我们离诺贝尔奖有多远

中国的学生在世界各类奥林匹克竞赛中夺得了一大摞的一等奖。美国人说："中国的学生真是不容易，但我们想不通，中国人能拿那么多的一等奖，却没有人能拿到诺贝尔奖。"

是啊，美国人想不通，我们自己也想不通。凡是具有小学学历的人，大约都接触过一种叫作"缩句"的训练。我们不妨温习一下，将"美丽的百灵鸟放开嗓子欢快地歌唱"进行缩句。这样的题目对于大家来讲轻而易举，改成"百灵鸟在歌唱"。但令人不可思议的是，这个答案是错误的。原因很简单，它和"标准答案"有出入，"标准答案"是"鸟歌唱"。你对于这种"文字游戏"不服气？完全可以。但现今的小学生敢不服气吗？不服气就是"错"的，"错"的也就意味着拿不到高分，拿不到高分就说明不是一个好学生，不是一个好学生就升不了好学校……

这丝毫没有夸张的成分。教学一切向"分"看，如同生活中人们一切向"钱"看一样，引出诸多学生、教师、家长所不想看到的问题。谁能置"分"而不顾？谁敢置"分"而不顾？最无奈的要数教师们了，常常是"戴着镣铐跳舞"，被所谓的"标准答案"压得哭笑不得。还是说"缩句"吧，这样改那样改，正确与否还要看是否与"标准答案"相符。天知道这个"标准答案"从何而来。教师俨然成了机械的语文知识的"贩卖者"。其实，从语言学的角度来看，语言本身就具有丰富性和可创性。从某种意义上来讲，学生对于语言丰富性及可创性的认识与运用，应更侧重于单纯的对语文知识的学习。但我们痛心地看到，我们的学生越来越胆小，越来越"听话"，越来越多的学生在分数面前举起了白旗。

我见过这样一个二年级学生，我以为他有着过人的想象力和创造力。一次，教师要求同学们写一句描写人物外貌的话。他写下了这样一句："星期天，我看到一位阿姨眉毛很淡，淡得好像忘了长出来一样。"他把自己的"杰作"交给老师，他不会写"眉"字，用到"眉"的地方全部用拼音替代。老师看后，眉头一皱，给他一个"良"，并告诉他："考试的时候可千万别写这些陌生的字，拼音拼错了会扣分的!"这个小孩听了，十分伤心。

不知道真正到了考试时，这个学生是否还会迸发出这些绝妙的"思维火花"来。估计会，但终究不会。老师们一次次的皱眉，终会使孩子失去对于"冒险"（想象和创新）的兴趣和信心。有什么比孩子丧失想象力和创造力更令人痛心的呢？

这些现象都让人匪夷所思，大家不自觉地试着寻找当下教育中各种问题的症结所在。于是，很多人想到了"考试"。但无论对考试进行如何猛烈地抨击，不合理的考试并没有因此而改变或减少多少。有考试必然有分数，这个分数的牵动力太大了，从学校到家长，从教师到学生，一个个都为分数而不懈努力，而所有这些努力都会变成压力，最终落到孩子们身上。苏联教育家阿莫纳什维利说得好："数字本身根本说明不了儿童具体的学业成绩。""儿童不需要分数，因为分数会阻碍他们对知识的渴求，阻碍他们在学校快乐地生活。"为什么音乐、体育、劳动学不好，家长和学校都不那么着急呢？为什么数学、语文、外语学不好，学生就会挨揍呢？最简单、最重要的原因就是有些科目考大学时用不着。多么可笑的理由，可它们就出现在我们触手可及的教育中。

由分数引出的故事还真不少。《文汇报》上曾作过这样的报道：上海一所重点中学的一位高材生，无论多么难的数学题，他都可以毫无困难地列出解题方程。但他有一个小缺陷，就是不喜欢烦琐的演算。因此，他的解题程序是正确的，答案却往往小错不断。考大学时，他又是因为这个缺陷，以几分之差被大学拒之门外。于是，孩子的家长把他送到了国外。一所著名大学给予他高额奖学金。在大学一年级的课堂上，任课教师被这个总是提出无穷问题的中国学生问得瞠目结舌。在实在无法作出回答的时候，这位教师请全班同学起立，为这个中国学生鼓掌，他为有这样能把自己问倒的学生而自豪。第二年，这个学生成了校长的助理。

同一个学生在国内外所受到的待遇迥然不同，在国内的学校里教师喜欢循规蹈矩的学生，教师们常为看到自己批量生产的“标准产品”而沾沾自喜。殊不知，在成千上万颗标准脑瓜形成的同时，多少个拥有无尽丰富和多样化潜能的天才，被转变为人云亦云、不敢越雷池一步、思路永不出错的庸人。而在国外，善于动脑、勇于“异想天开”的学生则更受老师的青睐。从两种观念的对比中，可以看出我们的教育与世界的差距。这也许正是我们与诺贝尔奖的距离所在。

但愿有一天，我们能彻底地改造一下这种令人难以信服的，甚至在毛主席看来是可以“用来对付敌人”的办法的“考试”，使有一点个性、有点拔尖水平的孩子，也能在教师们眼里成为“好学生”，那时，我们或许可以向我们心仪已久的诺贝尔奖迈进一步。当然，困难是有的，但既然像经济体制改革这样的难事我们都能干好，我们自然也应该充满信心地面对教育体制的改革。

教室里的奇迹是这样发生的

《第56号教室的奇迹》一书是我今年推荐给全市八千多教师共读的一本书，是一本值得每一位关心孩子成长的父母和教育同行用心品读的好书。我希望，教师能够从书中寻找到创造教育奇迹的奥秘，我更期待，我们的教师也能像雷夫·艾斯奎斯那样把孩子变成热爱学习的天使，把教室变成温暖的家。奇迹何以发生，雷夫老师给我印象最深的启迪有两点。

一是对教育的“痴迷”和“疯狂”。在美国洛杉矶市中心一间会漏水的小教室里，高达九成的学生家庭贫困，可一年之后，那些母语并非英语的五年级孩子，就能以专业的水准演出莎士比亚戏剧，并在全国各地甚至国外的剧院公开上演。那个教室里的孩子，深深知道“品格”的重要性，他们热爱阅读，并终身为自己的人生而读；他们个个都是理财高手，“管理金钱”的技巧比他们的父母都强。而他们的成绩也十分优异，测验分数始终高居全国标准化测验顶部的5%至10%之间。许多学生离开这间教室后，依然不甘平庸，毕业后进入全美顶尖大学。是什么让这间教室如此与众不同？当然是雷夫老师！因为他几乎把自己所有的时间与精力投入其中，正是这种对教育的“专一情怀”和“决不轻言放弃”的执着追求，才使教育生活充满神奇的魅力。

二是教育需要创造性的工作。雷夫老师打造了以信任为基础的优质学习环境，他把“道德发展六阶段”作为班级文化的基石，认为人格品质才是教育本质，并把激发孩子对自身的高要求作为成就孩子一生的根本。雷夫老师创造了卓越的课程，包括人格课程、阅读课程、写作课程、莎士比亚课程、数学课程、艺术体育课程、自然史地课程、经济学课程、旅行课程等，为孩子们铺就了一条追求卓越之路。一年四十八周，每周六天，每天将近十二个小时，雷夫和他的五年级学生虽身处狭小的空间，却尽情享受摇滚乐的乐趣。而他们，也把第 56 号教室，变成了一个产生奇迹的地方。在新课程改革背景下中国教师如何从“教教材”转向“用教材教”，甚至实施自己研发的课程，雷夫老师是很值得学习的典范。

我深信，阅读过这本书的老师，只要拥有了以上两点品质，一定也可以缔造自己的“完美教室”，创造出教室里的奇迹。

把一间教室变为一座宫殿

教育是漫长的过程。把一个理念在教育中“活”出来，更是一个细水长流、润物无声的过程。

自新教育提出“完美教室”这一理念后，近三年时间里，我记录下了这一词汇从播种、扎根到萌芽、开花的过程。

2011 年 1 月 6 日：我参加俞玉萍新教育“完美教室”展示，深刻感受到班级文化的灵魂是全体师生的共同朝向，是美好班级生活的支撑与样态，是师生共生共长的力量，是未来生活的预告。

2011 年 2 月 13 日：参加校长圆桌论坛，我谈了对“完美教室”建设的基本主张：一是有完美班级的价值系统，即班级规则系统的积极建立与维护，包括班级愿景、道德人格课程、班级规约系统，以及个性化班名，鲜明的班风、学风，吉祥物，班徽；二是有“雷夫 + 克拉克”的教室风格，有卓越的班级课程体系，有诸多优秀的细节文化组合成的共同的行为方式；三是有师生乃至家长共同经营的班级博客或通信平台，师生与家长保持密切的交流与沟通，有周期性的师生与家长共同的活动；四是拥有班级自己的节日、仪式和庆典，并使之作用于每一个人的心灵；五是建设班级的社团组织与多样化的评价体系，使班级所有成员有向着美好的共同朝向与积极的生命状态，每一个班级成员都能成为最优秀的自己。

2011 年 2 月 22 日：我们讨论海门镇小的“完美教室”与仪式文化：建议围绕人与自然的关系来统整学会生活，带领学生去森林公园亲近自然，聆听大自然的声息，感受大自然的野性，与大自然融为一体。同时，建议做一个“种子”节的仪式，从理解“种子”的丰富内涵出发，融合自然、艺术、语言等手段，展示师生成长的经历与成果。“相信种子、相信岁月”是新教育人的共同信条，让“种子”节润泽孩子们的心灵，孕育出七彩之花。

2011 年 3 月 6 日，组织三厂片区的新教育“完美教室”培训活动：幸福从哪里出发？无限相信童心；无限相信书籍；无限相信对话；无限相信自己。教师每天都用新的眼光，发现优点，发现生命。高声集体表扬，小声个别批评，保护孩子的自尊心。既要仰望星空，更要脚踏实地。信守诚信，做最好的自己，创最好的班级。

2011 年 3 月 13 日：海门市新教育“完美教室”首轮培训结束，我对完美教室工作室建设提出了新的目标：打造 20 个全市最具影响力的榜样教室，培训海门市及其他新教育实验区 1 万名教师，研发“完美教室”人格、书香、社团等卓越课程系列，出版“完美教室”叙事系列丛书。这是一个全部由一群一线普通教师组成的特殊的工作室，我深信，这群痴迷教育的工作狂，一定能把完美教室工作室建成全国最具影响力的工作室。

2011 年 6 月 2 日：到余东中心小学，参加他们的新教育“完美教室”与毕业典礼展示活动，很受感动。这是很有意义的仪式，给我们带来非常美好的享受，我相信，它一定会给每一位学生带来永久的美好记忆。其实，教育就是要把美好带给孩子们，让美好占据儿童的心灵。今天的活动以爱来贯穿，爱妈妈、爱读书、爱家乡、爱同伴、爱老师，爱是一种依恋，爱是一种不舍，六年的小学生活是人生的重要阶段，这种不舍与依恋充分表达了同学情、师生情，大家深受感动。当然，爱还是一种成长，一种快乐，一种幸福，我期待同学们快乐地与母校告别，因为迎接你的是一种崭新的中学生活，有新老师、新同学、新学校，多么令人向往，我们应该满怀期待，建设“完美教室”就是希望孩子们永远朝向完美，做最好的自己，愿朝向完美与做最好的自己伴随他们一生。

2011 年 10 月 7 日：到东洲国际学校会议室参加完美教室工作室的学习活动，大家学习了新教育历次年会的主报告。我给大家讲了一个多小时，主要围绕今后一个学年工作室的主要任务展开，我希望完美教室工作室首先要组织大家学习与研究，深入理解“完美教室”的内涵，学习的主要文献是苏霍姆林斯基的《帕夫雷什中学》以及新教育近五年年会的主题报告，找到“完美教室”的理论基础，其次是推进“完美教室”的实践研究，抓住“共同生活”这个核心要素，把与教室相关的所有教师、学生与家长纳入共同生活的研究范畴，研发各种适合学生需要的课程，使每一个教室都能趋向完美，并不断完善最初提出的“完美教室”建设的基本框架。另外，期望下半年领衔人俞玉萍完成《中国百合班》的初稿，所有工作室成员完成自我的“完美教室”叙事，同时，向全市每一所学校征集“完美教室”叙事，争取精选100个“完美教室”叙事案例，并编写成海门实验区“完美教室”叙事集锦。下半年，我们把全国新教育海门开放周暨“完美教室”建设专题研讨会交给完美教室工作室负责，主要围绕“完美教室”展示、叙事、研讨，并组织起有效的工作坊，把“完美教室”研修向纵深发展，为明年的年会造势。教育局还将组织乡镇学校文化展示活动，要求工作室对“完美教室”板块进行现场指导。让“完美教室”成为海门教育的一道独特的风景线，成为师生守望的美丽家园。

2011年10月27日：到汤家中心小学与麒麟中心小学调研，讨论学校文化展示与研讨活动的安排，我希望“完美教室”展示要做到点面结合，点解决榜样引领问题，面解决底线共进问题。同时，强化学校文化建设的故事言说与特色文化的深度推进以及现场互动研讨，这样，更有利于让全体教师与学生卷入学校文化与“完美教室”的建设过程，使之成为共同成长的过程，也为在全市层面的推进提供一个可以学习与研讨的现场。

2011年11月1日：召开新教育实验管理工作会议，学习了江苏省教育学会专业委员会秘书长会议精神，以及中国教育学会“十二五”重点课题培训会议精神。“新教育实验促进师生发展的行动研究”已经正式被批准为中国教育学会重点课题，准备面向全国新教育实验区组织申报课题参与学校。我们专题研究了全国新教育开放周暨缔造“完美教室”研讨会的时间及其安排，这次活动初步确定于11月25日—26日，海门准备同步开放8所小学、4所初中进行“完美教室”现场展示与研讨，同时，由海门市完美教室工作室组织分主题的工作坊，工作坊主题有：“完美教室”价值系统的建构；“完美教室”特色课程的研发；“完美教室”课堂文化的打造；“完美教室”共同生活的营建；“完美教室”节日庆典与社团活动的组织；“完美教室”数码社区（班级博客）的营造，希望全国各地的新教育同仁积极报名参与研讨。我们还讨论了新教育实验区管理、新教育研究会秘书处的工作及海门新教育实验区管理的分工调整，以及各个板块的近期工作。新教育是一项宏大的教育事业，有着做不完的工作，需要我们不仅拥有公益的情怀，还要有美好的憧憬、扎实的行动、不懈的坚持，这样才能不断创造一个又一个奇迹。

2011 年 11 月 3 日：召开全国新教育实验开放周暨“完美教室”专题研讨会的预备会。市区初中和小学的全体校长、完美教室工作室全体成员以及海门新教育研究中心核心团队一起参会。我阐述了这次活动的目的：一是推动市区全体教师与学生共同卷入“完美教室”建设，把建设的过程作为共同成长的过程；二是为全市及全国新教育实验学校提供“完美教室”建设的样板与经验；三是研讨“完美教室”的深度建构及相关理论问题。特别是完美教室工作室成员需要围绕工作坊的主题进行全面深入的研究，以便在开放周的研讨会上发挥一定的引领作用。“完美教室”建设仅仅还在探索中，需要全体新教育同仁共同探索实践、奉献智慧。

2011 年 11 月 6 日：拟好了“关于举行全国新教育实验海门开放周暨缔造‘完美教室’专题研讨会的通知”，正式确定于 2011 年 11 月 25 日—26 日（周五、周六）在海门举行，并通过网络及正式文件的方式发到各实验区校。“完美教室”是一种对幸福完整教育生活的现实追求，“完美教室”永远是一种朝向，需要不断行动、不断坚持、不断创新。希望通过这次研讨会，进一步明晰“完美教室”的内涵与建设方向，使来自各新教育实验区的新教育人对如何缔造“完美教室”形成一定的共识，愿每一个新教育的教室永远朝向完美，让教室里的每一个师生过上一种幸福完整的教育生活。

2011 年 11 月 19 日：召集海门新教育研究中心核心团队成员与完美教室工作室全体成员一起研讨新教育海门开放周“完美教室”工作坊的主题，希望通过研讨，形成一些共识，如每一个教室都属于他们自己；共同生活是“完美教室”最美好的生活样态；构建卓越的班级课程是实现朝向“完美教室”的最关键途径。

刘宇禹老师谈她以班级梦想基金为载体，打造共同的文化符号，编译共同的心灵密码，拥有真诚的共同行动，朝向美好的共同愿景，构筑共同的价值取向，建立共同的生活信仰，沉浸多彩的共同活动，编织共同的生活语言，追求共同的生命状态。从而使人人朝向完美、趋向完美。

徐强主任认为“完美教室”的课堂是让每一个师生体验到幸福、感受到快乐的课堂，每一节课都是生命成长的旅程，每一节课都充满了探索的艰辛，收获的喜悦。从这个角度谈，环境、课程、习惯、互动，激活思维、潜能，以及反思，是课堂文化的关键词，让知识、生活、生命深刻共鸣成为新教育课堂的共同话语。

吴勇校长认为“完美教室”是一个共同体，是每个人对自身认同、自我完善的共同体。他在帮助班上学生建立博客的基础上，鼓励学生写整本书，在经营博客的过程中体会到这个共同体还不能缺少家长，家长应成为习作共同体成员。他认为最好的写作老师是家长。儿童博客是由教师、学生、家长共同组成的习作共同体。

2011 年 11 月 23 日：“新教育全国开放周”活动得到党组的高度重视，专门召开会议讨论。我们密集调研学校的准备工作，各所学校都在紧锣密鼓地进行着。到目前为止有近 400 名来自全国各地的新教育人报名参加。海门新教育研究中心又一次召开专题会议，落实工作坊主持人、展示学校责任人及相关任务，讨论全国新教育实验课题开题活动细节，专家组安排以及会议代表的吃、住、行，材料准备等。还准备于 26 日下午组织一次“完美教室”精华版的展示活动，以让更多的海门教师能够观摩学习。开展活动搭建的是一种平台，成长的是参与这个过程的师生，这次市区几乎全部的学校、班级与师生卷入其中，虽然很辛苦、一次次的磨炼、一次次的反思，更是一次次的促进、一次次的提升。

2011 年 11 月 24 日：到海门镇中心小学听倪颖娟谈“完美教室”展示准备时，发现她因为承载了太多的任务，特别辛苦，我看了报告的内容，给她做了一些“减法”。听她谈了这次到焦作参加“儿童课程开放周”的感受，思考准备成立海门晨诵课程、共读课程、习作课程的研发小组，这样，可以让更多的教师来分享这些课程，同时可以让更多的教师一起深度卷入新教育实验。

倪老师是海门“完美教室”的榜样教师，随着研究的深入，遇到不少困惑，比如“完美教室”是“减法”还是“加法”的问题，“完美教室”课程的主题性、综合性问题，“完美教室”日常化、生活化、生命化问题等，其实，“完美教室”的核心问题还是教师，价值观的构建、共同生活的营建、卓越课程的研发等，没有教师这一灵魂人物，“完美教室”就无法缔造，同时，“完美教室”也是教师、学生、家长的成长共同体，需要共同努力缔造“完美教室”、编织共同生活、书写生命传奇。

2011 年 11 月 25 日：正式迎来“新教育开放周”活动，8 所小学、4 所初中面向全国 400 多名来自全国各新教育实验区（校）的代表及海门的班主任代表开放，全面展示海门“完美教室”的建设情况，研讨如何理解“完美教室”，缔造“完美教室”。我还为来自广西南宁教育局及各区县教育局局长作了海门区域推进新教育实验的报告。“教育在线”设有专帖转播，这是一次新教育“教室”主题的盛会，既为明年的年会造势，希望推动所有的实验区（校）都来思考并实践缔造“完美教室”，也为明年年会在理念、理论、实践上做深入的探索与准备。

2011 年 11 月 26 日：开放周继续展示精彩。上午海门实验学校报告厅座无虚席，海门镇中心小学“阳光天使班”的师生以情景剧的形式向与会代表展示师生的幸福教育生活，诠释“完美教室”的丰富内涵。接着“完美教室”价值系统的构建、班级课程的研发、课堂文化的打造、共同生活的营建、班级的节日庆典与社团活动的组织、班级数码社区（班级博客）的建设六大工作坊分组展开智慧碰撞。海门市完美教室名品工作室的成员交流了各组的活动收获。

在六大工作坊交流时，他们认为“完美教室”价值系统的构建意在通过一系列表象的图腾来诠释深刻的价值体系。班级的节日庆典，是生命的朝向，是师生共同生活的精彩演绎，因此要有正确的主题；班级的社团活动是生命的个性体验，班级社团是孩子自由的舞台，是共同的密码。共同生活的营建，包含营造共同的班级文化，编制共同的生活语言、心灵密码，拥有真诚的共同行动，朝向美好的共同愿望。而班级数码社区的建设，贵在行动、贵在坚持、贵在沟通，把它共同营建成习惯养成、自我实现、心的归宿的共同家园。课堂文化的打造，要坚持“以学定教”的原则，尊重孩子的天性，关注细节，合理处理“舍”与“得”的关系。俞玉萍“百合花班”的梦想课程、书香课程、学习课程、爱的课程、生活课程、哲学课程为“完美教室”班级课程研发提供了范例。

朱永新教授在全国新教育实验海门开放周暨“完美教室”专题研讨会结束时，发表了热情洋溢的讲话，他用三组关键词表达了自己的心情，同时给予高屋建瓴的引领。首先，他用“感动、感佩、感激”来感谢海门新教育人为新教育实验做出的努力，他说，在海门推开任何一所学校任何一间教室的大门，你都可以看到精彩，海门新教育人为新教育做出了卓越的贡献，海门是新教育的重镇。

接着，他用“课程、教室、生命”形象地阐述了教室之于师生成长的重要性，他说，“教室”是扁担，一头挑着课程，一头挑着生命，开发卓越课程，缔造“完美教室”，书写生命传奇，生命的成长才是新教育的最高目标，新教育人为生命的绽放而存在。最后，他用“良知、孩子、日子”来高度概括缔造“完美教室”的行动策略，他说，决定一间教室好坏的不是教室本身的好坏，而是看谁站在教室里，因此，“完美教室”必须守住每一个教师的良知；同时，我们要关注到教室里的每一个孩子、每一个角落，守住每一个孩子的心灵，守住属于我们自己的每一个日子。

下午，我们组织了海门市的教师一起观摩昨天“完美教室”展示中精选出来的几个班级，朱永新教授也兴致勃勃地一起观看，主要有实验学校小学部的高波与他的“君子兰”班，东洲小学马娟新与她的“蒲公英”班，还有实验小学顾玲玲与她的“四叶草”班，海南中学殷卫娟与她的“奇迹树”班，实验学校初中部姚燕华与她的“飞翼”班，展示得都非常精彩。

新教育研究中心主任进行了点评，他认为，任何一个概念都需要从浪漫到精确再到综合，海门的展示已经从浪漫走向了精确。如何缔造“完美教室”？建议一，把思考的长度拉长，从人的一生思考中小学，从九年思考一年，这样教育就不会提前，提前是一种损害。建议二，超越儿童课程的概念，从人的全部教育来思考，一定要从道德人格、审美与情感、智慧与知识、礼仪与规则等方面同时思考教室里的事情。建议三，缔造“完美教室”要处理好多重关系，课程与活动的关系，仪式、节日应在课程中自然开放，学科教育与新教育是紧密联系的。建议四，倡导“完美教室”，让孩子喜欢挑战，喜欢创造奇迹，教室应该有故事，创造一个个奇迹的故事。把追求卓越当作终生的习惯，把挑战当作终生的习惯。我们要下最平凡的苦功夫，做最不平凡的大事。

朱永新教授也给海门的教师们讲话，他从上午提出的九个关键词讲起，强调新教育要变成真正意义上的日常生活，“完美教室”是教育生活的组成部分。教室是幸福的来源，幸福不是装出来的，不是喊出来的，而是从心底流淌出来的。教室是关系的存在，最大的幸福来自人与自己的关系，“完美教室”给了我们一个期待，一个梦想。真正的好老师，会无数次叩问自己的内心，怎样给孩子最大的发展，最好的成长。我们要通过“完美教室”的课程，给孩子人生中最需要的东西，让每个孩子都享受到班级的快乐，这是一个需要关注心灵的时代，要珍惜每一个平凡的日子，每堂课要靠知识本身的魅力吸引孩子。让孩子每天向往到学校，不舍得离开学校。

2011年11月27日：梳理新教育开放周暨缔造“完美教室”研讨会的材料，上传至“教育在线”专题帖以让更多的新教育同仁分享交流。这次研讨主题主要是围绕研发卓越课程，编织共同生活，缔造“完美教室”，书写生命传奇。“完美教室”指向的是生命的完美，它必须通过卓越的课程研发以及共同生活的营建，才有可能让生命的灵性得到呵护，生命的潜能充分引爆，才有可能不断迎接挑战，超越自我，从优秀走向卓越。

2012年1月29日：组织完美教室工作室的部分成员一起讨论“完美教室”作为基金会项目的落实思路，重点考虑用于榜样教室的打造，发挥榜样教室的示范引领作用，同时，用于“完美教室”的课程研发与“完美教室”叙事征集、编辑与出版，我们还讨论确定了“完美教室”叙事写作框架，主要有“完美教室”的基本主张、班训，共同生活故事与理性思考等，期待各个学校在整体推进“完美教室”项目的同时，重点培育一批榜样班级，发挥联动效应，协同发展。

2012年2月28日：与吴勇、姜岳威讨论南宁新教育团队来海门的培训方案，主要是到学校现场培训，观摩新教育晨诵午读课、理想课堂，听取校长关于学校文化建设的专题报告，组织互动研讨等，另外，安排新教育专家报告与校长沙龙等，以让南宁新教育人到海门以后既能参加现场体验以获得操作指导，又有理念引领与理性提炼等。

2012年3月11日：陶新华博士带着他的新教育心理学校的团队来海门与我们新教育核心团队的成员一起讨论“完美教室”团队心理培训项目，他们从班级团队心理角度制订了一个班主任培训方案，我详细介绍了新教育“完美教室”的基本架构，我还抓住了人格、课程、细节三个关键词谈了对“完美教室”新的思考。我希望从团队心理的角度来切入“完美教室”的建设，用团队的力量改变共同生活的精神追求。

2012年3月20日：召开第37次小学校长俱乐部活动，主题是缔造“完美教室”，山东莱芜莱城、四川成都新津的新教育培训团，浙江绍兴县的校长培训团也一起参会。大家观摩了东洲小学三个教室的班级课程展示，听取了三位校长的经验介绍，受益匪浅。

我作了“缔造完美教室、塑造完美人格”的主题报告，我认为，“完美教室”的终极价值、终极关怀与终极信仰是“幸福完整”。“完美教室”应以塑造完美人格为核心目标，以重构卓越班级课程为核心任务，以日常细节为核心抓手。“完美教室”要从关心学生的“内心世界”开始，重视学生作为生活主体的生命感受，让学生心灵生活得到最真切的关怀。心灵是精神活动的场所，心灵的本质就是精神，没有心灵精神，“完美教室”就失去了居所和意义。新教育以关注人的心灵成长为根本特征，注重与人类崇高精神对话，让学生拥有一颗博爱而敏感的心灵，重塑他们精神世界的蓝图。同时，“完美教室”建设应把人文学科的课程与人文精神的建设放在核心、灵魂和主体地位。因为人文是埋在地下的精神基础，是国家走向强大的精神土壤，人文是立人之本，科学技术是立人之术，二者合一才能造就完美人格和充满创造力的个体。日常细节决定性格差异；日常细节决定人格特征；日常细节决定做事品质；日常细节决定事物成败；日常细节决定人生命运；日常细节决定国家前途。“完美教室”的日常细节教育要以“唤醒生命体验”为中心，经历“浪漫化、精确化和综合运用化”这三个阶段的系统训练才能完整与深刻。另外，“完美教室”建设要注重多样性与丰富性，“完美教室”不是面面俱到，而是留有各种选择；“完美教室”建设要注重特色化与个性化，“完美教室”不是个个一样，而是让学生成长为最好的自己；“完美教室”建设要注重共同生活与个人生活，“完美教室”不是各自为政，而是形成一个有生命、有灵性的团体。“完美教室”是孩子和教师的家，更是学生和教师的精神小屋。让我们不断行动、不断坚持、不断思考、不断创新，共同见证我们“完美教室”的成长，从一间屋子，逐渐变成一座神奇的宫殿。

2012 年 4 月 4 日：与俞玉萍老师讨论“完美教室”建设，我建议抓住三个关键词作深度研究，即“人格”“课程”“细节”。我认为，通过缔造“完美教室”，塑造完美人格，成就完美人生；通过卓越课程，培养卓越素质，追求卓越自我；通过锤炼细节，养成优秀习惯，建设美好生活。“完美教室”就是要让生命活出意义、活出精彩，书写一个又一个的传奇故事。

2012 年 4 月 7 日：召开“完美教室”叙事改稿会，这次从全市各学校征集了 100 多篇“完美教室”叙事，通过两轮评审，最后挑选了 30 篇优秀稿件，我首先组织大家学习了新教育杂志社的改稿建议，然后提出进一步修改的三点要求：一是学生本位，叙事不能只从教师角度考虑，要多从学生、家长、旁观者等多个不同的角度去描述，这样才能让读者看到一个个具体的、鲜活的个体生命成长变化过程。二是生命叙事，叙事写作应尽量客观、完整呈现事件本身发生发展的过程，不宜过多抒情、评论；完美教室的叙事也不需要面面俱到，可以围绕班级文化核心精神选取几个典型个体或一两项特色活动（课程）着重描述。缔造“完美教室”还应该是在不断发现问题、解决问题的过程中朝向完美，所以在叙事中要有问题意识、反思意识。每次活动或教育事件都应该要有教师的反思，甚至还可以逐步引导学生反思，反思往往更能体现师生在朝向完美路上的成长。三是结构完整。班名及诠释，班级愿景、使命、价值观、标识，班训，还需配有班级合家欢、与故事内容相匹配的照片等。希望通过大家的努力，为 7 月份全国新教育年会呈现一份缔造“完美教室”的厚礼。

2012 年 4 月 15 日：准备海门新教育“完美教室”叙事书稿的序言与后记，以及区域推进“完美教室”实践与思考的文章。坐在书房整整三个半小时，完成得很顺畅！书稿的题目取名为《一间可以长大的教室》，海门新教育“完美教室”行动自 2010 年 10 月启动至今才一年半时间，这本叙事便是这一年多来我们对新教育“完美教室”的理解、探索、实践和收获，我们试图借助这样一个小水滴，折射出新教育实验无穷的光芒和美好的愿景。愿它能成为今年年会的一份珍贵的礼物，更愿新教育的教室永远朝向完美。

2012 年 4 月 30 日：在书房静静地修改海门新教育“完美教室”叙述的书稿，一篇篇稿子读过后，眼前清晰地浮现出一个个班级生活的剪影，在那么多优秀班主任的带领下，海门许多学子的生存状态正在得到深刻的改变，他们以自己的共同价值观作为班级灵魂，师生们拥有了共同的精神支柱和美好朝向，共读共写共同生活。愿更多的班级能够朝向完美，愿每一个生命都能成长为最好的自己，开出灿烂的花来。

2012 年 7 月 12 日：到江苏教育学院教师书院与赵国忠院长讨论新出版的《完美教室——中国百合班的故事》和《一间可以长大的教室——新教育“完美教室”叙事》两本专著的推广事宜，他们将在暑期组织全国班主任培训班，请俞玉萍老师来做专题报告，请我点评，以此推广“完美教室”的理念与行动模式。下学期还准备在海门组织全国“完美教室”专题研讨会，让更多的教育同仁通过“完美教室”来了解新教育，参与新教育实验。

2012 年 7 月 14 日：“相约齐鲁大地，缔造‘完美教室’——2012 全国新教育实验第十二届研讨会”在山东临淄实验区举行，开幕式上山东省教育厅张志勇副厅长讲话，他说，“山东，孔子在这里诞生，泰山在这里崛起，黄河从这里入海，新教育推动了山东教育改革，改变了学生的生存状态、教师的行走方式，让我们看到了教育的希望和未来。”中国教育报刊社总编辑翟博在新教育年会上讲话，他认为，“新教育，新在理念与思想，新在创新与改变，新在教室与课堂，新在行动与实验，已经从一个人的理想与梦想、责任与使命，变成许许多多人的理想与梦想、责任与使命，具有时代的价值与意义！”山东临淄区教育局局长孙林涛在新教育年会上作主题汇报，他从齐鲁文化谈起，回顾了参加新教育的历程，畅谈了临淄新教育人在“理想课堂”“书香校园”“教师成长”“完美教室”方面的探索与收获。新教育临淄年会展演，从穿越千年的齐文化开始，到如今的新教育，精彩绝伦，令人震撼。新教育“十佳教室”提名奖颁奖，“十佳教室”的一个个讲述，以及新教育“完美教室”缔造者的颁奖与常丽华“小蚂蚁”班的精彩演绎，让所有新教育人看到了“完美教室”的高度。期待这些新教育的榜样们能掀起全国新教育实验新一轮的热潮，让新教育的教师与孩子们更加幸福。

2012 年 8 月 31 日：讨论“影响中国·新教育‘完美教室’成功经验交流会暨全国‘完美教室’特色成果集中展示活动”方案。一所学校的教育品质，由一间间教室的品质决定。缔造“完美教室”，为教室里每一个生命缔造完美人生，是中国教育的理想。新教育“完美教室”实验是中国教育的一次创举。新教育人领衔“完美教室”，关注每一个孩子、每一个心灵，演绎了一个又一个教育的传奇，创造了中国教室的奇迹。如今，“完美教室”已成为全国广大中小学校班级建设、教室建设学习的典范。实践证明，新教育“完美教室”实验的经验是中国教育的典型经验，值得学习和借鉴。为此，决定于 2012 年 11 月 17 日—19 日，教育局将与江苏省教育科学研究院、江苏教育学院教师书院联合举办此次活动。期待这次活动成为推广与推动新教育实验的重要集会。

2012 年 9 月 2 日：参加完美教室工作室本学期的首次活动，我表扬了完美教室工作室上半年取得的两项重要成果：一是两本专著出版成为新教育年会厚重的献礼；二是俞玉萍、倪颖娟两位老师被评为新教育“完美教室”缔造者。希望下半年工作室进一步加强团队文化建设，进一步明确完美教室工作室的核心价值观、共同愿景与使命，进一步研发“完美教室”课程，推动各类以教室、班级为基础的主题课程建设，如人格课程、书香课程、节日课程、旅游课程、社团课程等，进一步开展“完美教室”展示研讨活动，以扩大“完美教室”项目在全国的影响力。

2012 年 9 月 25 日：接待省教科院、省教育学院教师书院赵国忠院长一行，谈合作项目。11 月 17—19 日新教育研究会将与他们联合举办“新教育开放周”活动，这次活动的主题为“研发卓越课程，缔造‘完美教室’”，是今年与明年主题的连接，届时将邀请全国“完美教室”缔造者与新教育十佳“完美教室”班主任来做客，交流研讨如何深入推进新教育实验。

2012 年 11 月 1 日：召集市区初中、小学校长以及新教育核心团队成员，讨论“新教育开放周”准备工作，这次开放周的主题是“研发卓越课程，缔造‘完美教室’”，旨在推进“完美教室”建设的同时，为明年年会主题预热，进行研讨。要求各所学校以课程研发为主线，通过展示、现场、课堂、叙事、故事、互动研讨等方式，向来自全国各地的新教育同仁呈现海门团队的探索过程，推动新教育实验的课程建设。

2012 年 11 月 4 日：组织新教育核心团队讨论全国“新教育开放周”示范课的内容与方案，我们认为，新教育“完美教室”建设最终是为了人的健康成长，为了师生过上一种幸福完整的教育生活，必须通过课程来完美实现，需要用开阔的视野、综合的思路推动班级人格课程、阅读课程、运动课程、艺术课程、节日课程等的研究与开发工作，让课程与生命在教室里实现完美结合。

2012 年 11 月 11 日：召开“新教育开放周”预备会，短短时间报名参加人数已超过 1000 人，可见新教育与海门教育的巨大魅力！预备会就“新教育开放周”的专家报告、名师课堂、学校展示，以及会务安排、环境布置等进行了详细的责任分工，这么庞大的会务，接待工作是非常繁重的，所以，期望能够通过统筹协调，使与会者方便参会，收获满满。

2012 年 11 月 15 日：与新教育核心团队讨论“新教育开放周”的细节，组织市区 6 所初中校长、8 所小学校长就“新教育开放周”报告的 PPT，一一讲述点评，确保此次展示活动及叙事报告围绕“研发卓越课程，缔造‘完美教室’”主题，让来自全国各地的与会代表收获满满。

2012 年 11 月 16 日：接待来自全国各地参加“新教育开放周”的宾客，预计近 1200 人，最大的团队超过 200 人，可见新教育的吸引力，只是海门作为县级市，还没有大型会议的接待能力，只好动用了 15 个大小宾馆，两个大会场，希望活动安全有序，优质高效，虽然没有很好的会务接待，但是能让大家在新教育路上有更大的收获是最重要的。

2012 年 11 月 17 日：组织全国“完美教室”观摩研讨会暨新教育海门开放周活动。由于与会的代表大大超出了预期，只好把舞台的空隙利用起来，在舞台上加了 100 多个位置。整个活动超过 1500 人参会。我致开幕词，介绍了海门、海门教育、新教育以及这次活动的主题“研发卓越课程，缔造‘完美教室’”。我一直认为有什么样的课程，就会有什么样的儿童生活，有什么样的课程生活，就会有什么样的生命成长方式。上午海门的六位老师上展示课，有虞卫华“太阳花”班的人格课程“尊重，让生活更美好”、张海英“向日葵”班的文学课程“走进冰心”、陈铁梅“四叶草”班的审美人生课程“故宫——凝固的音乐”、黄莺莺“兰花草”班的合唱课程“乘着歌声的翅膀飞翔”、张晓辉“糖果屋”班的国际理解课程“走进美国”、刘禹宇“浪花朵朵”班的电影课程“小世界”等，一节节风格各异的课引起了与会者的强烈兴趣，让大家再一次相信创生课程的力量，它们带给孩子别样的教育生活样态。

新教育新生代教师做专题汇报，有海门镇小倪颖娟的“生命，在课程中拔节”，北京新阅读研究所王丽娟的“教室是一方乐土”，河南濮阳侯长缨的“顺着嘴巴的方向飞行——毛虫班童话剧之旅”，河南焦作赵素香的“与爱同行的日子”，山东临淄田丽群的“秋思”，北京新教育实验学校薛海波的“跟着美好一起成长”，山东临淄潘秀华的“让每一朵花都得到润泽”，海门东洲中学俞玉萍的“创造一个王国的童话史与神话史——百合班的课程加减法”。他们从自己的教室出发，让自己与孩子的生命在课程研发的旅程中成长出不一样的精彩，他们在课程的开展中成长着、快乐着、幸福着，让与会者再次领悟到了新教育的力量。

2012 年 11 月 18 日：全国新教育海门开放周请来了成尚荣先生作专题报告。他以追问的方式，解读了他理解的教室、“完美教室”以及卓越课程等，摘录他报告中的经典语段：什么是教室？教室是生活的空间。教室里除了课堂教学，还有更多、更全面、更丰富的教育生活。缔造“完美教室”必须探索除教学以外的儿童生活，包括日常生活。教室不仅仅是空间，还是教育的组织。教室不仅仅是一个场所，还是一个场域，作为一个社会学的概念，教室就具有社会学的意义，教室就成了一个公共生活的空间，公共生活是为了培养学生的公共精神。教室其实就是一个共同体，是一个学习的共同体，生命成长的共同体，说到底就是一个文化共同体。何为“完美教室”，“完美教室”是我们对教室建设的一种境界，一种理念，是一种愿景，永远是一个缔造的过程，只有起点，没有终点，永远在缔造的过程中。“完美教室”美在生活，美在文化的共同体。生活应该是美的，生活中有一个非常重要的关键词：关怀，关怀从尊重开始，尊重是教育的起点、生活的起点。我们要建设一个具有关怀意义的道德生命成长意义的教室。生活不仅仅是一种现实的生活，更是一种可能的生活，即将发生的一种理想的生活。自由是人存在的本质、儿童存在的本质。不给儿童以自由，就是让儿童不像儿童，失去儿童，教育就失去了根据地，“完美教室”就是童年的根据地、儿童的根据地，缔造“完美教室”，就是缔造儿童的根据地。学校内涵发展必须以课程为核心，没有课程建设，就没有文化。不在课程的视野下建设教室，“完美教室”可能是一句空话。

有一种课程理念是“跑道”，课程是“道”，还是“跑”，课程是一个过程，是自己经历、探究、体验的一个过程。班级课程在很大程度上不在“道”，而在“跑”。课程不仅是计划，更为重要的是课程是机会。给学生什么样的课程，就是给学生什么样的机会。班级课程就为学生发展提供了许多机会。在机会中发现自己，发现自己未来的方向，最大的可能。课程是学生学习的，当然是一种负担，但不只是一种负担，更是一件礼物，是教师馈赠给学生的一件幸福的礼物。教室里应该洋溢着幸福。课程还应该是一种生活，是儿童生活中的经验。经验是教育鲜亮的拱门，是教育的出发地，又是凯旋门。教室里的课程、班级课程其实是由生活中的经验缔造而成的。国家课程、地方课程、校本课程之间是什么关系？班级课程相对独立，课程开发的主体是班级自己；班级课程与国家、地方、校本课程是相融合的、是嵌入的，这是最重要的方式；班级课程就是在教室里真正发生的课程。“完美教室”归结到底是对儿童的研究，要认识儿童、发现儿童、发展儿童，必须回到儿童原来的意义上去；回到儿童最伟大之处去；回到儿童的生活世界中去；回到儿童的生活方式、游戏方式上去。

李镇西的报告更为感性，他以自己班上发生的一个个童话般的故事，谈了他对“完美教室”的观点，即有快乐、有收获、有故事、有成长、有诗意的教室。他认为，对教师来说，教育即人生；对学生来说，成长即快乐；对教育来说，童话即传奇。

两个报告，一个充满理性哲思，一个充满感性诗意，完整地解读了“完美教室”的理念，让与会代表情不自禁地发出了一阵阵热烈的掌声，更把这次开放周的主题报告推向了高潮。海门 3 所初中、4 所高中的展示使代表们对海门教育有了更真切的认识与感受。

2013 年 1 月 21 日：接待泰州黄桥中心小学的校长团队，他们专门来海门考察新教育实验“完美教室”项目，并表达了参加新教育实验的愿望。我向他们介绍了新教育实验的发展历史，让他们考察了东洲小学开发区校区，了解海门“完美教室”建设情况。他们邀请海门教师赴黄桥为教师冬训进行培训。海门的普通教师因新教育而走向省内外，这是新教育的福音。

2013 年 3 月 15 日：接待苏州大学陶新华博士一行，与培训中心团队一起讨论了海门心理咨询师培训课程、新教育“完美教室”班主任培训课程及项目运行，我们商定合作组建培训师团队，研发卓越的培训课程。

2013 年 3 月 21 日：邀请李镇西来海门为全市高中班主任培训，他用自己的爱、激情与梦想编织了一个个美丽的传奇故事，为海门的教师送来了教育的美好与幸福。

……

从一间普通的房子，变为一座教育的宫殿，“完美教室”是我们从旷野里寻出珍宝、点点滴滴汇聚的过程。没有最好，只有更好，缔造“完美教室”，我们仍然在路上。

行动与坚持

新教育倡导“只要行动，就有收获；只有坚持，才有奇迹”。这也是我经常说的一句话。是的，行动与坚持是成功的根本，成功是不会等人的，只要马上行动，绝不放弃，全力以赴，坚持到底，就一定会成功。

“想做什么，就敢于行动，贵在行动，贵在坚持。”这是我的切身体会，记得几年前在东洲小学当校长时，省教育厅让我去澳洲留学一年，留学之前，曾有不少人抱有疑虑：只认识26个字母的人能通过严格的语言过关测试吗？能在大洋彼岸取得预期的研究成果吗？而我坚信“只要行动，就有收获；只有坚持，才有奇迹”。为了克服语言上的障碍，我每天坚持学习16个小时的外语，从不言弃。有段时间，耳机一碰上耳朵就会硬生生地疼，一长串的单词搅得我寝食不安，但我还是以顽强的毅力坚持了两年多的时间。如今，我不但通过了博士生的英语入学考试，还通过了博士的学位英语考试。留澳期间，我不仅出色地完成了自己的学业，还坚持每天为“教育在线”上传一篇“澳洲课程故事”，天天与老师们讨论课程与教学的问题；坚持每周给学生写一封信；周周与孩子们在网上交流；坚持每月与行政人员开一次网络视频会议；月月与管理人员保持密切沟通。一年下来，写出了60多万字的研究随笔，出版了两本专著。正是日积月累的付出才让我拥有了丰硕的收获。

行动的人能掌握自己的命运，坚持不懈才能通向成功。许多道理人们都知道，比如，每年都在进行教师培训，大家都知道教师专业成长的培养途径，为什么最后人和人还是有所不同呢？就在于知道后就行动的人，他有机会获得成功；而知道后不去行动的人，成功永远都绕着他走！

没有行动就没有坚持，只有坚持不懈的行动，才能达到成功的彼岸。没有哪件事，不动手就可以完成。世界虽然残酷，但只要你愿意走，总会有路；看不到美好，是因为你没有坚持走下去。当困难绊住你前进脚步的时候，当失败挫伤你进取心的时候，当负担压得你喘不过气的时候，不要退缩、不要放弃、不要裹足不前，一定要坚持下去，勇敢地接受困难和挫折的考验。

行动吧，只要行动，肯定会有收获；坚持吧，只有坚持，才能创造奇迹。

我的海门教育梦

教育是最应该有梦、追梦，最能圆梦的事业，
校园是放飞梦想、追寻梦想的圣地，
教师是点燃梦想、助推梦想的文化使者，
学生是怀揣梦想、追逐梦想的天使。

我心中一直有一个美好的梦想，那就是：办好每一所学校、发展好每一位教师、培养好每一个学生。

办好每一所学校。就是既要注重学生的起点公平，更要注重过程公平和结果公平。一是启动普通高中创星晋星工程。目前，我市仅有两所四星级普通高中，这与海门教育在全省所处的位置极不相称。根据统一部署，我们要逐年推动证大中学、实验学校、四甲中学的创星晋星工程，争取通过三到五年时间，使全市四星级高中比例达到70%左右，让尽可能多的高中学生享受到优质的教育资源。二是打造职教新航母。今年暑期，我们顺利实施了海门中专和三厂职高两校合并项目，张謇职业技术学校一期工程已竣工并交付使用，确保了近3000名学生顺利进驻。下一阶段我们将加快推进张謇职业技术学校二期工程的建设，将学校建设成“高水平、现代化、国际一流”的职业学校。同时要着力提升办学层次，积极推动“学校”向“学院”转变，圆海门人自己的“大学梦”。三是推动义务教育优质均衡发展。要以“义务教育优质均衡发展实验区”创建为抓手，在改善办学条件、优化教育资源、均衡师资配备、发展学生素质、提升办学品质上狠下功夫，力争2014年创建成功。四是实现幼儿教育优质普惠发展。紧扣“学前教育改革发展示范区”建设目标，加快省优公办幼儿园建设速度，确保今年年底创建成功。

发展好每一位教师。教师是最重要的教育资源，是支撑学校发展最重要的因

素，也是实现“教育梦”的核心要素。8 月 22 日，教师研修中心接受了省示范性县级教师发展中心评估验收，获省评估组高度肯定与赞扬，评估组期望海门要瞄准“国示范”的目标，将研修中心打造成“全国一流、全省领先”的教师发展中心。新教育培训中心也刚刚揭牌，我们更要把它打造成全国新教育人共同的成长乐园与精神家园。如何发展好每一位教师？我们要发挥好三大平台的作用。一是名师名品工作室平台。要发挥工作室“孵化器”的作用，着力培养卓越教师群体。二是义务教育教师交流平台。今年暑期，我们集团内部教师交流共有359 人，发挥了骨干教师的影响力。下一阶段我们要进一步完善教师交流机制，争取通过五年左右的时间让每一位农村教师都有机会到市区学校跟岗学习一年，从而加速教师的专业成长，提升教师的整体素质。三是校本学习研修共同体。要求各学校形成磨课、观课、议课的常态机制，吸引每位教师深度卷入课堂研究中，并在打通课堂和课程的联系中收获专业成长的惊喜。

培养好每一个学生。要为每个学生提供适合的教育，让每一个孩子都成为有理想、有道德、有文化、有纪律、全面发展的有用之才。一是要全面提升教育质量，确保高考本二上线率达 65% 以上；高分群体要有新突破；义务教育阶段质量抽测继续保持全省领先。二是促进学生多样化、个性化发展。海门教育已经超越了提供均等入学机会的阶段，进入追求更加公平、更加优质、更加多样化，为每一个受教育者提供均等成功机会的新阶段。我们要不断探索、总结，创新学生培养模式，使每一个学生的潜能得到充分地挖掘，帮助每一个学生获得主动的发展。三是坚持立德树人。党的十八大报告明确指出：“把立德树人作为教育的根本任务，培养德、智、体、美全面发展的社会主义建设者和接班人。”我们要坚持正确的人才观，以树人为己任，突出社会主义核心价值体系，培养具有良好人格素养、拥有强健体魄和高尚审美情趣的社会公民。

教育是最大的民生工程，肩负着每一个孩子的梦想、千家万户的幸福、国家和民族的复兴，若干“教育梦”汇聚起来，就是伟大“中国梦”！我相信：市委、市政府和社会各界的关心与支持是实现“教育梦”最强大的动力，百万海门人民的肯定与鼓励是实现教育梦最坚实的后盾。我们每一个海门教育人一定会坚定信心，开拓进取，乘势而上，顺势而为，以等不起的紧迫感、慢不得的危机感和坐不住的责任感，凝聚起追梦圆梦的强大正能量，“办好每一所学校、发展好每一位教师、培养好每一位学生”一定能够梦想成真。

新教育实验在中学

毋庸讳言，在应试教育的压力下，在高考指挥棒的指挥下，新教育实验在中学阶段推行教育改革的难度，比小学阶段要大。

但是，2012 年 11 月 19 日，我到东洲中学三个校区、东洲小学两个校区，以及通源、育才小学巡视“全国新教育开放周”展示的情况时发现不论小学还是中学，每一所学校都赢得了与会代表的称赞。来自广西河池市金城江区教育局的韦霄玉发短信给我：“十分荣幸参加了您组织和策划的“完美教室”研讨活动，我的感受是：大开眼界，十分震撼；规模大；接待周到、热情、细致；内容丰富，形式多样……收获颇丰！总之一句话：海门教育是中国美丽教育的发源地，您是领军者、智慧者、教育家。十分感谢!”

我也感谢诸位代表的热情参与、支持，大家的褒奖是我们前行的动力，相信我们还会做得更好!

其实，中学和小学一样，教育的本质相同：慢工出细活，功夫在诗外。初中教育改革的空间非常大，需要初中校长们大胆改革，开拓创新，创造海门初中教育的新局面。2012 年五一劳动节那天，我继续修改海门新教育“完美教室”叙事，重点修改和整理了初中 11 个教室的叙事，我花了整整三天时间，一遍又一遍地阅读着一个个教室的故事，一次又一次被这些故事感动。相遇是一种缘分，与每一个教室相遇的人，无论是老师、学生，还是家长，都应珍惜这份缘分，信任、尊重、珍爱、互助，朝向完美，追求卓越。真是非常感动，为海门初中学校有一大批优秀的班主任而自豪，他们有思想、有行动、有收获，在他们的精心编织下，初中学生的生活得到了较大的改变。

还记得 2011 年 2 月 28 日，我参加讨论树勋中学学校文化建设时，建议整体建构爱心教育文化，做足冰川之父——施雅风的资源开发，还有毛云和公益资源的开发，以及设立科学探究室、科学阅读室等科技活动室，建立“真爱梦想”基金会，把冰川之父的开创精神与毛云和的公益精神熔铸在学校文化建设之中，让新一代树勋人很好地传承这些精神，将来为社会、国家做出卓越的贡献。

2011 年 3 月 12 日，参加海门中学初高中教育衔接研讨会，谈分解指标与考核方法对初中教育改革的影响与思考，我强调要做到英才教育与均衡教育的统一，给不同层次的学生搭建适合的教育平台，既促进学生个体的全面发展，又促进他们个性的充分发展。特色化与多样化是初中教育优质化的应有要义，有了多样化、特色化才能有选择性，有了选择性才能有个性化，有了个性化才能有创新性。

2011 年 3 月 18 日，我陪同山东日照教育考察团参观海门中学时，对海门中学的学校文化又有了新的认识，海门中学不仅有着深厚的人文底蕴，他们把百年老校最精彩的教育思想、最著名的人物故事，演绎在校园里，润泽着师生的生活，更重要的是把当下的校园生活编织得多姿多彩，有丰富的社团活动、球类俱乐部、机器人工作室、艺术团等，培养了一大批顶尖的人才，一个个作品展览室和一幅幅成功人物画像，把海门中学的教育精华生动地展现了出来，更加体现了海门中学“敦品、力学、大气、卓越”的文化精髓。相信，这种文化一定会成为一种力量，一种教育的力量，一种催人奋进的力量。

我也参加过东洲中学物理学科组集体备课活动，这让我想到新教育研修文化的建设。集体备课活动是一种互动交流的文化、相互学习的文化、研训一体的文化、现场反思的文化。如何构建一种让教师乐此不疲的研修文化，关键是要把研修过程变成一种奉献智慧、分享智慧、碰撞智慧、生成智慧的过程，在这个过程中能让教师产生一种思想上的高峰体验，获得教学实践的新智慧。这种研修文化值得基层学校好好研究探索，通过精心谋划、有效组织，不断推进学校研修共同体的建设。

组织初中社团活动现场会中，我对初中的社团建设提出了三点建议：一是组建适合学生自由成长的社团组织，要实现自组织、班组织、校组织三种形态的社团全面开花；二是共建适合学生个性成长的社团课程，要从课程目标、课程内容、活动过程进行全面、系统地设计，并不断提高实施水平；三是搭建适合学生展示成长的社团舞台，要尽可能提供一切机会让学生展示自我，增强信心。要努力创造条件，让初中学生享受幸福完整的教育生活。

我曾经组织部分初中校长在海门中学讨论英才教育。我认为，培养全体学生的基本素质与培养一些特别优秀的学生是统一的。一个社会、一个国家既需要许许多多的普通劳动者，也需要很多的精英分子来引领社会各个领域的发展。过去，在基础教育阶段，特别是在义务教育学段，一味地强调大众化、平民化，狭隘地理解公平公正，忽视了英才教育。放眼世界发达国家，各个国家都有英才教育计划，并配置专门的教育资源，促使一些优秀的学生脱颖而出，获得更快、更好地发展。其实，对于一些智力超常的孩子，让他们每天与普通学生在一起学习，不但不能激发他们的学习兴趣，反而会扼杀他们的天赋与创造力，对于这些孩子来说，也是一种不公平。我一向认为，适合的教育才是最好的教育，适合的教育也是最公平的教育。为此，我们就初中阶段如何开展英才教育展开了热烈的讨论，我们从组织安排、课程建设、师资配备等方面，详细讨论了英才教育的实施办法。我建议学校要进一步丰富社团活动项目与内容，成立一些特别的社团组织，如未来科学家俱乐部等，让一批特别优秀的学生有一个共同发展的平台，研发适合的课程，开展特殊的教育，不断挖掘这些学生的潜能，让这些孩子得到最好的发展，将来成为能够给社会与国家做出杰出贡献的真正的科学家。

在 2011 年 5 月 31 日海南中学主持的省重点资助课题《初中课堂生态文化的构建研究》的结题活动中，他们提出了生命、生活、生动、生长的课堂基本样态，把生命、情感、智慧、生成作为生态课堂的基本要素，把民主、开放、活动、分层作为生态课堂的基本策略，把开放性、整体性、生成性、发展性作为生态课程的本质特征。其实，课堂生态就是要建立一种自然、和谐的关系，这种关系必须体现以人为本，体现民主开放。我希望海南中学能继续沿着课堂生态的方向深入研究，特别是开展课堂生态文化对初中学生成长影响的研究，重点研究课堂生态文化的构建对学生学习的影响，如学习兴趣与动力、学习方法与方式、学习能力与效果等，还可以研究课堂生态文化的构建对初中学生人格成长的影响、学业素质的影响、综合素养的影响、个性发展的影响等，也期待将要开展的初中学校生态文化的建设与实践研究，系统建设校园生态文化、德育生态文化、课堂生态文化、书香生态文化、科技生态文化、艺术生态文化、健康生态文化等等，从而使学校文化在传承中坚持，在坚持中创新，在创新中发展。

当然，正如新教育实验以教师发展为起点那样，在参加海南中学——悦来片共同体学校“青蓝结对”仪式时，我谈了两点想法：一是区域教育的优质均衡与公正公平的关键在于教师；二是相信每一位教师都是想成为一名好教师的，我们应该把自己的教育生活变得更有意义。我还提出了两点建议：一是行动与主动，师徒结对关键在于行动，师傅带徒弟首先是人格的影响，其次才是教育技术与艺术的引领。作为徒弟要主动追求，自觉进步。二是坚守与反思，名师成长的环境与普通老师没有什么两样，关键在于名师能够朝着自己的目标不懈努力、坚韧不拔，能够在实践中不断反思、研究实践中的理论。期待这样的结对活动能让更多的教师改变自己的成长方式，为社会、为国家尽更大的责任，做出卓越的贡献。

俞玉萍老师就是初中的新教育榜样教师。她作为海门新教育完美教室工作室的领衔人，出版过著作《大语文教育观下的教与学》，这本书凝聚了这么多年来她“不为分数教语文”的思想精华，有很强的操作性，值得推介给初中语文教师学习，可以作为初中语文教师培训课程。她出版的《完美教室——中国百合班的故事》也引发了一片好评。2012 年 7 月 29 日，我和俞玉萍到南京雨花台中学参加江苏省教科院、江苏教育学院教师书院主办的 2012 年全国著名班主任成功经验交流会暨全国中小学班主任工作艺术高级研修班，俞玉萍老师作了“完美教室——中国百合班的故事”专题报告，我在点评中说，她深刻解读了作为一名班主任应该拥有的爱心与对教育的痴迷，生动诠释了教育必须从信任出发，并在信念的坚守中，追寻到幸福完整的教育生活。

如果说初中已经有不少俞玉萍这样的教师已经走在了新教育路上，真正深切体会到了新教育的幸福完整，那么还有更多的高中教师正在彷徨着。2012 年 10 月 10 日，我在四甲中学为教师们作“缔造‘完美教室’”的专题报告，我结合高中的特点，就“完美教室”的意义、文化建构、课程建设，以及“完美教室”的生命叙事畅谈了自己的想法，得到了教师们的积极呼应。我真正感受到高中教师需要这样的引领，相信高中的教室一样可以建设得有内涵、有文化、有品质。

所以，我组织全体高中校长参观考察东小开发区校区，让校长们感受文化与课程在学校发展中的地位与价值。校长们在交流 2013 年工作思路中有了强烈的

“文化立校、理念先行”的意识。我希望在新的一年里高中教育围绕以下命题深入思考：一是十八大精神的精神实质把握与高中教育改革的定位，如何深入理解十八大提出的不单纯追求GDP，而是要追求政治、经济、文化、社会、生态文明五位一体建设，联系到我们的高中教育，我们不能单纯追求高考分数，而是要追求学生的全面素质，追求幸福完整的教育生活；二是谋划星级高中的创建蓝图，从硬件建设、队伍建设、学校文化顶层设计与内涵发展进行全面的规划；三是新教育在高中教育阶段的推广，从完美教室、理想课堂、每月一事、书香校园等项目切入，推动高中的新教育实验；四是高中学生体质提升与完整生活的创造；五是优质特色发展，观课、研课、磨课机制的建立，促进常态课堂质量提升、研训一体，帮助高中教师快速成长、社团活动的推广，丰富高中学生生活，促进个性化成长。大家对高中教育的转型升级达成共识，相信在校长与教师们的共同努力下，海门高中教育一定能创造全新的品质。

在参加高中基础年级教学工作研讨会时，我就基础年级教学工作提出了三个朝向：一是朝向目标，重点研究如何以团队研修带动专业成长，以课程重构带动学科建设，以主动学习带动整体提升；二是朝向生活，给学生以完整的人性关怀，重视积极人格的培养、强健体魄的历练、完整生活的构筑；三是朝向人生，让高中学生也有幸福的体验，幸福是一种快乐的体验，幸福是一种成功的体验，幸福是一种超越的体验。

我们还组织了高研会，永成局长围绕态度、目标、机制、方法、作风、统筹六个关键词作了准确、到位的工作布置。我谈了三点意见：一是目标导向，用目标引爆潜能，无限相信学生、教师的潜能；二是问题导向，把问题作为课题，让“微改革”改变海门高中教育的未来；三是信念导向，让信念创造奇迹，让每一位管理者、教师与学生都充满实现梦想的激情与自觉性。希望全市教育工作者凝心聚力，振奋精神，守住每一个日子，守住每一节课堂，守住每一间教室，创造海门教育的新辉煌。

2013年8月18日，我召开全市新教育实验推进会，朱永新先生来海门为全市中小学校长作“过一种幸福完整的教育生活”的主题报告，全面、系统阐述了“什么是新教育”“新教育的历程”“新教育十大行动”，让海门教育人更加深刻地理解新教育，增强了推进新教育实验的信心与决心。

而我应母校四甲中学的邀请，参加他们2013届高三毕业典礼时，就送给了全体母校学子们新教育六字成功箴言：信、望、爱、学、思、恒，祝福母校高考再创奇迹。愿六字箴言伴随海门学子不断走向成功，成就未来美好生活和有意义的人生。我到东洲中学开发区为师生作“走向成功的金钥匙”的主题报告，我结合自身成长经历，谈了对有自信心、坚持不懈、合理安排、融洽相处、情绪稳定走向成功的五把钥匙的理解，还就新教育成功六字诀进行了解读。信：确立信仰；望：树立理想；爱：博爱情怀；学：天天阅读；思：每日反思；恒：坚持不懈。

愿这些素养与品质能够成为师生们开启成功人生的金钥匙。同理，这些素养和品质，又何尝不是中学开展新教育探索所需要的精神呢？

我的教育观

有的人把教师的工作只当作工作，只是谋生的手段；有的人把教师的工作当作了事业，敬业爱岗，不断追求教育的质量、人生的价值；新教育人把教育的工作当作了志业，把新教育作为自己的信仰，矢志不渝，不断创造生命的奇迹。

作为一名教师，应该对国家、社会、家庭、家长、学生作出怎样的承诺？用爱心浇灌爱心，用智慧启迪智慧，用高尚引领高尚。既教书，又育人，既成才，更成人，用辛勤耕耘、爱生如子、执着专注、创新实践让自己与学生过上一种幸福完整的教育生活，让学校、教室成为学生向往的幸福的精神乐园，成为教师的精神归宿。这些应该成为教师的坚定信念，乃至信仰，只有这样，才能铸造出理想的教育大厦，创造一个又一个教育奇迹。

我倡导的学生观：一个学生，假如有什么值得他骄傲的东西的话，那就在于他能成为一个道德上自由的人，而且在精神上成为坚强的人，有坚定目标的人，勇敢、独立的人。其实，孩子每天都在发展，只是有许多没被我们发现，教师的责任是每天都要发现每个孩子的各个方面的发展，并因势利导，使其获得更大的发展。

我倡导的教育服务观：天天感动学生。学校要与家庭、社会，教师要与学生、家长建立相互的忠诚关系。

我倡导的育人观：教师要经常去唤醒儿童的道德生命，激活儿童的生命力量，让他们在广阔的空间里、丰富的活动中、多彩的生活中进行平等的对话、情感的交流、心灵的沟通，从而使混浊的人生变得清澈，使沉睡的生命开始觉醒，获得自由生长。

我倡导的教学观：品德教学的使命，就在于在对话、活动、生活中使儿童懂得如何为别人着想、做好事，并使它成为儿童的道德倾向，成为一种需求、追求和愿望。只有这样，他们才会成为真正自由的人，一个幸福的人。

我倡导的课程观：我们应尽最大努力为学生创造最丰富的课程资源，以最大限度地满足学生多方面发展的需求，并站在生命哲学的高度，去真正把儿童当作是一个个独特的生命个体，去关照、宽容、锤炼他们，让儿童的生命得以“诗意地栖居”。

我倡导的德育观：只有把品德教育根植于学生的心灵世界，德育才能具有深厚的基础和强大的生命力。所以，我们应以品德教育为导向，以心理教育为基础，开发校本课程、开展校本活动、进行校本研究，探索品德与心理教育相结合的模式，促进学生人格的和谐、健康发展。

相信新教育，信仰新教育，把自己托付给新教育，带领更多的人成为新教育叙事的主角，让更多的人因新教育生命由有限变得无限。

家校合作共育的思考

今年新教育年会的主题是"家校合作共育"。今天，我们来研讨"家校合作共育"话题，对这几年的家校合作共育行动进行反思、梳理、总结、提炼，为年会的召开作思想与理论上的准备。借此机会，我想抛出一些问题，与大家一起来思考。

首先，为什么提出"家校合作共育"?

我们大多数学校里一般都有一个家长委员会。关于家长委员会，朱永新老师有两个观点，我很认同。一个观点是，他认为我们新教育的人尽量不要使用"家长"这个词，因为他觉得"家长"这个词很容易让人想到"家长制"，"家长"这一词义中缺少"平等"的理念，我们应该更多地使用国际通用的"父母"一词。英语中的parents，就是指父母，而"父母"更让人有一种平等、亲切的感觉。另一个观点是，不称"家长委员会"，而称作"家校合作委员会"。我曾做过13年的校长，记得做校长的时候，成立"家长委员会"，就是挑每一个班上资源最丰富的家长，做官的、有钱的，做官的能够帮学校办些事，有钱的可以给学校捐一点钱。家长委员会每年开一到两次会议就完事了。长期以来，许多学校家长委员会就处于这样的层面。随着教育改革的深入推进，特别是在新教育实验的语境下，再这样理解家长与学校的关系，定位家长委员会的职能，显然已经是不行的。新教育实验提出"家校合作共育"行动项目，倡导建立"家委会"，这个"家委会"已经不是原来的"家长委员会"了，而是"家校合作委员会"。

通过中外文献的比较研究发现，"家校合作委员会"的概念与国际上普遍设立的"父母教师协会（Parent-Teacher Association）（简称PTA）是一致的。我曾在澳大利亚做访问学者一年，走访了许多澳洲的中小学校，他们都没有中国式的家长委员会，建立的都是“父母教师协会”。国际经验的启迪，让我们新教育人思考如何建立一种新型的学校与家庭之间的关系，这种关系的维护和发展需要一个新的载体，“家校合作委员会”应时而生。新教育实验核心团队在朱永新教授的带领下，通过一年的研究，最近基本形成了《家校合作委员会章程》。这个章程将在今年年会上正式公布，提供给全国所有新教育实验区、实验学校参考。

今天我们探讨家校合作共育，不仅要考虑家庭教育，家庭教育是家校合作中的一部分研究内容，我们更多地要研究合作、研究共育。为什么要研究合作和共育呢？现在，全社会都十分重视家庭教育。2015 年 2 月，在中共中央、国务院举行的春节团拜会上，习总书记发表重要讲话，他强调，“家庭是社会的基本细胞，是人生的第一所学校。不论时代发生多大变化，不论生活格局发生多大变化，我们都要重视家庭建设，注重家庭、注重家教、注重家风。”2015 年 10 月，教育部颁布了《教育部关于加强家庭教育工作的指导意见》。为什么现在这么重视家庭教育呢？想想我们小时候，兄弟姐妹三四个、五六个，七八个的都有。那时我们国力贫弱，还没有能力想到重视家庭教育。那时候，父母们文化层次普遍较低，缺乏科学理念的指导和引领，生活贫困，让孩子吃饱穿暖是主要任务。现在，中国的家庭结构完全变了，最早的一代独生子女，也早就为人父母。当下中国的家庭，父母的学历水平也是历史上最高的，但在教育子女的问题上，教育素养普遍缺失。一个合格的父母必须是一个有素养的教育者。新教育提出家校合作共育，认为教育是家庭与学校的共同使命，通过共同努力，让教育更美好。

从我个人成长经历纵观家庭与学校的关系，二十世纪六七十年代，大多数家庭孩子比较多，孩子都是自己去报名、上学，父母几乎与教师没有交流，更谈不上合作。到八九十年代，经常出现这样一种奇怪的现象，孩子有错，教师常常把家长叫过来训斥一通，家庭成为学校的附属，甚至成为教师发泄、责怪的对象。而现在，又常常发现家校关系又倒过来了，因为父母知识水平高了，就对学校指手画脚，认为老师应该这、应该那的。从几乎没有合作关系，到互相指责，都是一种不健康的家校关系。健康的学校和家庭之间是合作共育的关系。这种关系不仅是信任和尊重，还要建立起相互沟通、支持、协作，共同培育下一代的新理念和新制度。新教育实验审时度势提出“家校合作共育”研究项目，是具有现代性、前瞻性的，是在研究中国家庭和学校关系变化与发展过程中的应然命题。

其次，探讨如何开展家校合作共育？

第一，家校合作共育必须坚持正确的朝向。

家校合作共育的朝向，是指项目的价值追求。我以为，是朝向“过一种幸福完整的教育生活”，是培养幸福完整的人。孩子不仅要德智体美劳全面发展，获得一种心智完整的教育，我们还要让孩子在成长的过程中，获得来自学校、家庭和社区共同的教育力量，以此获得完整的教育。这是另一个角度的“完整”。新教育提出的完整是指身心灵、德智体美劳，是让孩子能够获得一种完整的教育。因为新教育是针对应试教育提出的，新教育是素质教育的一面旗帜，强调素质的完整性，强调人格的完整性，强调全面而个性的成长，强调德智体美劳、身心灵整体的统一。在家校合作共育的背景下，新教育的“完整”应该继续丰富其内涵，应增加学校、家庭和社会教育的统一性、完整性。孩子的成长一定是学校、家庭、社会共同作用的结果。为什么有的人成绩非常优秀，但性格很古怪。这种古怪的性格来自哪里？这里有遗传基因的影响，这种遗传更多的不是生物学遗传，而是家庭文化遗传。当一个人成为父母时，意识到自己性格有缺陷，要努力减少这种性格缺陷对孩子的负面影响。这时，最好的帮助者是专业人员，特别是孩子的老师。教师可以帮助学生父母更好地认识自我，弥补性格缺陷，创造更有利于孩子成长的家庭环境，培养幸福完整的人。要让一个孩子幸福成长，成为一个完整的人，必须学校、家庭、社区合作共育。

第二，家校合作共育必须构建完善的机制。

制度和机制是做好一件事情重要的保障。以前，学校家长委员会召开一个成立大会就算完成了。做得比较好的学校，校长在年终的时候向家长委员会作一个学校工作报告。其实，在教师、班级层面，学校与家庭之间的沟通形式是很丰富的，比如说家访、召开家长会等。在学校层面，建立起了家长学校。新教育比较早地倡导建立“新父母学校”。这是一个非常重要的家校合作制度形态。现在，新教育正式提出家校合作要在《家校合作委员会章程》的基础上规范运作。这个章程是家庭和学校之间合作的法定依据。在这法定关系基础之上，建立起家校之间相互理解、尊重、沟通、支持、协作的良性运作机制。这种机制对家校合作的基础工作作出合理的安排，从而形成家庭与学校、班级层面上的彼此协调、相互支撑、系统运作。在此基础上，探讨家校合作共育机制的不断完善与创新。

第三，家校合作共育必须搭建丰富的平台。

平台和载体是家校合作共育的具体抓手和有效支撑。许多新教育实验区、实验学校都有了自己积极的探索和实践，积累了丰富的经验。家校合作包括学校对父母的家庭教育指导和家庭、社区对学校教育的参与。学校对父母家庭教育指导的平台有新父母学校、父母会议、父母读书会、父母工作坊、父母开放活动、家访、家校联系便签、校讯通、微信公众号、微信群、QQ 群、班级博客、校园网、《学生父母手册》、《家校联系手册》、优秀父母评选活动等。家庭、社区对学校教育的参与又分决策参与、管理参与、课程参与，参与的平台主要有家校合作委员会、父母义工（或志愿者）等。

家校合作共育平台的搭建不能满足于零星的状态，必须系统地架构，积极地创新。比如，海门市东洲小学举办“亲情文化节”，这是融合了一系列的指导和引领父母科学育儿、吸引父母和社区参与学校管理与课程活动的平台，形成了良好的学校、家庭、社区合作共育的教育生态。再比如，五年前，新教育就启动了萤火虫工作站。这个平台是由儿童文学作家童喜喜倡导推动的，在全国建立起来的家庭和学校共育孩子的线上线下互动平台。如今在全国已发展有 56 个萤火虫分站，621 位种子教师，422 位萤火虫义工，五年时间举办了各类形式的公益活动 5000 余场，足迹遍布中国大陆所有省市自治区，参与者达 700 万人次以上。萤火虫工作站每天都有线上的活动，每周都有线下的活动。线上线下结合，把父母和教师汇聚在一个工作站的群体里。海门原先有一个萤火虫工作站，现在已经发展为三个，父母、教师都是自愿参与的，非常活跃。通过这些平台，学校、家庭和社区共同探讨促进孩子成长的路径和策略，也帮助学校、家庭和社区建立了友好的合作关系。又比如，许多学校组织亲子游学活动，由教师来倡导，父母带领孩子一起参与，实际上是创造了师生、亲子共同活动、共同生活的机会。这是学校教师和学生父母共同育人、共同成长的机会。这种活动，如果只有学校组织，没有父母参与，一两个教师组织那么多学生，安全压力很大。出于安全风险，许多学校往往就不再组织。但一旦有了父母的参与，学校的门就打开了。父母以主人的身份，带着孩子一起参与，安全隐患会控制到最低。在这活动过程中，还会欣喜地发现，教师、父母和孩子原来可以在共同生活中共同成长的。

第四，家校合作共育必须具有明晰的责任边界。

新教育的家校合作共育概念中包含着社区，只是没有把社区的名字写上去。国际上发达国家家校合作委员会的机制里也都包含了社区。《家校合作委员会章程》（讨论稿）提出家校合作委员会由本校学生父母代表、施教区内社区群众代表、学校教职工代表和学生代表（高中以上学校）组成。我们希望家校合作不仅是学校与家庭两者之间的合作，应该是学校、家庭与社区三者之间的合作。但是强调合作，并非没有边界，家庭教育、学校教育、社区教育三者之间应有清晰的边界。我们发现在一些地方、一些案例中，这个边界已经模糊掉了。家庭已经成为学校的助手或者附属。比如说孩子做作业，父母苦恼的是教师把应该是他自己的活儿给了父母，叫父母一起来做。也有相反的例子，有的父母认为，我把孩子送到学校，教育孩子就是学校的事情，他打他的牌，他做他的生意，不管孩子成长的快乐与烦恼，甚至什么都不管。显然，家庭教育和学校教育之间要有边界。我们需要有一个明晰的边界，哪些是父母职责，哪些是学校责任，彼此分工要明确。家校合作共育要实现一个重要的目标，就是家庭要更像家庭，学校要更像学校。什么叫家庭要更像家庭？家庭要发挥家庭的教育功能。我觉得家庭的教育功能更多地在于孩子习惯养成、促进孩子的人格成长。这是孩子身心的成长过程中父母所应担负的责任。而学校，更多地需要给孩子一个完整的、科学的知识体系，促进孩子心智的成长。

当然，学校也要立德树人，促进孩子人格成长，家庭也要促进孩子智力发育，但学校和家庭的功能和教育方式是不一样的。正因为这样的关系，所以家校要合作，要共育。如果家庭培养习惯和道德，学校培养习惯和道德，他们各走各的方向，各走各的路，那就完了。孩子不知道什么是对的，什么是错的，就会出现成长中的烦恼。当学校和家庭坐下来共同探讨孩子教育的时候，又必须找到合力。家校合作共育既要明晰边界，又要找到合力。到了边界上，要有一种相融性、相通性。有了相通、相融，就能有合力了。要聚焦在孩子的人格成长上，聚焦在孩子的习惯养成上。孩子的道德生长、核心价值观的形成、良好学习生活习惯的养成、兴趣爱好的培养，这些都是需要通过合作共育的。

第五，家校合作共育必须突出学校的关键作用。

家校合作共育关键在学校，关键在校长，关键在老师，关键在班主任。家校合作共育谁来主导？谁来唱主角？一定是学校唱主角，是班级唱主角，是班主任老师唱主角，是我们的教师唱主角。在孩子的教育上，一定是学校，是教师更具有专业性。在家校合作共育行动中，学校的校长、教师、班主任应有更多的责任担当。我们是孩子成长的引领者、教育者，也是家庭教育的帮助者、指导者。家庭和社区是孩子成长的重要促进力量，是我们的同盟军，我们要与他们增强沟通与协作，努力调动他们参与学校管理和教育教学的积极性，挖掘他们身上蕴藏的资源和潜能，吸引他们帮助我们加强学校管理，丰富学校课程，改善教育教学，为孩子营造一种融合、和谐的成长生态，促进孩子和父母的共同成长。

家校合作共育是一个富有时代意义与价值的课题，值得我们深度追问和思考，更值得我们在实践中不懈地去探索。

区域教育共同体之思

区域教育共同体的建设，是促进教育均衡的有效手段，受到越来越多人的重视。这些年来，我一直力图以区域推进新教育实验的方式，进行区域教育共同体的研究与推动。

2011 年 1 月 21 日，“区域共同体建设”等几个省级课题同时结题与开题。

一是“新公民教育”，以公民人格独立为主要目标，做到权利与义务统一，关键是参与，参与集体的、社会的、国家的事务。把学校生活改造成共同生活的场所。在共同生活中培养公共的人、公共的精神。

二是“学程导航”，以学生为主体，在教师的引导下主动经历学习的过程，让学生学会学习。学程是以过程为核心，以内容为载体，以目标为导向。导航是帮助学生探索，找到适合自己的学习道路。

三是“区域共同体建设”，最大的意义在于区域均衡发展，努力把整个海门教育建成一个共同体，让学校回归学习共同体，这是学校本来的面貌，采取行政推动、内生发展相结合的方式，并解决“和而不同”的问题。

我认为，区域教育共同体的建设，在促进区域间教育均衡发展，实现“理念共享、资源共享、方法共享、成果共享”目标的同时，还有更上位的目标追求，那就是用素质教育的理念和项目来构建区域教育共同体的组织模式，更强调合作基础上的学校之间的互动与发展，强调共同体及其生活世界之改造，其核心价值不仅仅在于缩小学校之间的差距，还在于寻求学校在原有基础上更高位的富有文化内涵和个性特色的发展。

具体来说，区域教育共同体的建设最为根本的目的在于重新审视教育实践活动的结构、内容及其本质特征，反思教育生活世界的异化现象，为缺乏哲学思考的教育实践活动注入理论的元素，进而在批判现实教育世界种种弊端的过程中探寻构建理想教育的有效途径。区域教育共同体建设的起点在于教师教育行为方式的转变，终点却着眼于学生的素质发展，因为它所倡导的理念、精神与一系列的行动策略，都与素质教育的基本精神相一致，它符合素质教育的全体性、整体性、主体性和长效性的特征，所以，区域教育共同体还是素质教育研究的具体化、行动化和现实化。

2011 年 5 月 17 日，《中国教育报》江苏记者站陈瑞昌主任来海门采访海门教育共同体的建设情况。我介绍海门共同体的基本形态有：一是学校发展共同体，把一所市区学校与一个片的乡镇学校联合成一个发展共同体，学校之间在教育教学管理上形成全方位合作的方式，推动城乡学校共同发展；二是校长俱乐部，以学段为单位，每月组织一次校长俱乐部活动，旨在分享经验，交流思想，让每一位校长成为有思想、有作为的优秀校长；三是教师成长共同体，主要有区域学科共同体、名师工作室、名品教育工作室、项目工作室等，让所有的教师都有成长的平台和自己的精神家园；四是许多学校建立的教师读书会、班级读书会、教师发展中心、成长俱乐部等，把每一所学校建设成一个真正意义上的学习共同体。

这几年，海门形成了区域学校发展共同体、校长俱乐部、高中学科工作室、名师工作室、名品项目工作室等不同形态的共同体，为海门教育发展发挥了重要作用。其实，每一所学校都是一个学习共同体的学校，作为学习共同体的学校不仅仅是学生互相学习成长的地方，也是教师互相学习成长的地方，还是家长和社区民众互相学习成长的地方。

用培训促进自身提升

这些年来，随着海门新教育在坚持不懈中开花结果，全国各地来海门培训的人员也越来越多。我经常收到感谢短信，对我们派去帮助他们开展新教育实验培训教师的课与报告的精彩、实用表示谢意。其实，培训别人的过程，也是自己重新梳理、反思、提升的过程，这是一项双赢的工程，值得好好谋划。借用培训工作，促进本地教育的提升。

在培训工作中，我一直希望做到几个结合：研修中心培训与校本培训结合；名师工作室的研究与培训结合；特级教师学科带头人引领与培训结合；教研员组织的教研活动与培训结合；专业阅读与专业写作、专业发展共同体结合；行政推动搭建平台与教师自觉学习结合。

到了暑假，我们又讨论暑期培训项目，暑假是教师休息调整的时间，也是可以静心阅读、学习提升自我的最佳时间。南通教育局采取了网络式的校本研修培训，这是一种非常受教师欢迎的方式，在此基础上，我们还是要组织部分集中培训的项目，如心理教育、英语教学法、社团辅导、学科教学研修活动等，网络培训与集中培训各有利弊，我们需要扬长避短，一切从实际出发，一切从教师的需要出发，一切从教育教学改革与发展出发，组织有针对性、实效性的培训活动，真正为海门师生服务，不断提高海门教育的内在爆发力与可持续发展的动力。

暑假中，海门教师研修中心组织了心理教育、外教英语教学法、社团辅导教师培训等，还有各个学段的学科教学研修活动，以及绍兴、徐州校长教师培训项目。与此同时，布置研修中心成员暑期学习、研究任务，要求每个研修员围绕学科专题精读一本教育著作，还要求选择一个研究专题，形成1—2篇研究论文。暑期是教师休息调整的重要时段，也是可以静下心来学习、研究，给自己业务加油、提升的重要时段，我们做好计划，就能够把暑期生活过得丰富而有意义。

在培训中，我们针对不同项目进行不同规划，比如，组织“知行中国——初中班主任教师培训”项目的开学典礼，我们是作为江苏省的分会场。这一项目本着“学思结合，知行统一”的精神，我们就突出对班主任日常工作的具体指导，把学思和在岗实践进行了融合，增加了专题报告、热点问题研讨、班主任实践资源库建设等。

四类课程中，以案例式培训课程为主，把理论性、系统性的专题讲座与情境性、开放性的案例有机结合起来，兼取所长。班主任实践资源库中提供的资源，对当下班主任工作有着直接的指导作用，特别是班主任案例故事中提供的“班主任的每一天、班主作的每一年、班主任与每次活动、班主任与每个班、班主任与每个学生”等资源对帮助教师做专业的班主任有很特别的指导意义。

培训过程中，不但需要教师们去“用”资源库，而且还需要大家去“建”资源库，我要求海门的教师要基于班主任工作实践，发现身边的教育故事，书写案例故事，上传资源，真正体现了学思结合，知行统一，学以致用。这一项目可以成为我们以后开展网络培训的学习范式，从而推动海门教师研修网的建设，充分发挥网络的开放性、互动性、灵活性、高效性等特点，使其成为海门教师专业成长的重要平台，真正成为海门教师的精神家园。

我不断从网络上搜索到全国各地教育同仁的感言。偶尔对我们提出的意见、建议，可以帮助我们做得更好，对满载而归的描述，对我们既是一种鼓励与欣赏，更是一种鞭策与推动，可以督促海门教育时时保持最佳的教育常态，让来海门学习的人有所收获，也促进我们的校长与教师做得更好。

对所有来海门培训的团队，我要求各个学校要真诚、热情接待，精心安排培训课程，重视交流研讨，相互学习分享，把每次的接待培训也当作提升自己的一次次机会。随着海门教育名市的推进，海门新教育品牌在全国的影响力也越来越大，来海门培训、参观考察的团队也越来越多，这既是压力，也是动力，将促使海门教育不断超越，从优秀走向卓越。

尤其是作为新教育培训中心，在这方面的工作更是兢兢业业。2013 年 3 月 3 日，新成立的新教育培训中心迎来了第一批培训团队——南京栖霞区校长培训团，培训中心团队早早安排好了培训计划，新教育家园团队春节期间都没有很好地休息，面对全新的服务项目，大家在忙碌中摸索，终于能够为培训提供一个舒适的住宿环境和简洁的餐饮环境。我也为身边有这么强大的创业团队而高兴、自豪。

目前，全国许多实验区希望能得到更多的培训，我们的培训力量还远远不足，需要培养更多的培训师。越来越多的团队来到海门学习新教育，这既是对我们的褒奖，更是对我们的鞭策，需要我们不断探索，把更丰富的研究成果奉献给全国的新教育同仁。

在开放中创新

不走“开放办学”之路，很难实现超越式的发展

记者：对于《成才导报》和《成才导报》的读者而言，海门市东洲小学应该算是一位老朋友了。东洲小学发展10年以来，不断推出富有激情的创新举措，我们多次予以报道，在一定程度上看，还形成了有益的“互动”。

许新海：感谢《成才导报》对我、对我们学校一贯的关注和支持。一所学校的成功和发展，离不开适宜的环境、条件，其中也包括适宜的媒体环境、舆论环境。在这方面，东洲小学可谓生逢其时。

记者：我们今天的采访，想围绕“开放教育”这个话题展开。记得1996年你就在《成才导报》的前身《江苏教育报》上发表文章《股份制筹资　董事会管理》，介绍的就是学校进行开放式办学的尝试。

许新海：东洲小学开办不久，我们就提出了“开放办学”的指导思想。这样提，一方面是有感于教育的封闭的现实：有区域的封闭，有体制的封闭，有办学模式的封闭，有教育内容和形式的封闭；另一方面，也是学校实际情况的需要：一所新生的学校，没有足够的资金来源，没有丰富的文化积累，不走“开放办学”之路，很难实现超越式的发展。

记者：“开放”，使东洲小学获得了更大的发展动力，也有了更为丰富的发展内涵。

许新海：是的。利用“股份制”的形式创办少年宫，就是我们开放办学的一次成功实践。兴建少年宫，是海门市多年的一项计划，但由于资金不足，一直未能实施。1996年，我们学校把这一任务承担了下来。学校自身并没有兴建少

年宫的经济实力，在没有任何先例可以借鉴的情况下，我们在体制上进行了大胆的突破，采用股份制筹资的方式，由海门市教育局、团市委、开发区、建筑公司和教职工个人共同投资。这一实践给了我们深刻的启示，打破封闭，开放办学，大有可为。后来，通过类似的方式，我们又盖起了 11 层教育大厦，兴办了科技馆。

记者：你在后来的文章中，把这一尝试概括为“办学主体的开放”。实际上，依托少年宫，你们学校的办学模式、教育对象都呈现出了明显的“开放性”。

许新海：的确如此。我们利用少年宫可以面向全市少年儿童、面向全社会、面向全体家长的优势，开设了各种兴趣活动项目，举办了全日制的小学实验部，成立了家教辅导中心。少年宫的各个专业教室和设施设备，平常给我们学校的学生使用，双休日、寒暑假向全社会开放。这样，我们的服务对象突破了区域的限制，突破了年龄的限制。我们觉得，社会有着非常迫切的教育需求，但封闭的体制束缚了学校的手脚，也造成了资源的浪费。所以，进行“开放式”办学非常有必要。

实施开放教育，最基本、最关键的是课程的开放

记者：你们开始提的是“开放办学”，后来变成了“开放教育”，为什么要作这样的改变？

许新海：“开放教育”是一个包容性更大的概念。一开始提“开放办学”，主要考虑的是谁来办学、怎么办学，其实更进一步，我们必须要回答的是办什么学的问题，所以我们后来用“开放教育”的概念替代了“开放办学”的提法，并且着重在课程的开放上进行了探索。

记者：请你给我们作详细一点的介绍。

许新海：实施开放教育，最基本、最关键的是课程的开放。开放的本质是什么？是联系。因此在课程开放方面，我们提出了四大命题：第一是与学生的生活联系，让教育真正贴近学生自身的生活；第二是与学生的智力水平联系，注重学

生的差异、着眼学生的潜能，向学生个体的开放；第三是与相关课程联系，主要解决课程综合化的问题，让学生在整合的课程中学习成长；第四是与社会的经济、科技、文化发展联系。我们学校建立了科技馆，成立了课程资源开发中心，家长的介入、社会的介入，目的就是为了让教育面向不断发展的社会，吸纳最优质的教学资源。课程开放的最后取向是所有的课程实现校本化，实现生本化，为学生的终身学习、终身发展奠基。

记者：在具体的课程运作上，“开放性”又是如何体现的？

许新海：我们的探索着重在以下几个方面展开：第一是开放教学过程，营造良好的创新环境；第二是开放教学方式方法，扩大学生的创新自由度；第三是开放师生关系，促使学生自主发展。同时，我们还致力于课程资源的开放：首先，开发教室资源。借鉴国外的一些做法，我们努力把教室建成书的世界，知识的海洋，学生的操作间、游戏室、作品展览室和教师办公室。其次，开发和利用信息化课程资源。网络已经越来越成为我们生活不可缺少的一部分，信息化课程资源的开发、利用是我们必须面对的一项任务。我们提出了建设“数字化校园”的目标，为师生配备了大量的声像资料，安排语文、数学老师执教信息技术课，花大力气建好校本化的校园网络，每个班级都在网上建立“数字班级”，学生自己在网上建立成长主页，参与网上讨论，上网查找自己想要的各种资料，所有这些，目的就是要真正把学生的学习引入“数字化”状态。再次，开发校外课程资源。以开放的眼光去看，课程资源无处不在。我们在校外建了“地球村”，租用15亩土地、15亩水面，同时利用长江水厂和它附近的千亩水产品养殖基地、大棚蔬菜基地、民兵训练基地，为学生集中提供了一个整合了科学、社会、劳动、健康等各方面课程资源的基地。

把学校与社会的沟通变成一种制度，发展为一种文化

记者：去年10月，你们学校97名师生赴香港大埔旧墟公立学校进行了交流访学活动，东洲小学的学生坐进香港课堂里听课，东小的教师也走上讲台给香港的小朋友讲课。为什么要安排这样的活动？

许新海：1996 年，由当时的国家教委统一安排，我曾经赴美一个月进行基础教育方面的专题考察。相对我们已经习以为常的国内教育，美国教育给了我一种全新的刺激。回国后，我整理每天的考察笔记，写出了《美国小学教育考察》一书，由南京师范大学出版社正式出版。在这以后我的很多办学举措，或隐或显都与这一次美国之行有关。有这样的切身体验，我觉得搞教育必须有开阔的视野，其中就包括要有国际视野。与香港大埔旧墟公立学校结成友好学校，定期开展互访，就是要让我们的教师、让我们的学生也拥有相应的国际化视野。在香港期间，我们的学生与香港孩子一起上学，融入香港孩子的家庭进行交流，教师走进香港的课堂听课、执教，都取得了很好的效果。今后，我们还将通过各种形式，与国外、与港台地区的学校建立更多的联系，使我们的师生逐步形成国际化的视野，同时在实践中加速国际化理念的本土化进程。

记者：在我们的印象中，东洲小学是很会与社会交往的学校，这是不是你在“开放教育”指导思想下的有意所为？

许新海：教育是社会的一个组成部分。办好教育，需要学生家长和社会了解教育、理解教育、支持教育。在现实中，学校的教育价值观和家长的教育价值观以及社会流行的教育价值观往往并不一致，这就要求我们的办学者通过各种渠道、利用各种机会去宣传学校、宣传教育，传播我们自己所认定的教育价值观。所以，我们一方面充分利用社会大众传播媒体，另一方面建立了稳定的家校联系系统。在美国，学生家长可以作为教师的助手进入课堂，直接介入教育过程，这让我很受启发。借鉴他们的做法，我们开展了“千名家长评教师”“千名家长评学校”等活动，设立了“家长访校周”，使家长、学生对学校都有一种归属感，家长对学校、教师对学生、学生对学校形成一种相互的忠诚关系。东洲小学是一所新创办的学校，一开始的时候，社会抱着怀疑的态度。现在，学校的品牌已经打了出来，社会的信任度、美誉度不断提高。所以，我觉得要把学校与社会的沟通变成一种制度，甚至发展为一种教育文化。

让新机制带来新机遇

建立多样化的合作团队，会给学校的发展带来勃勃的生机，不同形态的团队会生成不同的合作智慧，从而带来各种发展的机遇。

课程综合化是中国新课程改革最重要的目标之一，是“以人为本”教育思想的重要体现。它要求学科之间有机整合，以减少课程门类，体现课程结构的均衡性、综合性和选择性。这是完全符合中小学生心智发展的基本规律和特点的，也是世界基础教育课程改革的共同趋势。综合化对一线教师提出了很高的课程设计和开发能力的要求，这对习惯于“教教材”的教师无疑是一个巨大的挑战。早在1998年，我就引导教师尝试开发综合实践活动课程，接着开发语文综合实践活动和数学综合实践活动。教师们在开发课程的过程中深入研究学生，学习怎样进行课程设计。这大大挖掘了教师的创新潜能，也使学校走向了内涵发展的道路。

我考察了澳大利亚中小学的课程，他们在综合课程方面有着许多成功的经验值得我们学习。澳洲有着非常开放灵活的课程管理机制，促进了课程综合化的快速发展。南澳洲新课程的特点是小学以综合课程为主，初中以综合课程与分科课程结合为主，高中以分科课程与选修课程结合为主，实行的是小班教育。课程门类总体上与中国的新课程很相似。只是中国小学有品德与生活、品德与社会和综合实践活动，南澳小学是社会与环境和设计与技术两门课程。南澳初中综合化课程体系也完全形成，一门科学就综合了理、化、生，一门社会与环境综合了历史与地理等。这样，初中的学科门类就非常少。高中学生学习门类更少，高二是6门，高三是5门。必修课程只有英语、数学，还有就是选修课程。选修课程门类很多，学生选择的机会也多。所以，一般每门课程只有几个学生选择，必然教学效果就比较好。特别有很多与生活和职业密切联系的选修课程，如木工、金工、家政等，这些实用技术可以大大提高学生的生活适应能力，加上这些课程的学习成绩在选择大学的时候一样有用，所以深受中小学生的喜爱。

澳洲教师普遍兼任多门课程，从客观上促使教师把课程与课程贯通起来，把相关的内容整合在一起进行教学，避免了课程内容交叉重复的现象，大大提高了课程的实施效率。有许多学校的教师甚至开发了能贯通各门课程，与时代发展紧密结合的主题综合课程。比如，2004 年是国际稻米年，这是一个非常重要的国际事件。南澳林登公园小学的教师就围绕这个主题专门开发了一个完整的大综合课程。有稻米和社会与环境、数学、科学与技术、音乐、美术、文化等多方面联系的内容，还有稻米的历史和文化，稻米的种植与用途，稻米在印尼的生长，稻米在巴厘岛的生长，印度尼西亚的稻米女神，菲律宾人是怎样发现米的，来自菲律宾的一个民间故事，稻米艺术画廊，稻米与健康，世界各地的米，米的加工过程，稻米的网上资源等极其丰富的内容。就看这些标题，大家一定也能体会出开发这个课程的价值。一个米的专题与各科课程结合起来，成为一个综合化的新课程。特别是与相关国家的稻米历史、饮食文化紧密联系，让孩子们从小对多元文化就有一个具体的感受，让他们拥有世界的眼光。

这些都需要何等宽松的课程政策环境啊！澳洲学生不用课本，教师根据课程标准自主组织或开发课程资源。所以，那些模块式、主题式，与时代和生活紧密结合的内容，随时可以走进课堂，充分体现了课程的灵活性、开放性。我们的课程，教材依然是学生的“主食”，那种结构式、系统性、科学化的经典内容很多，如果我们的教师在实施过程中大多数时间是“教教材”，那些鲜活的内容就很难进得了课堂。新课程倡导我们要“用教材教”，其实，已经把实施课程的权力给了我们的教师，我们应该在新课程的感召下，大胆地探索与改革，使我们的课堂充满生机和活力。环境是要靠创造的，等待是永远解决不了问题的。我们已经有了不错的课程政策环境，关键我们还需要来自自身的主观能动性。

那么，基层学校又如何通过课程管理机制的创新来解决这些困难，保证课程综合化的科学性和系统性呢？我建议：

1．建立跨学科的研究团队

由于中国基础教育长期是一种分科教学的状况，所以基层中小学教师分科现象非常普遍，就是在小学也不例外，语文、数学、音体美、科学、计算机等都是由不同的老师来教，这就导致了严重的学科本位现象。新课程要求加强学科之间的整合，可以从教师的整合抓起。原来的学科教研组和教研活动方式要不断改进，可以成立综合课程教研组或研究团队，同一年级相关的任课老师一起参加研讨，有固定的研究活动时间，有明确的主题，有相互协调的实施方案，以充分顺应学生综合素质发展的需要。

2．设计跨学科的综合课程

新课程要求学科之间加强整合，这在具体操作的时候有着相当的难度。跨学科的研究团队集中起来的时候，以什么为研究的载体来找到共同的研讨话题？不妨以设计综合主题课程的方式来突破。这个综合主题课程要能够联系各门学科，能够与时代最新信息结合，各学科老师通过合作研究的方式来确定各板块的内容和活动设计。比如，以奥运会为主题的综合课程，语文有为奥运会写报道、办奥运小报；数学有制作奥运金牌统计图表、运动项目的测量等；科学有奥运会运动项目的科学规则、服用违禁药品等；社会有奥运会的历史、举办城市的历史与文化等；音乐有奥运会的歌曲、各国国歌等；美术有设计奖牌、吉祥物等；体育与健康有奥运会有哪些运动的项目、各个项目的比赛规则等；计算机有收集信息、制作奥运会专题网页等。大家集中在一起研究、设计，互相启发、互相分享，同一主题，各自的内容就不会冲突，整体上又浑然一体。实施过程中还可以采取合作教学模式，使课程综合化研究走向一个新的发展阶段。

3．开发跨学科的教育软件

中国的信息技术与课程的整合研究由于硬件环境和软件资源发展的相对滞后，还只是处于起步阶段。但是，在每一门学科新的课程标准中，几乎同时把充分开发和利用信息技术作为重要的课程资源开发的内容。它已成为新课程推进的一个重点内容。原来纯技术的信息技术教育应该迅速得到改进，要建立明确的信息技术教师与学科课程教师的合作制度，建立开发系统的信息技术学习与综合的研究性主题活动整合的校本化信息技术课程体系，并尝试开发一些跨学科的教育软件，从而改变学生的学习方式，使课程更好地体现它的选择性，满足学生个性化学习和发展的需要。另外，还需要建立软件开发人员与基层学校的合作制度，在合作实践中培养既懂教育又懂信息技术的现代化教师队伍，使信息技术与课程整合的研究达到一个新的水平。

建立多样化的合作团队，会给学校的发展带来勃勃生机。不同形态的团队会生成不同的合作智慧，从而带来各种发展的新机遇。

充分利用每一类课程资源

学校应尽最大努力为学生创造最丰富的课程资源，并最大限度地满足学生多方面发展的需求。

中国义务教育均衡化问题矛盾突出，城乡学校之间的差距很大，教育资源分配严重不均衡，影响了适龄儿童、少年享受平等教育机会的权利。澳洲中小学之间的办学条件非常接近，无论是硬件还是软件，包括师资条件。澳洲中小学的校园都非常简单，基本都是平房，只有很少的学校是楼房。我认为对学生来说在高楼里上课和平房里上课，不会有本质上的差异。但是教室里教学资源的丰富程度就直接影响学习的效果，也会影响均衡化的程度。如果中国城乡之间只有楼房、平房的差异，教学设备的差异不大的话，政府能够保证让农村的孩子有足够多的书读，有足够多的动手实践的学具、实验仪器、体育活动器材等，均衡化问题就要好解决得多。这是可以通过改变政府的教育投资结构来逐步解决的。

我们那里大多数学校的外表都可以与澳洲学校媲美，但走进教室里就不一样了，我一直说教室应该是学校最重要的资源中心，是文化的宫殿，在这里我真真切切地感受到了。可以说他们每一个教室里的教学资源，比我在美国看到的还要丰富。他们教室里的每一堵墙，每一个角落都是满满的。每一个教室里都有好几个特别的橱柜，放着各种动手实践的材料和工具，还有好几个落地书架，学生们习惯坐在地毯上看书。在音乐室里，有小舞台、各种打击乐器、西洋乐器、音响设备、多媒体电脑，音乐书橱里是各年级的音乐书和各种有关音乐方面的图书，音像资料等一应俱全。美术室、科学实验室等各种设备也是丰富多样的。

澳洲学校把图书馆称为资源中心，有各种分类的图书、多媒体电子阅览室、多个学习讨论区，学生们可以在这里阅读、收集、整理、讨论、研究，多好的感觉！澳洲学校的图书馆经常是用来上阅读课或进行研究性学习的，我们的图书馆这个功能还未能很好地开发出来。他们是把在图书馆上的课都排在课表中的，有很好的课程管理制度来给予保障。从管理上来看，这是很重要的。

再看澳洲学校的体育设施，他们都有很大的操场，但没有跑道，全是草坪，还有各种各样的体育活动用具，每个教室里都有各种各样的球。我一直疑惑这样一个问题：许多发达国家的中小学操场为什么没有像中国那样的田径跑道？但又反问自己，为什么要有跑道，哪儿不都是跑道吗？他们打橄榄球、网球、棒球、篮球，踢足球不一样要训练跑吗？似乎我们的跑道是专为应试体育服务的，而不是真正为孩子们的运动兴趣服务的。

相比较，走进我们国内小学的教室，大多数还是那么简简单单，如果在墙面上布置得丰富一点已经很不错了。我们把大量的钱投到了大楼上，当然这很不容易。如果再有钱就是投资所谓的现代化设备，“四机一幕”进教室，但真的进了教室，又用了多少？恰恰那些可以天天让孩子们动手实践的学习材料却进不了教室，即使购置了一些劳动、科技、自然等方面的制作材料，有的也不知被塞到哪个角落里去了。我发现澳洲学校的教室里一般没有电视机，只有多媒体电脑，电视放在专门的教室。想象一下，一台电视机的钱能买多少让孩子动手做的工具和材料。这些天天可以使用，让孩子们动手、动脑、动眼，实现创造性发展的教学资源，我们实在是太匮乏了。我们在学校的建设中，往往重外在形象工程，较少地关注和研究学生内涵发展的需要。现在我国新课程改革把资源建设提到了前所未有的高度，我们的任务很紧迫，这是未来几年必须花大力气做好的事，我们需要认真细致地研究孩子发展的资源需要，投入和开发丰富的课程资源，让它们进入到我们的每一个教室，为促进学生全面而具有个性的发展，做最需要做的事。

1. 教材是最核心的课程资源，但需要构建“教材系列”。

教材是最核心的课程资源，但不是唯一的课程资源。随着现代信息技术的发展，新课程理念下的“教材”内涵又有了新的发展。教师手中除教科书以外的教师指导用书、学生辅助读物甚至各种图书资料、报纸杂志、自然环境、社会发展等作为“活教材”来使用也是完全可以的。校长、教师应为不同年级的学生精心设计、挑选适合这个年龄阶段学生学习所需要的丰富多彩的图书教材、视听教材、电子教材、网络教材等，同时把活生生的现实带进教室，使教室成为最丰富的课程资源中心，学生可以随时分享这些资源，教师对统编教材进行补充、扩展式二度开发甚至自编教材也就变得十分方便。

2. 教师是最重要的课程资源之一，但需要建立“学习共同体”。

课程开发、利用关键在于校长、教师。校长与教师有没有课程资源的开发和利用意识，将直接影响课程的实施范围和实现水平。其实，人本身就是最丰富的活资源，我们的教师要清醒地意识到自己就是一种课程资源，有能力的教师往往在其他课程资源缺少的情况下，通过对自身价值的超水平发挥达到理想的教学效果。把人作为最具活力的课程资源来开发是十分重要的。教师是课程资源，学生也是课程资源，我们的家长同样是一种课程资源，校外专家、名人、普通劳动者以及社会相关部门的人员，都可以成为学校课程实施的人力资源。

3. 校内、校外都是课程资源，但需要挖掘“本土资源”。

课程资源按不同的维度可以有多种分法，一线教师比较认同校内、校外课程资源的划分法。事实上，每一所学校由于所处环境以及自身条件的不同，决定了它们在课程资源方面都有着各自的独特性。我们根据学校濒临长江的区位特点，在长江边租地30亩建设了学生实践活动基地——“地球村”，内有种植园、蔬菜园、瓜果园、花卉园、小小动物园、鱼塘、传统农具长廊等。然而对于生活在农村的孩子来说，由于天天身处其中，对“这园”“那园”反而有点提不起兴趣。这里的关键就在于教师能否挖掘农村孩子身边丰富的自然资源，引导孩子观察小动物的生长过程，种植、培育庄稼，这种操作、参与、体验，就是最生动的自然科学课和综合实践活动课。总之，可以说在每一所学校以及它的周围都蕴涵着丰富的潜在课程资源，这些最具有本土特征的资源可以让学生从课本、课堂中走出来，达到“带着问题走向生活”的学习境界。这就需要校长和教师们具有挖掘本土资源的意识，要立足实际，发挥主动性、能动性和创造性，善于把潜在的校内外课程资源变成现实的、能促进学生发展的课程资源。

课程资源直接影响着学生在教育活动中的学习方式，影响着学生的素质发展。新课程为我们创造了自由发展的广阔空间，只要努力，相信不久的将来我们一定能在课程资源的开发、利用方面积累更多的经验。

未来，其实离我们并不遥远

此事看似寻常，实则令人思量。还是学生时，我读过叶永烈的科幻故事《小灵通漫游未来》，觉得“未来”是那样的神奇，令人向往；但又是那样的遥远，远得似乎非常不真实。这才不过30年的光景，我们海门籍科学家崔维成、崔维兵、顾帅华分别参与设计的“蛟龙号”载人深潜器、“神舟号”太空飞船、“天宫二号”空间站已经下五洋捉鳖，上九天揽月了。原本不可预知的“未来”竟然成为就在身边、眼前发生的事情。

崔氏兄弟是20世纪80年代从海门考入清华的，顾帅华2000年还在海门读书，不敢贪功说他们创造的巨大成就一定有来自海门教师的贡献，但是我却常常列举他们的例子，借以提醒身边正在从事教育工作的同仁要有“未来教育”的理念。因为知识的更新、科技的创新、社会的进步越来越快，特别是以互联网产业兴起为代表的信息技术革命给我们生存的世界带来巨大的变化。如果教师不求进取，活在因循守旧中；对学生照搬书本，应付以浅知陋见，势必会被时代无情地淘汰。反之，如果教师着眼未来，乐于学习；对学生授之于法，激发兴趣与好奇，则善莫大焉。

那么，未来教育是什么样的呢？卡塔尔教育科学与社会发展基金会对此面向全世界600位教育专家进行了调查，得出了许多值得关注的结论，比如，未来最被重视的将是个人能力；未来教师的最大任务将是对学生的自主学习进行指导；在线内容将成为人们未来获取知识的第一来源；基于大数据的个性化课程将会替代标准课程的绝大部分市场；大数据将成为构建教育社区的得力工具等。由此，课堂的时空越来越大，知识的渠道越来越多元，课堂的个性越来越强，对教师的要求也越来越高。美国教育部已经把未来教育列入了国家战略去推动，发布了2016国家教育技术规划和支持个性化专业学习的新承诺，提出要启动未来准备联盟、未来准备合作伙伴项目，发起未来准备倡议，签署未来准备学区保证等。可以预见，未来教育模式也必将对中国教育改革与发展产生深刻的影响，我们应该而且必须主动进行前瞻性思考，迎接未来挑战。

我们未来的学校将成为学习中心，主要是为学生学习服务。这里首先应该是资源中心，拥有丰富的学习资源（网络资源、实物资源、人际资源等），可以提供给学生多样化、个性化的选择。其次应该是体验中心，提供给学生各种体验学习的项目与活动，以帮助学生获得丰富的学习经验，体现其实践性、探究性、创造性的特质，还应该是交流中心、共同成长中心，为学生的生命成长服务。人与人之间的互动交流是学习成长的核心要素，学习共同体建设尤为重要。可以预见的是，顺应“E时代”背景的未来教育，“智慧校园”将实现校园内各种资源之间网络感知，建立人人参与、家校互动并向外拓展的在线学习平台，形成互联互通的云服务体系，学生可以根据学习需要“选课走网”，自主学习。

我们未来的教室将成为学习室，是基于学生的“学”而建设的。这里拥有更丰富的元素，是图书馆，是阅览室；是实践场，是探究室；是操作间，是展览室；是信息站，是资源库；是习惯养成地，是人格成长室；是共同生活所，是生命栖居室。我曾经参观过台湾一所小学的英语学习中心，那里有水果店、面包房、咖啡屋、飞机舱等许多实物模拟情境学习室，给我留下了深刻而美好的印象。未来的学校能够创造多种真实自然状态下的学习新空间，有可视化多屏互动技术下的学习资源，有满足多学科需要的实物情境资源，有实物图书馆，有体验创意的创客空间等，从而引领一场真正的学习革命。

我们未来的学习将是个性化定制的学习。杜威说：“如果今天的学习方式依然如昨，我们就是剥夺了孩子的明天。”由蒲公英教育智库主办的第二届中国教育创新年会的主题是：“重构学习”，与会专家认为，从经济全球化到“互联网+”，从大规模标准化制造到工业4.0定制化生产，世界发展主题的深刻变化，对学校教育提出了更高的要求。因此，我们亟须从单向度、工具化、标准化的培养范式中走出来，适应日益多样性、体验性、深度探究的个性化、多样化学习需求，走向“未来的学习”。未来的学习应该是“无处不在的资源，随时随地的学习”。未来的学习将真正做到以生为本、以学为中心，为每一个孩子提供更适合的教育方式与资源，做到个性化定制，实现真正的“因材施教”。

作为新教育实验的践行者，崇尚的教育价值追求是让师生过一种幸福完整的教育生活。我始终认为教育应给师生乃至父母带来幸福与快乐，教育还应带给学生完整健康的身心，让每一个人成长为最好的自己——这正是“未来”对我们最高的期待。

后 记

1992 年 7 月，我 25 岁，受命开始创办海门市东洲小学，以满腔的热情与教育的激情，把一所当初是城郊结合的小学办得风生水起，从开放办学到开放教育、开放德育、开放课程、开放课堂、开放管理等进行了一系列的思考、探索与研究，在实践反思的基础上，出版了专著《没有石头也过河》（中央文献出版社），还参与出版了《给校长的建议——101》等著作。

2004 年，作为江苏省“333”工程培养对象赴南澳大利亚大学做了一年的访问学者，回来后出版了《澳洲课程故事》与《澳中教育与课程跨文化比较研究》（福建教育出版社）两本专著，并在东洲小学倡导与推动了“新生活教育行动”。2005 年 9 月，调任海门市教育局副局长，同时追随朱永新先生攻读博士，把朱永新先生倡导的新教育实验与新生活教育行动自然融合，并在海门区域推进新教育实验，努力改变海门教师的行走方式、学生的生存状态、学校的发展模式、教育的科研范式。可以说是一路行走，一路汗水，更是一路凯歌。2014 年初出版的《做新教育的行者》（福建教育出版社），就是这一路新教育行走的记录。

2012 年 5 月起担任海门市教育局局长，海门新教育实验从以小学、初中为主，推广到幼儿园、高中全学段，在海门新教育人的共同努力下，海门被朱永新先生评价为全国新教育实验的重镇。2013 年 3 月，在朱永新先生的关心与推动下，正式成立了新教育培训中心，肩负起了全国新教育实验区和实验学校校长、教师之培训重任。培训中心运作至今已举办各类培训超 6 万人次。作为新教育研究院第二任院长，近几年通过新教育实验在全国的推广，以及对实验项目的深入研究，不断学习、思索、实践、总结，坚持每日写日志、发微博，笔耕不辍，又出版了专著《守望新教育》（湖北教育出版社），被《中国教育报》评为 2015 年

“教师喜爱的 100 本书”之一。

这一路走来，从教已经整整三十年，做了十三年的校长，从事教育行政工作也已十一年了，阅读、思考、实践、写作成了自己基本的行走习惯与生活方式。10 年前有缘与著名儿童文学作家童喜喜相识，共同成为新教育的追随者、推广者、研究者，我们都曾承诺这辈子以新教育为自己的信仰。她曾在帮助我编辑整理《守望新教育》时，承诺要帮助我从以前出版的著作中选编一本我的代表作，春节前居然把选编的目录发给了我，让我既惊讶又感动。她自己作为作家有那么繁重的写作任务，又主管着整个新教育的宣传、出版工作，还对我的著作的出版这么关切，真是奇迹！有了喜喜的支持和帮助，我把春节假期用于这本书稿的整理，在整理的过程中，发现许多文章虽然已经过去很多年了，现在读来却还是那样亲切，确能代表自己的教育思想，所以都保持着原来文稿的形状，如能给读者以启迪便是这次选编的最大心愿。

本书的出版，还要特别感谢文龙玉、潘峰两位编辑的辛勤工作，特别感谢山西教育出版社多年来的支持。用图书出版传播教育的力量，希望我们能够一起走得更远。

许新海
于满庭芳书房